हिंदी भाषा और संप्रेषण

बी.एच.डी.ए.ई.-182

For

BAG, BCOMG, BSCG

नए पाठ्यक्रम पर आधारित

CHOICE BASED CREDIT SYSTEM (CBCS)

Ability Enhancement Compulsory Course [AECC]

Useful For

Delhi University (DU), IGNOU, Berhampur University (Odisha), University of Kashmir, Sambalpur University (Odisha), University of Kalyani (West Bengal), Gurukula Kangri Vishwavidyalaya (Uttarakhand), Himachal Pradesh University, Cooch Behar Panchanan Barma University (West Bengal), Ranchi University, and other Indian Universities

Closer to Nature We use Recycled Paper

GPH BOOK®

गुल्लीबाबा पब्लिशिंग हाउस प्रा. लि.

आई.एस.ओ. 9001 एवं आई.एस.ओ. 14001 प्रमाणित कं.

Published by:
GullyBaba Publishing House Pvt. Ltd.

Regd. Office:	Branch Office:
2525/193, 1st Floor, Onkar Nagar-A, Tri Nagar, Delhi-110035 (From Kanhaiya Nagar Metro Station Towards Old Bus Stand) Call: 9991112299, 9312235086 WhatsApp: 9350849407	1A/2A, 20, Hari Sadan, Ansari Road, Daryaganj, New Delhi-110002 Ph.011-45794768 Call & WhatsApp: 8130521616, 8130511234

E-mail: hello@gullybaba.com, **Website:** GullyBaba.com

New Edition

ISBN: 978-93-89601-68-8

Author: Gullybaba.com Panel

Copyright© with Publisher
All rights are reserved. No part of this publication may be reproduced or stored in a retrieval system or transmitted in any form or by any means; electronic, mechanical, photocopying, recording or otherwise, without the written permission of the copyright holder.

Disclaimer: Although the author and publisher have made every effort to ensure that the information in this book is correct, the author and publisher do not assume and hereby disclaim any liability to any party for any loss, damage, or disruption caused by errors or omissions, whether such errors or omissions result from negligence, accident, or any other cause.

If you find any kind of error, please let us know and get reward and or the new book free of cost.

The book is based on IGNOU syllabus. This is only a sample. The book/author/publisher does not impose any guarantee or claim for full marks or to be passed in exam. You are advised only to understand the contents with the help of this book and answer in your words.

All disputes with respect to this publication shall be subject to the jurisdiction of the Courts, Tribunals and Forums of New Delhi, India only.

HOME DELIVERY of GPH Books

You can get GPH books by VPP/COD/Speed Post/Courier.
You can order books by Email/SMS/WhatsApp/Call.
For more details, visit gullybaba.com/faq-books.html
Our packaging department usually dispatches the books within 2 days after receiving your order and it takes nearly 5-6 days in postal/courier services to reach your destination.

Note: Selling this book on any online platform like Amazon, Flipkart, Shopclues, Rediff, etc. without prior written permission of the publisher is prohibited and hence any sales by the SELLER will be termed as ILLEGAL SALE of GPH Books which will attract strict legal action against the offender.

प्रस्तावना

हिंदी हमारी राष्ट्रभाषा, राजभाषा तथा संपर्क भाषा ही नहीं, अपितु यह युग–युगों से भारत के एकात्म रूप की संरक्षिका भी है। इसके महत्त्व को इस बात से भी जाना जा सकता है कि विश्व भर में 60 करोड़ से भी अधिक लोग अपनी वार्तालाप में इसका प्रयोग करते हैं। विश्व के अन्य अनेक देशों यथा सूरीनाम, ट्रिनिडाड, मुयाना, फिजी आदि देशों में भी इसका प्रयोग किया जाता है। विश्व के लगभग 165 विश्वविद्यालयों में हिंदी भाषा के अध्ययन की व्यवस्था की जा चुकी है।

प्रस्तुत जी.पी.एच. पुस्तक ***'हिंदी भाषा और संप्रेषण (बी.एच.डी.ए.ई.–182)'*** में हिंदी भाषा के भाषा वैज्ञानिक तथा संप्रेषण पक्ष पर प्रकाश डाला गया है। सुविधा की दृष्टि से इस पुस्तक को नौ भागों में बाँटा गया है। अध्याय एक में हिंदी भाषा की उत्पत्ति तथा विकास पर विचार करते हुए अपभ्रंश की भूमिका को भी स्पष्ट किया गया है। अध्याय दो में हिंदी की ध्वनि एवं वर्ण व्यवस्था पर प्रकाश डाला गया है। अध्याय तीन और चार में क्रमश स्वरों एवं व्यंजनों के प्रकार एवं उनके उच्चारण पक्ष को समाहित किया गया है तथा अध्याय पाँच में वाग्वयों का परिचय देते हुए स्वनिम तथा सहस्वन की दृष्टि से हिंदी वर्णों का विश्लेषण किया गया है। अध्याय छह में हिंदी की व्याकरणिक इकाइयों पर प्रकाश डाला गया है तथा अध्याय सात में हिंदी वाक्य रचना पर संरचना की दृष्टि से और अर्थ की दृष्टि से विवेचना की गई है। अध्याय आठ में संप्रेषण के विविध रूपों को समर्पित किया गया है तथा अध्याय नौ संप्रेषण कौशल और संप्रेषण के विविध पक्षों से संबंधित है। इस प्रकार भाषा विज्ञान और संप्रेषण की दृष्टि से हिंदी भाषा के सभी पक्षों को इस पुस्तक में स्थान प्रदान किया गया है।

प्रस्तुत पुस्तक की विषय–सामग्री के विस्तृत एवं जटिल उपबंधों को तर्कपूर्ण एवं संप्रभावी ढंग से संक्षेप में प्रस्तुत किया गया है। पुस्तक की भाषा उपयुक्त, सरल एवं प्रवाहपूर्ण रखने का प्रयत्न किया गया है। पुस्तक के प्रत्येक अध्याय के प्रारंभ में अध्याय की भूमिका दी गई है जिससे छात्रों को अध्याय को समझने में सरलता होगी। इस पुस्तक की सबसे बड़ी और महत्त्वपूर्ण विशेषता यह है कि इसके अंतर्गत आपको गत वर्षों के प्रश्न पत्र हल सहित दिए जाते हैं जो आपकी परीक्षा को न केवल सरल बनाते हैं अपितु आपको परीक्षा में अच्छे अंक प्राप्त करने में भी सहायक होते हैं। पुस्तक में प्रश्न पत्रों के प्रारूप को आपके सामने बिल्कुल उसी प्रकार प्रस्तुत किया गया है जैसा आपके सामने परीक्षा केंद्र में प्रस्तुत होता है, जो आपको अपने आप में एक अलग प्रकार का आत्मविश्वास बढ़ाने में सहायक होगा।

आगामी संस्करण में आपके सुझावों को यथास्थान साभार सम्मिलित किया जाएगा। अतः अपने सुझाव निःसंकोच हमें हमारी **Email : feedback@gullybaba.com** पर या सीधे प्रकाशन के पते पर लिखें और हमें अपने सुझावों से अनुग्रहित करें।

प्रकाशक (GPH) अपने कार्यरत सहायकों व लेखकों का सहृदय आभार प्रकट करता है, जिनके सहयोग और प्रयासों के कारण ही इस पुस्तक का प्रकाशन संभव हो पाया है।

हम आपकी सफलता की कामना करते हैं।

Topics Covered

अध्याय–1	**हिंदी भाषा और संप्रेषण–1**

1. हिंदी भाषा का विकास
2. हिंदी की वर्ण व्यवस्था : स्वर एवं व्यंजन
3. स्वर के प्रकार
4. व्यंजन के उच्चारण के प्रकार
5. वर्णों का उच्चारण स्थान

अध्याय–2	**हिंदी भाषा और संप्रेषण–2**

6. हिंदी भाषा की व्याकरणिक इकाइयाँ
7. हिंदी वाक्य रचना
8. संप्रेषण के विविध रूप
9. संप्रेषण कौशल

विषय-सूची

1. हिंदी भाषा का विकास — 1
2. हिंदी की वर्ण व्यवस्था : स्वर एवं व्यंजन — 25
3. स्वर के प्रकार — 37
4. व्यंजन के उच्चारण के प्रकार — 47
5. वर्णों का उच्चारण स्थान — 57
6. हिंदी भाषा की व्याकरणिक इकाइयाँ — 65
7. हिंदी वाक्य रचना — 101
8. संप्रेषण के विविध रूप — 119
9. संप्रेषण कौशल — 131

प्रश्न पत्र

(1) सैम्पल पेपर-I (हल सहित) — 143
(2) सैम्पल पेपर-II (हल सहित) — 145
(3) गेस पेपर-I — 147
(4) गेस पेपर-II — 149
(5) फरवरी, 2021 (हल सहित) — 151
(6) दिसम्बर, 2021 (हल सहित) — 153
(7) जून, 2022 (हल सहित) — 155

हिंदी भाषा का विकास

भूमिका

भाषा शब्द की उत्पत्ति भाष् धातु से हुई है, जिसका अर्थ है व्यक्त वाणी। आज भाषा हमारे जीवन के संपूर्ण कार्यकलाप का एक अभिन्न अंग है। यदि भाषा न होती तो कोई भी व्यक्ति अपनी आवश्यकताओं, इच्छाओं, अवधारणाओं, ज्ञान आदि से संबंधित जानकारी प्राप्त नहीं कर पाता।

जहाँ तक भाषा की परिभाषा का संबंध है, इस संबंध में अनेक विद्वानों ने अपने मत प्रकट किए हैं किंतु डॉ. भोलानाथ तिवारी की परिभाषा अधिक सटीक देखी जा सकती है जिनके अनुसार भाषा उच्चारण अवयवों से उच्चारित यादृच्छिक ध्वनि–प्रतीकों की वह व्यवस्था है जिसके द्वारा किसी भाषा–समाज के लोग आपस में विचार–विनिमय करते हैं।

इस अध्याय में भाषा के अर्थ पर प्रकाश डालते हुए विभिन्न अन्य विद्वानों की परिभाषाओं को भी प्रस्तुत किया गया है। इसके साथ ही विभिन्न आधारों पर भाषा के विविध रूपों की चर्चा भी की गई है। इसके अतिरिक्त हिंदी भाषा की उत्पत्ति तथा उसके विकास पर भी प्रकाश डाला गया है जिसके अंतर्गत अपभ्रंश की भूमिका को भी स्पष्ट किया गया है।

प्रश्न 1. भाषा किसे कहते हैं? जीवन में भाषा की आवश्यकता पर प्रकाश डालिए।

अथवा

भाषा के अर्थ एवं परिभाषा को स्पष्ट कीजिए।

अथवा

ब्लाक और ट्रेगर की परिभाषा देते हुए यह बताइए कि इस परिभाषा में किन चार पक्षों का उल्लेख किया गया है।

उत्तर— मनुष्य एक सामाजिक प्राणी है। वह अकेला रहकर अपना विकास नहीं कर सकता। इसलिए मनुष्य समाज में रहकर अपने विचार दूसरों पर प्रकट करता है तथा दूसरों के विचारों को ग्रहण करता है। इस प्रकार यह स्पष्ट है कि भाषा सामाजिक व्यवहार का प्रमुख माध्यम है। भाषा का उद्भव और विकास समाज में हुआ, उसका अर्जन सामाजिक प्राणियों द्वारा होता है और उसका प्रयोग भी समाज में ही होता है। इस प्रकार भाषा मानवीय व्यवहार का एक रूप है। भाषा व्यक्त-ध्वनि-चिह्नों की उस पद्धति को कहा जाता है जिसके माध्यम से सामाजिक समूह परस्पर व्यवहार करते हैं।

सचमुच भाषा के अभाव में हमारी आज क्या दशा होती, भाषा के होते हुए यह कल्पना करना भी हमारे लिए कठिन है। आचार्य दण्डी ने इसलिए अपने ग्रंथ काव्यादर्श में इसका संकेत इस प्रकार दिया है—

"वाचामेव प्रसादेन लोकयात्रा प्रवर्तते"

अर्थात् लोकयात्रा वाणी की कृपा से ही चलती है। भाषा ही ज्ञान का प्रवेश द्वार है और यदि भाषा न होती तो सारा त्रिभुवन अज्ञान के अंधकार में ही डूबा रहता। प्रारंभ में वह संकेतों के द्वारा अपने भावों एवं विचारों को प्रकट करता है, बाद में ध्वनियों और लिखित रूप में करने लगा। जैसे—(1) स्काउट की सीटी, (2) स्कूल की घंटी, (3) गार्ड की हरी या लाल झंडी, (4) चौराहे पर लगी लाल, पीली और हरी बत्तियाँ, (5) चौराहे के सिपाही के हाथ का संकेत, (6) हवाई खतरे का साइरन, (7) सड़क पर पुलिस की गाड़ियों की सीटी आदि।

उपर्युक्त संकेत अपना-अपना अर्थ रखते हैं, परंतु इन अर्थों को भी स्पष्ट करने के लिए भाषा की आवश्यकता होती है। संस्कृत में बोलने को 'भाष्' कहते हैं। 'भाष्' से ही भाषा बना। विचार प्रकट करने का मूल आधार भाषा है, आम बोलचाल में जिसे बोली कहा जाता है वही शास्त्र में भाषा कहलाती है।

भाषा की परिभाषा—भाषा शब्द बड़ा ही व्यापक है। भाषा की परिभाषा करने का अर्थ उसकी सीमाओं को निश्चित करना, उसका सही वर्णन करना तथा उसका अर्थ स्थिर करना है। भाषा के विकास के साथ-साथ भाषा की सीमाएँ भी परिवर्तित होती रहती हैं। पुरानी भाषाओं का स्थान नई भाषाएँ और अधिक व्यापक परिभाषाएँ लेती रही हैं। अतः भाषा की परिभाषा ऐसी अवश्य हो जो उसकी सीमाओं को निश्चित करे, उसके सही स्वरूप व अर्थ का निरूपण करे। अतः भाषा की विभिन्न परिभाषाओं का समालोचनात्मक विवेचन करना आवश्यक है। विद्वानों ने भाषा की विभिन्न परिभाषाएँ प्रस्तुत की हैं। उनको पढ़कर हमारे मन में भाषा के स्वरूप का भाव

प्रकट होता है। जैसे–डॉ. भोला नाथ तिवारी के अनुसार–"भाषा उच्चारण अवयवों से उच्चरित यादृच्छिक ध्वनि–प्रतीकों की वह व्यवस्था है, जिसके द्वारा एक समाज के व्यक्ति आपस में भावों और विचारों का आदान–प्रदान करते हैं।"

डॉ. श्याम सुन्दर दास के अनुसार–"मनुष्य और मनुष्य के बीच वस्तुओं के विषय में अपनी इच्छा या मति का आदान–प्रदान करने के लिए व्यक्त ध्वनि–संकेतों का जो व्यवहार होता है, उसे भाषा कहते हैं।"

डॉ. मंगलदेव शास्त्री के मत के अनुसार–"भाषा मनुष्यों की उस चेष्टा या व्यापार को कहते हैं, जिससे मनुष्य अपने उच्चारणोपयोगी शरीरावयवों से उच्चारण किए गए वर्णात्मक या व्यक्त शब्दों के द्वारा अपने विचारों को प्रकट करते हैं।"

डॉ. बाबूलाल सक्सेना के अनुसार–"जिन ध्वनि–चिह्नों द्वारा मनुष्य परस्पर विचार विनिमय करता है, उसे भाषा कहते हैं। जिस साधन के द्वारा मनुष्य अपने भावों और विचारों को बोलकर या लिखकर प्रकट करता है, उसे भाषा कहते हैं।"

हेनरी स्वीट ने 'ध्वन्यात्मक शब्दों द्वारा विचारों के प्रकटीकरण' को भाषा कहा है।

बेंद्रे का कथन है कि 'भाषा मनुष्यों के बीच संचार–व्यवहार के माध्यम के रूप में एक प्रतीक व्यवस्था है।'

विद्वान–द्वय **ब्लाक** एवं **ट्रेगर** की परिभाषा काफी सीमा तक सार्थक और अधिक मान्य मानी गई है। उनके अनुसार 'भाषा यादृच्छिक ध्वनि–प्रतीकों की व्यवस्था है जिसके द्वारा समाज अपने विचार का आदान–प्रदान करता है।' इस परिभाषा में ब्लाक एवं ट्रेगर ने ध्वनि–प्रतीक, उनकी यादृच्छिकता, उनकी व्यवस्था और समाज जैसे चार पक्षों का उल्लेख किया है।

प्रश्न 2. भाषा के स्वरूप एवं प्रकृति पर प्रकाश डालिए।

अथवा

ध्वनि–प्रतीक से क्या अभिप्राय है? सविस्तार बताइए।

अथवा

प्रतीकों की व्यवस्था का अर्थ क्या है? इसे उदाहरण सहित समझाइए।

उत्तर– भाषा अपने को व्यक्त करने का साधन है। भाषा को 'यादृच्छिक ध्वनि–प्रतीकों की व्यवस्था' माना गया है, जो समाज में आपस में विचार–विनिमय के लिए प्रयुक्त होती है। वास्तव में भाषा प्रतीकात्मक होती है और इसका कार्य संप्रेषण करना होता है। यह जिन प्रतीकों को लेकर चलती है, वे संकल्पना के रूप में साधारणीकृत होते है और संप्रेषण के रूप में भावों एवं विचारों का बोधन कराते हैं।

स्विस विद्वान सस्यूर के अनुसार प्रतीक का संबंध संकेतिक वस्तु और संकेतार्थ से होता है। संकेतित वस्तु का अर्थ उन भौतिक और यथार्थ वस्तुओं के साथ जुड़ा हुआ है जो गैर–भाषायी तथा वास्तविक जगत की होती है। उस यथार्थ वस्तु का मानव मस्तिष्क में जो

चित्र बन जाता है, वह संकल्पना मनोवैज्ञानिक, बौद्धिक, सामाजिक, सांस्कृतिक, जातीय और परंपरागत परिवेशों से संबद्ध होती है।

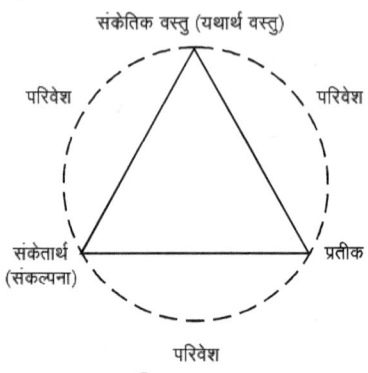

चित्र 1.1

प्रतीक से अभिप्राय उन ध्वनियों से है जो सार्थक और स्वतंत्र समूह होती है और प्रतीक के रूप में गृहीत शब्द या वाक्य की संकल्पना उन सभी वस्तुओं या भावों की सामान्यीकृत मानसिक यथार्थता होती है जो निर्दिष्ट वस्तुओं या भावों को अपने भीतर समेट लेती है। इसे 'भाषिक प्रतीक' कहा जाता है। उदाहरण के लिए, हमारे सामने यथार्थ वस्तु 'पेड़' है, जिसके रूपाकार की संकल्पना मानव–मस्तिष्क में बैठ गई है और 'प्–ए+ड्+अ' ध्वनियों के संयोजन से यह भाषिक प्रतीक बन गया है। 'पेड़' कई प्रकार के होते हैं—छोटा पेड़, बड़ा पेड़, नीम का पेड़, आम का पेड़ आदि किंतु उस शब्द 'पेड़' के रूप में जो संकल्पना पैदा होती है, वह एक है और वह भी साधाणीकृत होती है। अतः इसमें वस्तु की अपनी विशिष्टता का लोप हो जाता है। यदि किसी विशेष 'पेड़' की संकल्पना को लाना होगा तो उसके साथ विशेषण लगाना होगा। जैसे, वह पेड़ देखों, यह नीम का पेड़ है, यह छोटा–सा पेड़ है। ये भाषिक प्रतीक मूल रूप से ध्वनिपरक होते हैं किंतु बाद में लिपिबद्ध भी हो सकते हैं।

क्योंकि यह वक्ता और श्रोता के मस्तिष्क में संकल्पना के साथ रहता है, अतः संकेतिक वस्तु और प्रतीक का संबंध मानसिक रूप से माना जाता है। हालाँकि प्रतीक और यथार्थ वस्तु के बीच जो संकल्पनात्मक संबंध रहता है वह नैसर्गिक या प्राकृतिक न होकर यादृच्छिक होता है। इसलिए विभिन्न भाषाओं में विभिन्न शब्दों का प्रयोग होता है। उदाहरण के लिए, हिंदी का शब्द 'घोड़ा' संस्कृत में शब्द 'अश्व', अंग्रेजी में 'हॉर्स', चीन में 'मा', रूसी में 'कोन्य' और फ्रेंच में 'शेवल' कहलाता है।

इसी प्रकार 'पशु' शब्द यदि हिंदी में 'जानवर' का बोधक है तो मलयालम में वह 'गाय' का द्योतक होता है। इस प्रकार यथार्थ वस्तु, संकल्पना और प्रतीक का संबंध अनिवार्य रूप से स्थानवाची, कालवाची, सामाजिक–सांस्कृतिक, मनोवैज्ञानिक, ऐतिहासिक कई रूपों में दिखाई देता है। इससे अपने–अपने परिवेश में अर्थ भी बदल जाते हैं। कभी–कभी यथार्थ–वस्तु नहीं भी होती है और संकल्पना भी प्रतीक का रूप धारण कर लेती है; जैसे—स्वर्ग, नरक, अमृत आदि प्रतीक परंपरागत संस्कार–सापेक्ष या समाज–संदर्भित होते हैं।

भाषिक प्रतीक कथ्य और अभिव्यक्ति की समन्वित इकाई है। इसमें इन दोनों पक्षों का होना अनिवार्य है अर्थात् यदि कथ्य और अभिव्यक्ति नहीं है और यदि अभिव्यक्ति है किंतु कथ्य नहीं तो इसे प्रतीक की संज्ञा नहीं दी जा सकती। जब हम प्रतीक के रूप में 'कमल' शब्द का उच्चारण करते हैं तो श्रोता के मन में तत्काल उसका कथ्य उभरकर आता है अर्थात् 'कमल' का रूप और गुण हमारे मस्तिष्क में आ जाते हैं लेकिन यह जरूरी नहीं कि 'नीरज' या 'पंकज' शब्द की अभिव्यक्ति करने से श्रोता उसके कथ्य को पकड़ पाए। इस स्थिति में यह कहा जा सकता है कि कथ्य और अभिव्यक्ति के आंतरिक संबंधों के कारण श्रोता के लिए 'कमल' शब्द प्रतीकवत् सिद्ध है किंतु 'नीरज' या 'पंकज' कथ्य पक्ष के अभाव के कारण उसके लिए असिद्ध हैं। अतः कथ्य और अभिव्यक्ति का प्रतीक में अटूट संबंध है। इसी संबंध के कारण प्रतीक अपने-आप में सिद्ध है लेकिन व्यक्ति-विशेष या समाज-विशेष के लिए असिद्ध हो सकता है।

कथ्य के स्तर पर अर्थ के कई आयाम होते हैं—बोधात्मक, संरचनात्मक, सामाजिक और सांस्थानिक। एक ही प्रतीक में कम-से-कम एक या दो अर्थ मिल जाते हैं। 'जलज' और 'नीरज' दोनों एक बोधात्मक अर्थ 'कमल का फूल' है, लेकिन उससे जो अन्य अर्थ निकलता है वह 'विषय-वासनाओं से अप्रभावित व्यक्ति' का संकेत करता है। इस प्रकार एक या एक से अधिक कथ्य एवं अर्थ जहाँ एक ही अभिव्यक्ति में मिल जाते हैं तो वहीं दो या तीन अभिव्यक्तियों में एक ही अर्थ या कथ्य पाया जाता है। वस्तुतः कथ्य और अभिव्यक्ति में जो अटूट संबंध है उसमें लचीलापन भी है। इसी कारण हर भाषा में अनेकार्थी अथवा संदिग्धार्थी और पर्यायवाची शब्द या वाक्य मिल जाते हैं।

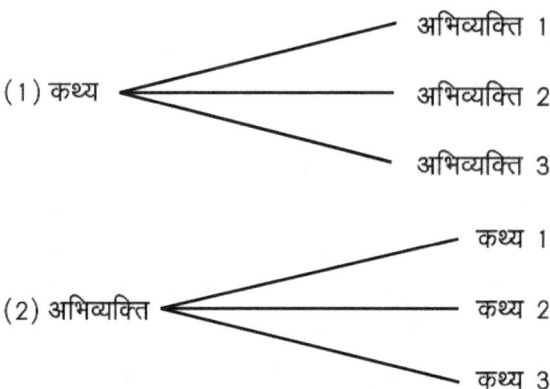

उदाहरण के लिए हम वाक्य के धरातल पर निम्नांकित तीन वाक्यों का अवलोकन कर सकते हैं—

- मोहन ने मोटे लड़के को पीटा है।
- मोहन ने जिस लड़के को पीटा वह मोटा है।
- मोहन ने उस लड़के को पीटा जो मोटा है।

यहाँ देखा जा सकता है कि इन तीनों अभिव्यक्तियों ने एक ही अर्थ का प्रतिपादन किया है।

इसी प्रकार शब्द के धरातल पर 'उसे सोना महंगा पड़ा' और 'मोहन ने उस दिन मन भर मिठाई खाई' वाक्यों में 'सोना' और 'मन' अभिव्यक्ति के स्तर पर एक है, किंतु कथ्य के स्तर पर दो हैं। 'सोना' शब्द 'स्वर्ण' और 'निद्रा' दो अर्थ देता है और 'मन', 'वजन' (40 किलो) और 'जी' (दिल) के अर्थ देता है।

इसी प्रकार वाक्य के धरातल पर 'मैंने पाजामा पहनते हुए मोहन को देखा' के अभिव्यक्ति के स्तर पर दो अर्थ हो सकते हैं। उदाहरण के लिए–

- मैं पाजामा पहन रहा था, मैंने मोहन को देखा।
- मैंने जब मोहन को देखा, मोहन पाजामा पहन रहा था।

प्रतीकों की व्यवस्था–यह द्रष्टव्य है कि कोई भी भाषा प्रतीकों की केवल लड़ी या समूह नहीं होती वरन् उसकी व्यवस्था होती है। उदाहरण के लिए, हिंदी में 'राम मोहन को पीटता है' वाक्य में 'राम' कर्त्ता के रूप में पहले आता है, बाद में 'मोहन' कर्म के रूप में और फिर क्रिया 'पीटता है' आती है। इसका कारण यह है कि हिंदी की मूल आंतरिक व्यवस्था 'कर्त्ता–कर्म–क्रिया' है (राम सेब खाता है)। हर भाषा की अपनी व्यवस्था होती है। जबकि अंग्रेजी की व्यवस्था है 'कर्त्ता–क्रिया–कर्म' (Rama eats an apple)। इस प्रकार प्रतीकों की आंतरिक व्यवस्था भाषा में होती है। इन भाषिक प्रतीकों की व्यवस्था अपनी प्रकृति में संरचनात्मक होती है जो भाषा के रूप में हमारे सामने दिखाई पड़ती है।

समाज और प्रतीक का संबंध–प्रतीक समाज में हेतु का काम करते हैं, क्योंकि भाषा कई प्रयोजनों की सिद्धि करती है। समाज से अभिप्राय उस भाषा–शैली समुदाय से है जिसके अपने सामाजिक स्तर होते हैं, सांस्कृतिक रीति–रिवाज और परंपराएँ होती हैं। यह समाज अपनी भाषा में कार्य–व्यापार करता है। वह भाषा के सहारे ही सोचता है, विचार–विमर्श करता है। इसमें समाज के सामाजिक, सांस्कृतिक, परंपरागत, मनोवैज्ञानिक, ऐतिहासिक, भौगोलिक, प्रयोजनपरक आदि विभिन्न परिवेश या संदर्भ जुड़े होते हैं।

हमारे सामाजिक और पारिवारिक संबंधों की जानकारी के साथ–साथ वक्त–श्रोता के अंतर्वैयक्तिक संबंधों की जानकारी भी मिलती है। उदाहरण के लिए, मध्यम पुरुष सर्वनाम के 'तू', 'तुम', और 'आप' के अपने सामाजिक संदर्भ हैं। इसी प्रकार सांस्कृतिक परिवेश में पुष्प, कलश, अक्षत आदि शब्दों का जो प्रयोग होता है, उनके स्थान पर फूल, लोटा, चावल आदि शब्दों या पर्यायों का प्रयोग वर्जित माना जाता है।

इस प्रकार भाषा का मुख्य प्रकार्य संप्रेषण है जो अपनी संरचनात्मक व्यवस्था में सामाजिक परिवेश, सांस्कृतिक रीति–रिवाज, परंपराओं आदि को अभिव्यक्त करती है। इसलिए भाषिक प्रतीक और उसकी अपनी व्यवस्था की प्रकृति के आधार पर भाषा को इस प्रकार परिभाषित किया जा सकता है कि भाषा मानव–मुख से निस्सृत ध्वनि–प्रतीकों की वह संरचनात्मक, संदर्भगत और परिवेशगत व्यवस्था है जो अपनी प्रकृति में यादृच्छिक तथा रूढ़िपरक होती है और उससे समाज अपने विचारों और भावों के आदान–प्रदान के प्रयोजन को पूरा करता है।

भाषा को कथ्य (अर्थ) और अभिव्यक्ति (ध्वनि) दोनों के धरातल पर देखा जाता है। दूसरे शब्दों में, कथ्य और अभिव्यक्ति के संबंधों को जानना या समझना भाषा का विश्लेषण करना है, लेकिन वक्ता के भीतर जो व्याकरण अव्यक्त रूप से होता है वह संदर्भ में बाहर नहीं होता वरन् उसके प्रयोग संबंधी नियमों की भी पकड़ होती है। यह भाषिक क्षमता उच्चारण अथवा लेखन के माध्यम से व्यवहार में आने पर विभिन्न भाषिक कौशलों (अर्थात् बोलना–सुनना और पढ़ना–लिखना) के रूप में कार्यान्वित होती है।

प्रश्न 3. विभिन्न आधारों पर भाषा के विविध रूपों का विवरण प्रस्तुत कीजिए।

उत्तर– विभिन्न आधारों पर भाषा के विविध रूप दिखाई देते हैं जिन्हें भौगोलिक, ऐतिहासिक, प्रयोगात्मक, प्रयोजनकपरक आदि के रूप में जाना जाता है।

(1) भौगोलिक या क्षेत्रीयता के आधार पर

(क) व्यक्ति बोली (Sub Dialect)–व्यक्ति की भाषा पर सामाजिक, क्षेत्रीय और पर्यावरणीय संदर्भों का प्रत्यक्ष एवं दूरगामी प्रभाव पड़ता है। इसी कारण हर व्यक्ति की अपनी व्यक्ति बोली होती है। हॉकेट के शब्दों में, "किसी निश्चित समय पर व्यक्ति–विशेष का समूचा वाक्–व्यवहार उसकी व्यक्ति बोली है।" शाब्दिक और व्याकरणिक व्यक्तिपरकता के कारण ही यह व्यक्ति बोली संभव होती है।

(ख) स्थानीय बोली (Local Dialect)–एक स्थानीय बोली बहुत सी व्यक्ति–बोलियों से मिलकर बनती है जिनमें ध्वनि, रूप, वाक्य एवं अर्थ के स्तर पर पारस्परिक बोधगम्यता होती है। यह किसी छोटे स्तर पर बोली जाती है, जिनमें व्यक्ति–बोलियों का समाविष्ट रूप होता है।

(ग) उप बोली (Sub Dialect)–एक उपबोली एकाधिक स्थानीय बोलियों से मिलकर बनती है; जैसे–भोजपुरी की छपरिया, खखार, शाहवारी, गोरखपुरी, नागपुरिया आदि अनेक उपलब्धियाँ हैं।

(घ) बोली (Dialect)–एक बोली एकाधिक उपबोलियों से मिलकर बनती है जिसे विभाषा भी कहा जाता है। हालाँकि कुछ विद्वानों ने कुछ बोलियों के उपवर्ग को उपभाषा कहा है; जैसे–बिहारी उपभाषा में भोजपुरी, मैथिली और मगही बोलियों का वर्ग है।

(ङ) उपभाषा (Sub language)–कुछ बोलियों के उपवर्ग को कुछ विद्वानों ने उपभाषा कहा है; जैसे बिहारी उपभाषा में भोजपुरी, मैथिली और मगही बोलियों का एक वर्ग है। लेकिन यह वर्गीकरण भ्रामक और गलत है। इसमें व्याकरणिक समानता और परस्पर बोधगम्यता तो काफी हद तक मिल सकती है किंतु जातीय अस्मिता के कारण इनमें भिन्नता है। अतः हिंदी को बिहारी, राजस्थानी आदि उपभाषाओं से अलग रखना सही नहीं है।

(च) भाषा—एकाधिक बोलियाँ अथवा उपभाषाएँ मिलकर एक भाषा बनाती है। भाषा का क्षेत्र व्यापक होता है। एक भाषा के अंतर्गत एकाधिक बोलियाँ हो सकती हैं। जैसे हिंदी भाषा के अंतर्गत खड़ी बोली, ब्रजभाषा, अवधी, भोजपुरी, हरियाणवी, मारवाड़ी आदि अट्ठारह बोलियाँ अथवा पश्चिमी हिंदी, पूर्वी हिंदी, बिहारी, पहाड़ी, और राजस्थानी उपभाषाएँ हैं।

भाषा में ऐतिहासिकता, जीवंतता, स्वायत्तता और मानकता चार गुण पाए जाते हैं। ऐतिहासिकता से अभिप्राय उनकी परंपरा और विकास से है, जीवंतता का अर्थ उसके प्रयोग और प्रचलन से है, स्वायत्तता से आशय सभी कार्य क्षेत्र में इसका प्रयुक्त होना है और मानकता का अर्थ भाषा की संरचना में एकरूपता है। यद्यपि बोली और भाषा में व्याकरणिक समानता और बोधगम्यता तो प्रायः मिल जाती है, किंतु भाषा के विशाल समुदाय की प्रतीक बनने में जातीय अस्मिता तथा जातीय बोध की भी भूमिका रहती है।

(2) प्रयोग के आधार पर—प्रयोग के आधार पर भाषा के विभिन्न रूप मिलते हैं, जो निम्नानुसार हैं—

(क) सामान्य बोलचाल की भाषा (Language for Common use)—यह किसी भी समाज में रोजमर्रा के रूप में प्रयुक्त होने वाली सामान्य भाषा होती है तथा प्रायः संपर्क भाषा का काम करती है। यह अपनी विभिन्न भाषिक इकाइयों, शब्दावली और व्याकरणिकता के आधार पर अपनी पहचान बनाती है।

(ख) साहित्यिक भाषा (Literary Language)—प्रयोग साहित्य-रचना, शिक्षा आदि में होता है इसका तथा यह भाषा का आदर्श रूप है। यह प्रायः परिनिष्ठित होती है किंतु साहित्यिक भाषा कभी-कभी सामान्य भाषा के नियमों को तोड़ती है। विशिष्ट चयन-संयोजन से यह विशिष्ट भाषा बन जाती है। विश्व में हिंदी, अंग्रेजी, फ्रेंच, रूसी, जर्मन आदि भाषाएँ साहित्यिक भाषा में रूप में भी प्रयुक्त होती है।

(ग) व्यावसायिक भाषा (Language for Common use and Trade)—व्यवसाय, व्यापार में प्रयुक्त होने के लिए यह भाषा विशेष रूप धारण करती है। यह प्रायः औपचारिक एवं अनौपचारिक और तकनीकी या अर्द्धतकनीकी होती है। यह लिखित और मौखिक दोनों रूपों में प्रयुक्त होती है। इसकी व्यवसाय या व्यापार संबंधी अपनी विशिष्ट शब्दावली और संरचना होती है।

(घ) कार्यालयी भाषा (Official use)—कार्यालयों, निकायों, कंपनियों, प्रशासन आदि में इस भाषा का प्रयोग होता है। यह सामान्य भाषा पर आधारित तो होती है लेकिन शब्दावली तथा संरचना में अंतर मिल सकता है। यह तकनीकी या अर्द्धतकनीकी होती है, इसीलिए यह प्रायः औपचारिक शैली में लिखी जाती है। इसके मौखिक रूप के स्थान पर लिखित रूप का अधिक प्रयोग होता है।

(ङ) राजभाषा (Official Language)—इसका प्रयोग सरकारी कामकाज को संपन्न करने के लिए किया जाता है। यह प्रायः परिनिष्ठित और मानक होती है। यह देश में अधिक बोले जाने वाली भाषा होती है। इसमें विषयानुसार शब्दावली और संरचना का प्रयोग होता है। इसका प्रयोग प्रायः सरकारी मंत्रालयों, कार्यालयों, कंपनियों, नियमों, निकायों, संसद आदि में होता है ताकि जनता के साथ संबंध बनाया जा सके। इसे सर्वजन–सर्वकार्य सुलभ बनाने के लिए इसकी शब्दावली में उपयुक्त चयन करने की भी सुविधा रहती है। देश में प्रयुक्त अन्य भाषाओं की अपेक्षा इसका प्रायः प्रमुख स्थान रहता है। भारत की राजभाषा हिंदी है।

(च) राष्ट्रभाषा (National language)—राष्ट्रभाषा राष्ट्र की प्रतिष्ठा का प्रतीक होती है। इसे राष्ट्रीय स्तर पर गौरवमय स्थान प्राप्त होता है, जो राष्ट्रीय ध्वज और राष्ट्रीय गान का होता है। वास्तव में राष्ट्रभाषा का संबंध राष्ट्रीय चेतना से होता है और राष्ट्रीय चेतना सांस्कृतिक चेतना से जुड़ी होती है। इसमें अपने देश की महान परंपरा और सामाजिक–सांस्कृतिक अस्मिता जागृत होती है। राष्ट्रभाषा राजभाषा हो सकती है लेकिन, राजभाषा राष्ट्रभाषा भी हो, यह आवश्यक नहीं। भारत में अधिकतर भाषाओं का गौरवमय इतिहास रहा है, इसलिए बहुभाषी भारत में इनको राष्ट्रभाषा कहा जा सकता है।

(छ) गुप्त भाषा (Cant)—किसी विशेष वर्ग या समूह या संप्रदाय में यह भाषा प्रयुक्त होती है, जिसे उसी वर्ग के लोग समझ सकें। इसे वर्ग भाषा या चोर भाषा (roget) भी कहते हैं। इसकी सीमा भौगोलिक नहीं होती। वस्तुतः यह भाषा सेना, डकैती या चोरों द्वारा प्रयुक्त होती है। इसे कूट भाषा (Code language) भी कह सकते हैं, जो गोपनीय और मनोरंजन के लिए प्रयुक्त होती है।

(ज) मृत भाषा (Dead language)—भूत काल में जिस भाषा का प्रयोग जीवंत भाषा के रूप में होता रहा हो, जिसका विपुल साहित्य–भंडार भी हो और जिसका प्रयोग राज–काज में भी हुआ हो, किंतु वर्तमान काल में यदि जिसका व्यवहार सामाजिक दृष्टि से न हो अथवा उसका प्रयोग बहुत ही सीमित हो गया हो तो उसे मृत भाषा कहते हैं। वर्तमान में इस भाषा का अस्तित्व परंपरा, धर्म, संस्कृति को सुरक्षित रखने की दृष्टि से होता है। यह एक प्रकार से पुस्तकालय भाषा का रूप ले लेती है। ग्रीक, लेटिन, संस्कृत आदि भाषाओं के नाम इसके उदाहरण के रूप में गिनाए जा सकते हैं।

(3) निर्माण के आधार पर

(क) सहज भाषा—जिनका उद्भव प्राकृतिक और सहज रूप में हुआ है, ऐसी सामान्य बोलचाल की भाषाएँ जैसे—हिंदी, अंग्रेजी, जर्मन।

(ख) कृत्रिम भाषा—अंतर्राष्ट्रीय संप्रेषण की दृष्टि से विभिन्न भाषाओं के बीच सार्वभौमिक रूपों को लेकर कृत्रिम भाषा के निर्माण कार्य का प्रयास हुआ;

जैसे—एस्पेरैंतो, इंडो। इसका उद्देश्य विभिन्न भाषा–भाषी लोगों को परस्पर लाकर भाषिक आदान–प्रदान की सुविधा देना था। कृत्रिम भाषा के दो उपभेद हैं—

(i) **सामान्य कृत्रिम भाषा** — सामान्य बोलचाल में प्रयुक्त करने के लिए बनाई गई भाषा; जैसे—एस्पेरैंतो भाषा।

(ii) **गुप्त कृत्रिम भाषा** — किसी विशिष्ट प्रयोजन के लिए बनाई गई भाषा। सेना, दलालों, डाकुओं आदि की भाषा।

(4) मानकता के आधार पर

(क) **मानक या परिनिष्ठित भाषा (Standard language)**—जो व्याकरणसम्मत तथा प्रयोगसम्मत हो। ध्वनि, शब्द, वाक्य आदि में व्याकरण सम्मत होने के साथ–साथ एकरूपता और लोक स्वीकृति हो; जैसे—मुझे घर जाना है।

(ख) **मानकेतर भाषा (Non-standard language)**—जो प्रयोगसम्मत हो, जिसमें लोकस्वीकृति हो किंतु जो व्याकरण की दृष्टि से शुद्ध न हो; जैसे मैंने घर जाना है।

(ग) **अमानक भाषा**—जो व्याकरणसम्मत और एकरूपी न हो तथा जिसे लोकस्वीकृति भी प्राप्त न हो। यथा—मेरे को जाना है।

(घ) **उपभाषा**—यह भाषा प्रायः अशिक्षित या अर्द्धशिक्षित वर्ग के लोगों में चलती है। व्यवहार में अनौपचारिकता का अतिशयवादी रूप है। इसमें तत्त्वों के साथ–साथ अशिष्ट एवं अग्राह्य रूपों तथा स्थानीय बोलचाल के ठेठ और अश्लील शब्दों का भी प्रयोग धड़ल्ले से होता है।

(5) प्रकार्य के आधार पर

(क) **संपूरक भाषा**—इसके अंतर्गत निजी ज्ञान की वृद्धि के लिए द्वितीय भाषा प्रयोग करना सीखना आता है। यह पुस्तकालय भाषा होती है जिसका सक्रिय प्रयोग नहीं होता। राजनयिकों आदि द्वारा सीमित प्रयोग के लिए भी यह भाषा सीखी जाती है।

(ख) **परिपूरक भाषा**—समुदाय में प्रचलित दूसरी भाषा को जानना सामाजिक प्रयोजनों की पूर्ति के लिए आवश्यक है। मातृभाषा के साथ–साथ सामाजिक स्तर पर परिपूरक के रूप में प्रयुक्त भाषा; जैसे—भारत में हिंदी या अपनी मातृभाषा के साथ अंग्रेजी।

(ग) **सहायक भाषा**—इसके अंतर्गत व्यक्ति अपने समुदाय में दूसरी भाषा का ज्ञान अपने ज्ञान की सहायक भाषा के रूप में करता है; जैसे—हिंदी और संस्कृत। हिंदी का प्रयोग करते हुए व्यक्ति को कभी संस्कृत की भी सहायता लेनी पड़ती है।

(घ) **समतुल्य भाषा**—इसके अंतर्गत जब कोई व्यक्ति दूसरी भाषा में भी समतुल्य ज्ञान प्राप्त कर धीरे–धीरे उस भाषा का भी उन सभी सामाजिक संदर्भों में प्रयोग

करने लगे जिनमें वह मातृभाषा का करता रहा है उनके लिए समतुल्य भाषा हो गई है। ऐसी स्थिति में इसमें दोनों भाषाओं पर समान अधिकार की अपेक्षा होती है; जैसे—भारत में हिन्दीतर भाषी अपनी मातृभाषा के स्थान पर हिंदी का प्रयोग करने लगते हैं। इसलिए अमेरिका में विभिन्न देशों के बसे लोग अपनी—अपनी मातृभाषा छोड़कर अंग्रेजी का प्रयोग करने लगे हैं। अतः वह उनकी समतुल्य भाषा बन गई है।

(6) ऐतिहासिकता के आधार पर

(क) मूल या उद्‌गम भाषा—मूल या उद्‌गम भाषा, भाषा का वह प्राथमिक स्वरूप है जो स्वयं किसी से प्रसूत नहीं होता वरन् वह अन्य भाषाओं को प्रसूत करता है, अर्थात् जिससे अन्य भाषाएँ निकली हों, जैसे—भारोपीय भाषा।

(ख) प्राचीन भाषा—जो प्राचीन काल में प्रयुक्त हुई हों; जैसे—संस्कृत, ग्रीक, लेटिन, हिब्रू, तमिल।

(ग) मध्यकालीन भाषा—जिनका प्रयोग मध्यकाल में हुआ हो। भारतीय संदर्भ में पालि, प्राकृत, अपभ्रंश।

(घ) आधुनिक भाषा—जिनका प्रयोग आधुनिक काल में हो रहा हो; जैसे—हिंदी, मराठी, बंगला, अंग्रेजी, फ्रेंच।

(7) सम्मिश्रीकरण के आधार पर

(क) पिजिन (Pidgin)—यह एक प्रकार की मिश्रित भाषा होती है इसलिए इसे संकर भाषा भी कहते हैं। जब कोई भाषाभाषी समुदाय किसी अन्य भाषाभाषी समुदाय में उपनिवेश बनाकर रहता है तो उनके परस्पर संपर्क से दो भाषाओं के मिश्रण की प्रक्रिया प्रारंभ हो जाती है। यह भाषा का प्रारंभिक और सरलीकृत रूप होता है। यह किसी समुदाय की मातृभाषा नहीं होती।

(ख) क्रियोल (Creole)—यह भाषा मूल भाषा की ध्वनि और रूपपरक संरचना को त्याग कर अपना स्वतंत्र स्वरूप बना लेती है। यह पिजिन का विकसित रूप है। पिजिन बोलने वाली पीढ़ी के बाद आने वाली पीढ़ी पिजिन को क्रियोल में बदल देती हैं। मॉरिशस, गुयाना, सूरीनाम, त्रिनिदाद—टोबेगो आदि देशों में क्रियोल का प्रयोग होता है। इनमें कहीं फ्रेंच, अंग्रेज और हिंदी के तत्त्व हैं तो कहीं डच और हिंदी के और कहीं अंग्रेजी और हिंदी के। इसे संसृष्ट भाषा भी कहा जाता है।

प्रश्न 4. हिंदी भाषा और उसके विकास पर एक निबंध लिखिए।

उत्तर— वैसे तो कोई निश्चित संख्या बता पाना संभव नहीं है कि संसार में बोली जाने वाली भाषाएँ कितनी हैं, फिर भी यह अनुमान है कि विश्व में लगभग सात हजार भाषाएँ बोली जाती हैं। ध्वनि, व्याकरण तथा शब्द—समूह के आधार पर भौगोलिक दृष्टि से इन भाषाओं का

वर्गीकरण पारिवारिक संबंधों के अनुसार किया गया है। इस वर्गीकरण में भारोपीय भाषा–परिवार बोलने वालों की संख्या, क्षेत्रफल अैर साहित्यिकता की दृष्टि से सबसे बड़ा परिवार है और यह भारत से यूरोप तक फैला हुआ है। भारोपीय परिवार की दस शाखाएँ मानी गई है; जिनमें एक है भारत–ईरानी शाखा। भारतीय आर्यभाषा, ईरानी और दरदी भारत–ईरानी शाखा की उपशाखाएँ हैं।

काल की दृष्टि से भारतीय–आर्य भाषाओं को तीन वर्गों में विभाजित किया जा सकता है–(1) प्राचीन भारतीय आर्य–भाषाएँ (1500 ई.पू. से 500 ई.पू. तक) – संस्कृत आदि (2) मध्य भारतीय आर्य–भाषाएँ (500 ई.पू. से 1000 ई. तक) – पालि, प्राकृत, अपभ्रंश आदि और (3) आधुनिक भारतीय आर्य भाषाएँ (1000 ई. से आज तक) – हिंदी, बंगाली, मराठी आदि। आधुनिक भारतीय–आर्य भाषाओं में हिंदी भी एक मुख्य भाषा है। इसके विकास में इतिहास को भी तीन मुख्य कालों में बाँटा जा सकता है, जिनका विवरण इस प्रकार है–

(1) हिंदी भाषा का आदिकाल–हिंदी भाषा विकास क्रम के अध्ययन की प्रक्रिया में 1000 ई. के आस–पास का समय भाषा की दृष्टि से निर्णायक बिंदु है। इस बिंदु पर अपभ्रश का केंचुल उतारकर भाषा आधुनिक भारतीय आर्यभाषाओं में ढलना प्रारंभ कर देती है। भाषा की दृष्टि से इस काल को 'संक्रांति काल' कहा जा सकता है, क्योंकि अपभ्रंश भाषा अपना स्वरूप परिवर्तित कर रही थी। सन् 1000 से 1500 ई. तक का समय विशेष रूप से, इस संदर्भ में लक्षित किया जा सकता है। इस काल के अपभ्रंश को 'अवहट्ट' नाम दे दिया गया है।

विद्यापति ने कीर्तिलता की भाषा को 'अवहट्ट' ही कहा है। कुछ लोगों ने इसे ही 'पुरानी हिंदी' (चंद्रधर शर्मा गुलेरी) कहा है। तात्पर्य यह है कि हिंदी भाषा अपने निर्माण की प्रक्रिया से गुजर रही थी। खड़ी बोली का आरंभिक रूप अमीर खुसरो तथा बाद में कबीर के साहित्य में स्पष्टतया मिलने लगते हैं। जैन, बौद्ध, नाथ, लोक कवि आदि के माध्यम से हिंदी भाषा के विविध रूप हमें देखने को मिलते हैं। राजस्थानी–खड़ी बोली–अपभ्रंश के मिश्रण से 'डिंगल शैली' का प्रचलन हुआ। इस संबंध में श्रीधर को 'रणमल छंद' व कल्लौल कवि की 'ढोला मारू रा दोहा' प्रतिनिधि रचनाएँ हैं। रासो साहित्य के ऊपर डिंगल, शैली का प्रभाव देखा जा सकता है। इसी प्रकार अपभ्रंश भाषा के ब्रजभाषा के मिश्रण से पिंगल शैली का जन्म हुआ। इसी प्रकार खड़ी बोली और फारसी के प्रभाव से 'हिंदवी' की शैली प्रचलित हुई। इसी शैली का प्रयोग अमीर खुसरो ने किया है।

(2) हिंदी भाषा का मध्यकाल–1500 ई. से 1800 ई. तक हिंदी भाषा का मध्यकाल है। इस समय तक खड़ी बोली भाषा के रूप में अस्तित्व ले चुकी थी। लेकिन अवधी एवं ब्रजभाषा ही साहित्यिक दृष्टि से समृद्ध भाषाएँ बन पाईं थीं। यद्यपि मौखिक संप्रेषण–सामाजिक संप्रेषण की भाषा के रूप में खड़ी बोली लोक में बराबर चल रही थी। भाषा की दृष्टि से इसे हिंदी भाषा का स्वर्णकाल कहा गया है। सूर, तुलसी, मीरा, रहीम, रसखान, केशव जैसे सैकड़ों कवियों ने इस काल के भाषा एवं साहित्य की वृद्धि की है। हिंदी की दृष्टि से दूसरा परिवर्तन यह हुआ कि फारसी शब्दों का बड़ी संख्या में समावेश हो गया। इस प्रभाव को तुलसी, सूर जैसे कवियों की भाषा पर भी देखा जा सकता है।

(3) हिंदी भाषा का आधुनिक काल—1800 ई. के बाद के समय को हिंदी भाषा के आधुनिक काल में रखा गया है। इस समय तक गद्य के रूप में खड़ी बोली की रचनाएँ प्रकाश में आनी शुरू हो जाती हैं। अकबर के दरबारी कवि गंग की 'चंद्र छंद बरनन की महिमा' तथा रामप्रसाद निरंजनी के भाषा योग वशिष्ठ की रचनाओं में हमें खड़ी बोली गद्य का दर्शन होता है। इसी क्रम में स्वामी प्राणनाथ की 'शेखमीराजी का हिस्सा' भी महत्त्वपूर्ण रचना है। लेकिन खड़ी बोली का वास्तविक प्रसार फोर्ट विलियम कॉलेज की स्थापना के बाद होता है। अंग्रेजी राज्य के सुचारू रूप से चलाने के लिए अंग्रेजी ने हिंदी भाषा में पाठ्य पुस्तकें बड़ी संख्या में तैयार करवाई, कुछ के अनुवाद कार्य करवाए। बाइबिल के हिंदी अनुवाद ने भी हिंदी भाषा के प्रचार–प्रसार में अपना योगदान किया। 10–11वीं सदी की रचना 'राउलवेल' में ही खड़ी बोली के दर्शन होने शुरू हो जाते हैं, किंतु आधुनिक काल में आकर उसका विशेष प्रसार होता है।

फोर्ट विलियम कॉलेज के प्रिंसिपल गिलक्राइस्ट के निर्देशन में, लल्लू लाल, इंशा अल्ला खां ने भाषा की पुस्तकें तैयार करवाने में मदद की। इसे अतिरिक्त सदासुखलाल व सदल मिश्र का योगदान भी कम नहीं है। इसी समय पत्र–पत्रिकाओं के प्रकाशन ने भी हिंदी भाषा के प्रचार–प्रसार में महत्त्वपूर्ण योगदान दिया। भारतेंदु हरिशचंद्र के आगमन के खड़ीबोली के प्रसार में युगांतरकारी परिवर्तन आया। कविता की भाषा पहले ब्रज और अवधी हुआ करती थी, अब खड़ी बोली में भी कविताएँ होने लगीं। गद्य के क्षेत्र में युगांतकारी परिवर्तन आया। गद्य की नई विधाएँ उपन्यास, कहानी, जीवनी, आत्मकथा, संस्मरण आदि हिंदी भाषा को मिलीं।

भारत में 'हिंदी' शब्द का प्रयोग विद्वानों के मतानुसार सर्वप्रथम अमीर खुसरो ने किया था—'जुज्बे चंद नजमें हिंदी नीज नजेदोस्तां करदा शुदा अस्त'। बाद में 'खालिकबारी' कोश में इसका प्रयोग कई बार हुआ है। यह भी उल्लेखनीय है कि 'हिंदी' की अपेक्षा 'हिंदवी' शब्द अधिक प्राचीन है। हिंदी, हिंदवी शब्द का प्रयोग अमीर खुसरों ने भी कई स्थलों पर किया है। एक स्थान पर वे कहते हैं—'तुर्क हिन्दुस्तानिम मन हिन्दवी गोयम जवाब' अर्थात् 'हिन्दुस्तानी तुर्क हूँ, हिंदवी में जवाब देता हूँ।' यह भी तर्क दिया जाता है कि हिंदी भाषा का प्रयोग पहले भारतीय मुसलमानों के लिए होता था और 'हिंदवी' शब्द मध्यदेशीय भाषा के संदर्भ में। यह 'हिंदवी' शब्द वस्तुतः हिंदवी या हिंदुई है।

कुछ विद्वान इसे हिंदुओं की भाषा भी कहते हैं—(हिंदू – ई अर्थात् हिंदुओं की भाषा) बाद में यह हिंदवी शब्द हिंदी भाषा के लिए प्रयुक्त होने लगा। इस दृष्टि से 'हिंदवी' शब्द पुराना है और 'हिंदी' अपेक्षाकृत बाद का। तुलसी के 'फारसी पंचनामे', जटमल की 'गोरा बादल की कथा' तथा इंशा अल्ला खां की 'रानी केतकी की कहानी' में भी केवल हिंदवी शब्द समानार्थी हो गए।

18वीं शताब्दी के उत्तरार्द्ध तक हिंदवी 'भाखा' या भाषा के संदर्भ में प्रयुक्त होती रही। हातिम के 'दीवानजादे' के दोबाचे में लिखा है 'जबान दर दार ता बहिन्दवी कि आरां माका गोयन्द'। इससे स्पष्ट होता है कि 'हिंदवी' और 'भाखा' प्रायः एक ही अर्थ में प्रयुक्त होते थे किंतु हिंदवी या हिंदी का नाम अकबर की शासनकालीन स्वीकृत भाषाओं में उपलब्ध नहीं

होता। अमीर खुसरों के ग्रंथ 'नुहसिपर' में उस काल की जिन ग्यारह भाषाओं–सिंधी, लाहौरी, कश्मीरी, गौड़ी, तिलंगी, मारवाड़ी, गुजराती, मराठी, कर्नाटकी, बंगाली, सिंधी, अफगानी–बलूचिस्तानी मिलते हैं उनमें भी हिंदी या हिंदवी का उल्लेख नहीं है। किंतु ऐसा माना जाता है कि अमीर खुसरों और अबुल फजल ने 'देहलवी' भाषा का भी उल्लेख किया है। वह मध्यदेशीय भाषा या हिंदी से ही अभिप्रेत है।

दक्खिनी कवियों और गद्यकारों में भी हिंदवी या हिंदी शब्द के अविच्छिन्न प्रयोग की परंपरा पाई जाती है। हजरत बंदेनवाज गेसूदराज, शाह बुरहानुद्दीन जानम, मीराजुं शम्सुल इश्शाक, मुल्ला वजही आदि दक्खिनी साहित्यकारों ने अपनी कृतियों में हिंदवी या हिंदी शब्द का प्रयोग किया है। वास्तव में दक्षिण भारत में हिंदी को 'दक्खिनी' कहा जाता था। पूर्व और पश्चिम भारत में हिंदी 'भाखा' के नाम से विख्यात थी। 18वीं शताब्दी तक आते–आते 'हिंदी' नाम ने अपना स्थायी रूप ले लिया। 19वीं शताब्दी के पूर्वार्द्ध तक उर्दू के लेखकों में प्रायः हिंदी का प्रयोग उर्दू या रेख्ता के समानार्थी के रूप में चलता था।

उर्दू एक अलग भाषा है या हिंदी की एक शैली है? यह प्रश्न कई बार उठाया जाता रहा है। साथ ही यह भी कि हिंदुस्तानी शब्द से क्या तात्पर्य है? क्या यह हिंदी–उर्दू दोनों का सामान्यीकृत रूप है और बोलचाल की भाषा के रूप में बोली जाती है? इसलिए इन तीनों शब्दों–हिंदी, हिंदुस्तानी और उर्दू की व्युत्पति के बारे में जानने के बाद हिंदी के स्वरूप को सही परिप्रेक्ष्य में देखना असंगत न होगा।

उर्दू–'उर्दू' तुर्की भाषा का शब्द है जिसका अर्थ है 'शाही शिविर' या 'खेमा'। जब मुगल बादशाह भारत आए तो उन्होंने यहाँ बड़े–बड़े फौजी पड़ाव डाले जिन्हें 'उर्दू–ए–मुअल्ला' कहा जाता था। स्थानीय लोगों से परस्पर संप्रेषण करते–करते इनकी भाषा अरबी–फारसी–तुर्की में पंजाबी, बाँगरू, कौरवी, ब्रज आदि का मिश्रण होने लगा, जिससे एक नए भाषा–रूप का विकास हुआ। इस नए भाषा रूप को 'जुबान–ए–मुअल्ला' कहा गया। बाद में इसका संक्षिप्त रूप 'उर्दू' हो गया। कुछ लोग इसे 'हिंदी' या 'रेख्ता' भी कहते हैं।

इस प्रकार उर्दू और हिंदी में कोई भेद नहीं है किंतु अलगाव की प्रवृत्ति आने से उर्दू में अरबी–फारसी शब्दों, मुहावरों आदि का अधिकाधिक प्रयोग किया गया और अरबी–फारसी लिपि को अपनाया गया जिससे इसे अलग रूप देने का प्रयास किया गया जबकि इन दोनों का व्याकरण एक ही है। वास्तव में उर्दू एक ओर हिंदी की एक विशिष्ट शैली है साथ इसने एक विशिष्ट साहित्यिक और सांस्कृतिक परंपरा का निर्माण भी किया है जिसे हिंदी परंपरा के समानांतर रखा जा सकता है और इसी कारण इसकी अपनी भाषायी अस्मिता को भी देखा जा सकता है।

हिंदुस्तानी–ग्रियर्सन, धीरेन्द्र वर्मा आदि कई विद्वानों का मत है कि 'हिंदुस्तानी' शब्द का प्राचीन प्रयोग हिंदवी, हिन्दुई या हिंदुवी नाम से मिलता है।13वीं शताब्दी में औफी और अमीर खुसरों ने इसका प्रयोग किया है। बाद में 'हिंदवी' नाम उस भाषा के लिए सीमित हो गया जिसमें अरबी–फारसी के शब्दों का बाहुल्य था। बाद में हिंदुस्तानी हिंदी, उर्दू के बीच की

भाषा मानी जाने लगी जिसमें सरल शब्दावली थी। इसमें संस्कृत तथा अरबी–फारसी के तद्‌भव रूप थे जो जनसाधारण की भाषा में खप गए।

गाँधीजी जैसे कई मनीषियों ने हिंदुस्तानी शब्द का प्रयोग इसी अर्थ में किया था। वास्तव में हिंदी–उर्दू भाषा को सांप्रदायिकता से जोड़ कर मजहबी भाषा बनाने का जो कुप्रयास हुआ, उसे मिटाने के लिए महात्मा गाँधी जैसे राजनेता और प्रेमचंद जैसे साहित्यकार ने हिंदुस्तानी को अपनाया। इस प्रकार हिंदुस्तानी हिंदी की बोलचाल का एक सरल रूप है और एक स्वाभाविक शैली है जो भाषा की प्रकृति से जुड़ी है।

निष्कर्षतः कहा जा सकता है कि हिंदी और उर्दू के स्रोत क्रमशः संस्कृत और अरबी–फारसी हैं। यदि संस्कृत और अरबी–फारसी के शब्दों की बहुलता न हो तो इन दोनों भाषाओं में कोई अंतर नहीं होगा। इन दोनों का सामान्यीकृत रूप ही 'हिंदुस्तानी' कहलाता है। वास्तव में प्रारंभ में 'हिंदी' शब्द का प्रयोग हिंदी और उर्दू दोनों के लिए होता था–'दर जुबान–ए–हिंदी की मुराद उर्दू अस्त'। बाद में अंग्रेजों ने पृथकतावादी नीति के कारण ऐसी भाषा–नीति अपनाई जिसमें हिंदी और उर्दू को अलग–अलग माना गया। जी.पी.एच. की पुस्तकों का मुख्य उद्देश्य ज्ञान के साथ–साथ अच्छे नम्बर दिलाना है।

प्रश्न 5. हिंदी भाषा के स्वरूप और क्षेत्रों का विवरण उदाहरण सहित प्रस्तुत कीजिए।

अथवा

हिंदी की कितनी मुख्य बोलियाँ हैं? उनका विवरण प्रस्तुत कीजिए।

उत्तर– 'हिंदी' शब्द का प्रयोग आज मुख्यतः तीन संदर्भों में हो रहा है, जो निम्नानुसार है–

(1) भौगोलिक संदर्भ–भौगोलिक दृष्टि से हिंदी का क्षेत्र बिहार, उत्तर प्रदेश, हिमाचल प्रदेश, हरियाणा, राजस्थान, मध्यप्रदेश, दिल्ली तथा पंजाब के कुछ भाग तक फैला हुआ है। इन्हें हिंदी–भाषी प्रदेश भी कहा जाता है। हिंदी को पाँच वर्गों अथवा उपभाषाओं में बाँटा गया है जिनके अंतर्गत 18 मुख्य बोलियाँ आती हैं। ये वर्ग हैं–पश्चिमी हिंदी, पूर्वी हिंदी, बिहारी, राजस्थानी और पहाड़ी। इनका विवरण इस प्रकार है–

- पश्चिमी हिंदी–खड़ीबोली (या कौरवी), ब्रजभाषा, हरियाणवी (या बाँगरू), कनौजी और बुदेली।
- पूर्वी हिंदी–अवधी, बघेली और छत्तीसगढ़ी।
- बिहारी–भोजपुरी, मगही और मैथिली।
- राजस्थानी–जयपुरी, मारवाड़ी, मेवाती और मालवी।
- पहाड़ी–पश्चिमी पहाड़ी (हिमाचली) और मध्यवर्ती पहाड़ी (कुमायूंनी–गढ़वाली)।

इन बोलियों का विस्तृत विवरण निम्नानुसार है–

(क) पश्चिमी हिंदी–हिंदी का उपभाषाओं में से सर्वाधिक प्रमुख उपभाषा के रूप में पश्चिमी हिंदी की गणना की जाती है। इस उपभाषा का क्षेत्र दिल्ली, ब्रज,

हरियाणा, कन्नौज व बुंदेलखंड के क्षेत्रों को अपने में समेटे हुए हैं। खड़ी बोली और ब्रजभाषा के कारण यह हिंदी का प्रतिनिधि उपभाषा परिवार है। इसकी बोलियों का संक्षेप में वर्णन इस प्रकार है—

(i) **खड़ी बोली**—खड़ी बोली का क्षेत्र मेरठ, बिजनौर, मुजफ्फर, सहारनपुर, मुरादाबाद, रामपुर आदि जिले हैं। साहित्य की दृष्टि से खड़ी बोली का साहित्य सर्वाधिक समृद्ध है।

(ii) **ब्रज**—ब्रजभूमि में बोली जाने वाली भाषा का नाम ब्रजभाषा है। मथुरा, वृंदावन के आस–पास का क्षेत्र, आगरा मथुरा, एटा मैनपुरी, फर्रूखाबाद, बुलंदशहर, बदायू आदि जिलों में ब्रजभाषा बोली जाती है। सूर, अष्टछाप का साहित्य, बिहारी, देव, घनानंद समेत पूरा रीतिकाल, जगन्नाथदास रत्नाकर जैसे कवियों के साहित्य से ब्रजभाषा समृद्ध है।

(iii) **कन्नौजी**—कन्नौजी का क्षेत्र पश्चिमी उत्तर प्रदेश के इटावा, फर्रूखाबाद, शाहजहाँपुर आदि जिले हैं। कानपुर, हरदोई के हिस्से भी कन्नौजी के क्षेत्र हैं। यह ब्रजभाषा और बुंदेली के बीच का क्षेत्र है। खोटो, छोटो, मेरो, भयो, बइठो इत्यादि 'ओ' कारांत भाषा के रूप में कन्नौजी को देखा जा सकता है।

(iv) **बुंदेली**—बुंदेलखंड जनपद की बोली को बुंदेली कहा गया है। इस बोली का क्षेत्र झाँसी, जालौन, सागर, होशंगाबाद, भोपाल इत्यादि है।

(v) **बाँगरू (हरियाणवी)**—हरियाणा प्रदेश की बोली को हरियाणवी कहा गया है। यह बोली दिल्ली के कुछ हिस्सों में, करनाल, रोहतक अंबाला आदि जिलों में बोली जाती है। को के लिए ने का प्रयोग हरियाणवी की विशेषता है।

(ख) **पूर्वी हिंदी**—पूर्वी हिंदी में तीन बोलियाँ हैं—अवधी, बघेली एवं छत्तीसगढ़ी पूर्वी हिंदी उपभाषा, हिंदी में विशिष्ट स्थान रखता है, क्योंकि इसमें तुलसीदास व रामचरितमानस जैसी कृतियाँ हैं। आइए पूर्वी हिंदी की बोलियों से परिचित हों।

(i) **अवधी**—अवध मंडल की बोली को अवधी कहा गया है। इस भाषा का प्रमुख क्षेत्र लखनऊ, उन्नाव, रायबरेली, फैजाबाद, प्रतापगढ़, इलाहाबाद, फतेहपुर आदि जिले आते हैं रामभक्ति शाखा का केंद्र अवध मंडल ही रहा है। इस भाषा में तुलसीदास प्रमुख कवि हैं।

(ii) **बघेली**—बघेलखंड की बोली को बघेली कहा गया है। बघेली में रीवाँ, जबलपुर, मांडवा, बालाघाट आदि जिले आते हैं। बघेली में लोक साहित्य मिलता है।

(iii) **छतीसगढ़ी**—छतीसगढ़ की बोली को छतीसगढ़ी कहा गया है। मध्यप्रदेश के रायपुर, विलासपुर जिले इसके प्रमुख केंद्र हैं।

(ग) **राजस्थानी**—राजस्थानी, हिंदी की प्रमुख उप–भाषा है। राजस्थानी उप–भाषा में चार बोलियाँ हैं। मारवाड़ी मेगती, जयपुरी एवं मालवी। रासो साहित्य से

लेकर आधुनिक काल तक राजस्थानी साहित्य का हिंदी पर प्रभाव देखा जा सकता है।

(i) **जयपुरी**—जयपुर केंद्र होने के कारण इसे जयपुरी कहा गया है। इस बोली को ढूँढ़ाली भी कहते हैं। हाडैती इसकी उपबोली है। जयपुरी बोली के क्षेत्र कोटा, बूँदी के जिले एवं जयपुर हैं।

(ii) **मेवाती**—यह राजस्थानी के उत्तर सीमा के अंतर्गत बोली जाती है। इसकी प्रमुख उपबोली अहीरवाटी है। मेवाती अलबर, भरतपुर औ गुड़गाँव के जिलों में बोली जाती है।

(iii) **मालवी**—दक्षिणी राजस्थान की बोली को मालवी कहा जाता है। मालवी का मुख्य क्षेत्र दक्षिणी राजस्थान के बूंदी, झालावाड़ जिले तथा उत्तरी मध्यप्रदेश के मंदसौर, इंदौर, रतलाम आदि जिले आते हैं। यह बोली गुजराती और पश्चिमी हिंदी के बीच की है।

(iv) **मारवाड़ी**—राजस्थानी की पश्चिमी बोली का नाम मारवाड़ी है। इसका केंद्र मारवाड़ है। इस बोली का केंद्र जोधपुर, बीकानेर, जैसलमेर, उदयपुर आदि जिले हैं। हिंदी साहित्य की वीरगाथाएँ मारवाड़ी में ही लिखी गई थीं। मीरा का काव्य मारवाड़ी में ही रचित है। इस प्रकार राजस्थानी की बोलियों में मारवाड़ी साहित्यिक दृष्टि से सर्वाधिक परिष्कृत है।

(घ) **बिहारी**—इस उप-भाषा का केंद्र बिहार होने के कारण इसका नाम बिहारी पड़ा है। बिहारी उप-भाषा में तीन बोलियाँ हैं—भोजपुरी, मगही एवं मैथिली।

(i) **भोजपुरी**—भोजपुरी, बिहार की सर्वाधिक बोली जाने वाली बोली है। बिहार का भोजपुर जिला इस बोली का केंद्र है। इस बोली के प्रमुख क्षेत्रों में – बलिया, बस्ती, गोरखपुर, आजमगढ़, गाजीपुर, जौनपुर, वाराणसी, मिर्जापुर, सोनभद्र, चंपारण, सहारन, भोजपुर, पालामऊ आदि आते हैं। इस प्रकार इस बोली का केंद्र मुख्य रूप से बिहार एवं पूर्वी उत्तर प्रदेश है। भोजपुरी भाषा में पर्याप्त लोक साहित्य मिलता है। कबीर जैसे बड़े कवि के ऊपर भी भोजपुरी का प्रभाव है। आज भोजपुरी फिल्मों ने इस बोली को राष्ट्रीय एवं अंतर्राष्ट्रीय प्रसिद्धि दी है। भोजपुरी विदेशों में – मारीशस, सूरीनाम में भी प्रचलित व लोकप्रिय है।

(ii) **मगही**—मगध प्रदेश की भाषा होने के कारण इसका नाम मगधी पड़ा है। यह बोली मुख्य रूप से बिहार के पटना, गया आदि जिलों में बोली जाती है।

(iii) **मैथिली**—मिथिला प्रदेश की भाषा होने के कारण इस भाषा का नाम मैथिली है। यह बोली प्रमुख रूप से उत्तरी बिहार एवं पूर्वी बिहार के चंपारण, मुजफ्फरपुर, मुंगरे, भागलपुर, दरभंगा, पूर्तिया आदि जिलों में

बोली जाती है। मैथिली हिंदी की भाषा है या नहीं? इस प्रश्न को लेकर मतैक्य नहीं है/वैसे परंपरागत रूप से मैथिली को हिंदी भाषा की बोली के रूप में ही स्वीकृति मिली हुई है। साहित्यिक दृष्टि से मैथिली, बिहारी उपभाषा की बोलियों में सर्वाधिक संपन्न है। मैथिल कोकिल विद्यापति तो हिंदी भाषा के गौरव है हीं। आधुनिक कवियों में नागर्जुन जैसे समर्थ कवि मैथिल भाषा की मिट्‌टी से ही ऊपजे हैं।

(ङ) **पहाड़ी उपभाषा**—इस उपभाषा का संबंध पहाड़ी अंचल की बोलियों से जुड़ा हुआ है, इसलिए इसे पहाड़ी नाम दिया गया है। हिंदी भाषा के पहाड़ी अंचल में उत्तराखंड व हिमाचल प्रदेश का क्षेत्र आता है। ग्रियर्सन ने नेपाली को भी पहाड़ी के अंतर्गत माना था। इस उपभाषा के दो भाग किए गए हैं—पश्चिमी और मध्यवर्ती। पश्चिमी पहाड़ी में जौनसारी, चमोली, भद्रवाही आदि बोलियाँ आती हैं तथा मध्यवर्ती पहाड़ी में कुमाऊँनी एवं गढ़वाली।

(i) **कुमाऊँनी**—कुमाऊँ खंड में जाने कारण इसकी बोली का नाम कुमाऊँ पड़ा है। उत्तराखंड के उत्तरी सीमा/क्षेत्र इसका केंद्र है। यह बोली उत्तराखंड के उत्तरकाशी, नैनीताल, अल्मोड़ा, पिथौरागढ़, चंपावत आदि जिलों में बोली जाती है। कुमाऊँ बोली में समृद्ध साहित्य मिलता है। कुमाऊँ ने हिंदी साहित्य को सुमित्रानंदन पंत, शेखर जोशी, मनोहरश्याम, इलाचंद्र जोशी जैसे बड़े साहित्यकार दिए हैं।

(ii) **गढ़वाली**—उत्तराखंड के गढ़वाल खंड की बोली होने के कारण इसका नाम गढ़वाली पड़ा है। यह बोली प्रमुख रूप से उत्तरकाशी, टेहरी गढ़वाल, पौड़ी गढ़वाल, दक्षिणी नैनीताल, तराई देहरादून, सहारनपुर, बिजनौर जिलों में बोली जाती है। गढ़वाली में समृद्ध लोक साहित्य मिलता है। गढ़वाली की उपभाषाओं में राठी आदि हैं। गढ़वाल मंडल ने हिंदी साहित्य को पीतांबर दत्त बर्थवाल, वीरेन, डंगवाल और मंगलेश डबराल जैसे ख्यातिनाम साहित्यकार दिए हैं।

(2) साहित्यिक संदर्भ—इसमें साहित्य अथवा काव्य क्षेत्र में मैथिली, राजस्थानी (मारवाड़ी), ब्रजभाषा, अवधी तथा खड़ीबोली आते हैं। इन बोलियों में हिंदी के पद्य और गद्य की रचना हुई है। इन बोलियों के प्रतिनिधि कवि एवं साहित्यकार विद्यापति, चंदबरंदाई, तुलसीदास, सूरदास, बिहारी, अमीर खुसरों, भारतेंदु हरिश्चंद्र, जयशंकर प्रसाद, प्रेमचंद्र, रामचंद्र शुक्ल अज्ञेय आदि है।

(3) प्रयोग–विस्तार का संदर्भ—यह खड़ी बोली से विकसित साहित्य और मानक भाषा है जिसमें हिंदी की अन्य बोलियों और कई भाषाओं का भी योगदान है। इसका प्रयोग संघ की राजभाषा के रूप में हो रहा है। खड़ी बोली का यह मानक रूप क्षेत्र–निरपेक्ष और सार्वदेशिक है जो समूचे भारत में बोली और समझी जाती है।

इस प्रकार हिंदी का क्षेत्र बिहार, उत्तर प्रदेश, हिमाचल प्रदेश, हरियाणा, राजस्थान, मध्यप्रदेश, दिल्ली, उत्तराखंड और छत्तीसगढ़ तक फैला हुआ है। इन्हें हिंदी भाषी क्षेत्र कहा जाता है। इन प्रदेशों की सीमाएँ पश्चिमी बंगाल, उड़ीसा, महाराष्ट्र, गुजरात और पंजाब राज्यों के साथ जुड़ी हुई हैं। महाराष्ट्र, गुजरात, पंजाब, अंडमान–निकोबार और गोवा प्रदेशों में द्वितीय भाषा के रूप में इसका प्रयोग हो रहा है।

प्रश्न 6. भाषा में अर्थ–संरचना का महत्त्व प्रतिपादित कीजिए।

उत्तर– भाषा का प्रयोजन है–सार्थक ढंग से भावों या विचारों की सही अभिव्यक्ति करना। निरर्थक उक्ति भाषा नहीं होती। हमारे किसी भी कथन को अर्थवान् होना चाहिए। भाषा विचार–विनिमय का साधन है। भाषा का यह कार्य अर्थ द्वारा ही पूरा होता है। ध्वनियों की व्यवस्था से निर्मित भाषा जब किसी निश्चित परिस्थिति या संदर्भ में अर्थ की अभिव्यक्ति करती है तभी भाषा का प्रयोजन पूरा होता है। अर्थ की उत्पत्ति, अर्थ की प्रतीति तथा अर्थ परिवर्तन की दिशाओं पर भाषा विज्ञान की जो शाखा विचार करती है, उसे अर्थ विज्ञान कहा गया है।

अर्थ विज्ञान का क्षेत्र काफी व्यापक है। इस क्षेत्र में अनेक दार्शनिकों, मनोवैज्ञानिकों और भाषा वैज्ञानिकों ने काम किया है। यदि हम पिछले कुछ वर्षों का इतिहास देखें तो हमें भारत में भर्तृहरि, कुमारिल भट्ट और आनन्द वर्धन जैसे आचार्यों के विचार मिलते हैं, जिनमें अर्थ की सत्ता पर काव्यशास्त्रीय संदर्भ में विचार किया गया है। भारतीय काव्यशास्त्र के तीन प्रमुख संप्रदाय–अलंकार, रीति और वक्रोक्ति मूलतः अर्थ पर ही केंद्रित हैं। पाश्चात्य देशों में बर्ट्रेण्ड रसेल आदि दार्शनिकों, युंग, पिल्सवरी आदि मनोवैज्ञानिकों, मलीनोंवस्की, सपीर आदि समाजशास्त्रियों, रिचर्ड्स, इलियट, एम्पसन आदि आलोचकों तथा सस्यूर, फर्थ आदि भाषा वैज्ञानिकों ने अर्थ पर अत्यंत गहराई के साथ चर्चा की है।

अर्थ कैसे निर्धारित होता है, अर्थ परिवर्तन की क्या दिशाएँ हैं, अर्थ परिवर्तन के कारण क्या हैं? इस पर भारत में मुख्य रूप से यास्क, कात्यायन तथा पतंजलि ने बहुत गहराई से अध्ययन किया है। इन्होंने अर्थ क्या है, शब्द और अर्थ का क्या संबंध है, अर्थ कितने प्रकार के होते हैं आदि पर विश्लेषण प्रस्तुत किया है।

पाश्चात्य विचारकों में फर्थ ने शब्द तथा वाक्य के स्तर पर अर्थ के भेदों को स्पष्ट किया है। उन्होंने यह कहा कि जब **ध्वनिशास्त्री, व्याकरण तथा कोश निर्माता अपना काम समाप्त कर लेते हैं, तब इन तीनों के निष्कर्षों का उपयोग करते हुए अर्थ वैज्ञानिक अर्थ तत्त्वों की खोज करता है।** अर्थ वैज्ञानिकों ने यह भी माना है कि अर्थ की व्याप्ति शब्द, पद और वाक्य तक विस्तृत होती है। इस प्रकार यदि अर्थ संरचना के अध्ययन की प्रणालियों को देखा जाए तो यह कहा जा सकता है कि अर्थ का अध्ययन करने के लिए दो विचारधाराएँ प्रचलित रही हैं–(1) खंड पक्ष पर बल देने वाली विचारधारा, (2) अखंड पक्ष पर बल देने वाली विचारधारा।

खंड पक्ष के अंतर्गत **शब्द** को महत्त्व दिया गया और अखंड पक्ष के अंतर्गत **वाक्य** को महत्त्व दिया गया। अर्थ की प्रतीति संप्रेषण के लिए अर्थ संरचना का सबसे महत्त्वपूर्ण संदर्भ है। हमें अर्थ की प्रतीति कैसे होती है, यह मूलभूत प्रश्न है। यदि हम कमल, गाय या पेड़ कहते हैं तो जिन अर्थों का बोध हमें इन शब्दों से होता है, वह शब्द के साथ सीधा संबद्ध नहीं होता। हर भाषा में ध्वनियों का संयोजन कुछ इस तरह किया जाता है कि इनसे निर्मित शब्द एक निश्चित अर्थ देने लगता है। इसलिए यह कहा गया है कि भाषा के ध्वनि प्रतीक **यादृच्छिक** होते हैं। यादृच्छिकता का यह तात्पर्य है कि हम जिन भावों या वस्तुओं के लिए कुछ शब्द चुनते हैं, उनसे उन ध्वनियों का कोई आंतरिक संबंध नहीं होता। एक विशेष प्रकार के फूल को या पशु को हम कमल या गाय इसलिए कहते हैं कि परंपरागत रूप से हम उसे यही कहते आ रहे हैं। इसी तरह एक विशेष जानवर के लिए गाय शब्द का प्रयोग करना इसलिए नहीं होता कि उस जानवर में ऐसा कोई गुण या लक्षण है जो हमें उसे गाय कहने के लिए विवश कर दे हम उसे कुछ भी कह सकते थे, यदि पूरा हिंदी भाषा समाज स्वीकार करता।

अर्थ प्रतीति के कई साधन माने गए हैं, जिनमें व्यवहार, आप्त वाक्य, उपमान, प्रकरण, व्याख्या, सानिध्य, व्याकरण और कोश की चर्चा की गई है। इसी तरह अर्थ के साधनों पर भी विचार करते हुए दो तरह के शब्द वर्ग बनाए गए हैं—एकार्थक और अनेकार्थक। इसमें वाक्य, वाच्य और काल का सबसे अधिक महत्त्व है, क्योंकि इन तीनों के कारण अर्थ का निर्धारण होता है।

अर्थ के प्रयोग में हम कई प्रकार से चेष्टा करते हैं। इस चेष्टा के आधार पर अर्थ के तीन भेद निर्मित होते हैं—अभिधा, लक्षणा और व्यंजना। अर्थ बदलते भी हैं क्योंकि भाषा एक परिवर्तनशील वस्तु है। अतः उसकी सभी संरचनात्मक इकाइयों में समय के साथ कुछ परिवर्तन भी अवश्य होते हैं। इसकी तीन दिशाएँ मानी गई हैं—अर्थ विस्तार (Expansion of meaning), अर्थ संकोच (Centraction of meaning) तथा अर्थादेश (Transference of meaning)। अर्थ विस्तार, अर्थ परिवर्तन की वह दिशा है जिसमें एक शब्द अपने सीमित दायरे से निकलकर व्यापक अर्थ ग्रहण कर लेता है। प्रवीण और कुशल का उदाहरण लें तो पहले प्रवीण शब्द वीणा बजाने में प्रवीण व्यक्ति के लिए किया जाता था, अब यह किसी भी काम में दक्षता रखने वाले के लिए प्रयुक्त होता है, चाहे वह चाकू और बंदूक चलाना ही क्यों न हो। हिंदी में कई नाम भी मात्र नाम नहीं रह गए हैं, उनका भी अर्थ विस्तार हो गया है, जैसे विभीषण, जयचंद, नारद। जो अपने ही घर में कलह उत्पन्न करता है उसे हम विभीषण कह देते हैं, जो विश्वासपात्र बनकर धोखा देता है उसे जयचंद कहते हैं और जो दूसरे की निंदा या चुगली करता है उसे हम नारद कह देते हैं। इस प्रकार शब्दों के अर्थ का विस्तार कई स्तरों पर होता है।

अर्थ संकोच की प्रकृति अर्थ विस्तार के विपरीत है। यहाँ व्यापक अर्थ संकुचित हो जाता है। इस प्रक्रिया से अनेक शब्दों का अर्थ घिस जाता है। उदाहरण, "गो" शब्द का प्राचीन अर्थ चलने वाला था, जो केवल एक विशेष जानवर गाय के लिए सीमित हो गया। इसी तरह मृग

शब्द सभी पशुओं के लिए प्रयुक्त होता था, अब इसका अर्थ एक पशु विशेष तक सीमित हो गया। अर्थ संकोच भाषा के कई स्तरों पर होता है—समास, उपसर्ग, विशेषण, प्रत्यय आदि। समास के स्तर पर उदाहरण लें तो नीलाम्बर और पीताम्बर का अर्थ संकुचित होकर बलराम और कृष्ण हो गया है। जलज कमल का अर्थ देने लगा है। रस केवल काव्यशास्त्रीय संदर्भ में सीमित हो गया है।

अर्थादेश में अर्थ का संकोच नहीं होता वह पूरी तरह बदल जाता है। जैसे असुर शब्द देवता का वाचक था बाद में यह राक्षस या दैत्य का अर्थ देने लगा।

अर्थ के संदर्भ में यह भी जानना जरूरी है कि अर्थ संरचना, अर्थ ग्रहण, अर्थ प्रतीति और अर्थ बोध के लिए किसी भाषा का पूरा परिवेश जिम्मेदार होता है। इसमें भौगोलिक, सामाजिक, सांस्कृतिक परिवेश सबसे महत्त्वपूर्ण है। इसके साथ ही यह तीनों परिवेश भाषा में विनम्रता, कठोरता, अनुनय, विनय जैसे अनेक अर्थ देने वाले तत्त्वों का समावेश करते हैं। जी.पी.एच. की पुस्तकों का मुख्य उद्देश्य ज्ञान के साथ-साथ अच्छे नम्बर दिलाना है।

प्रश्न 7. भाषा, समाज और संस्कृति के आपसी संबंधों पर प्रकाश डालिए।

उत्तर— भाषा एक सामाजिक वस्तु है। भाषा और समाज के बीच का संबंध बहुत गहरा है, क्योंकि एक तो भाषा का प्रयोग हम समाज में करते हैं और दूसरा यह कि भाषा के माध्यम से ही हम सामाजिक प्राणी बनते हैं। मनुष्य इसलिए अन्य पशुओं की तुलना में एक विशिष्ट प्राणी है क्योंकि उसके पास भाषा है। जब हम भाषा और समाज की बात करते हैं तो संस्कृति का समावेश उसमें स्वतः हो जाता है। हर समाज की अपनी संस्कृति होती है और वह भाषिक संरचना को प्रभावित करती है। हम यह कह सकते हैं कि भाषा केवल एक व्याकरणिक संरचना नहीं है, उसकी समाज-सांस्कृतिक संरचना भी होती है।

भाषा के चिंतन में दो धाराएँ हमें दिखाई देती हैं। एक भाषा की संरचनात्मक या विवरणात्मक धारा जो भाषा व्यवस्था को अपने अध्ययन का केंद्र बनाती है और यह मानती है कि भाषा एक रूपी होती है। दूसरी धारा भाषा को सामाजिक व्यवहार का उपकरण मानती है। अतः भाषा व्यवहार को महत्त्व देते हुए यह भाषा को विविध रूपी या वैविध्यपूर्ण स्वीकार करती है।

भाषा की विविधता का कारण किसी भाषा समाज की समाज-सांस्कृतिक संरचना होती है। ये संरचना समाज में भाषा को देखने का यत्न करती है। इस दृष्टि के मतानुसार व्यवस्था या व्याकरणबद्ध भाषा का प्रयोग क्षेत्र बहुत सीमित होता है। लेखन, औपचारिक बातचीत इसकी सीमा होती है जबकि व्यावहारिक भाषा का क्षेत्र और उसका स्वरूप भी अत्यंत व्यापक होता है। यही कारण है कि भाषा की समाज-सांस्कृतिक संरचना को देखते हुए क्षेत्रीय शैली और सामाजिक शैली पर विशेष अध्ययन हमें मिलते हैं। हम जिस क्षेत्र में रहते हैं अथवा जिस सामाजिक परिवेश या वर्ग से हमारा संबंध होता है उसका प्रभाव हमारे भाषा व्यवहार पर पड़ता है। हमारी भाषा हमें इसके लिए बाध्य करती है कि हम उसका प्रयोग करते समय समाज-सांस्कृतिक तथ्यों का ध्यान रखें। उदाहरण के लिए हिंदी में मध्यम पुरुष सर्वनाम तू,

तुम और आप को भाषा व्यवस्था या व्याकरण की दृष्टि से मध्यम पुरुष एकवचन सर्वनाम की श्रेणी में रखा गया है जबकि व्यावहारिक स्तर पर इसकी समाज–सांस्कृतिक संरचना एकदम भिन्न है। तू का प्रयोग अपने से छोटे या बहुत आत्मीय व्यक्ति के लिए, तुम का प्रयोग अपने समान व्यक्ति या पद के लिए और आप का प्रयोग अपने से वरिष्ठ व्यक्ति के लिए करना भाषा की सामाजिक संरचना को द्योतित करता है। केवल सामाजिक प्रयोग ही नहीं बल्कि इनके साथ हमारा सामाजिक आचरण, जो कि हमारी संस्कृति से आबद्ध है, भी बदल जाता है। मान लीजिए यदि हम कुर्सी पर बैठे हुए हों और वह व्यक्ति प्रवेश करे जिसे हम तू संबोधन देते हैं तो हम उसी अवस्था में बैठे रहेंगे और यदि वह व्यक्ति प्रवेश करे जिसे हम तुम द्वारा संबोधित करते हैं तो हम अपनी कुर्सी से थोड़ा–सा उठकर उसका स्वागत करेंगे। लेकिन वह व्यक्ति प्रवेश करे जिसे हम आप द्वारा संबोधित करते हैं तो हम अपनी कुर्सी से खड़े हो जाएँगे और दोनों हाथ जोड़कर विनीत भाव से उसका स्वागत करेंगे। इससे यह सिद्ध होता है कि हम अपने भाषा प्रयोग में संबोधित व्यक्ति की आयु, पद, वरिष्ठता आदि का ध्यान रखते हैं। इस प्रकार वक्ता श्रोता का परस्पर सामाजिक संबंध हमारे भाषा व्यवहार को नियंत्रित करता है।

भाषा की समाज–सांस्कृतिक संरचना को समझने के लिए वक्ता–श्रोता के वर्ग के अतिरिक्त परिस्थिति और संदर्भ का भी अपना महत्त्व है जिसमें यह देखना अभीष्ट होता है कि कब, कौन, कहाँ, किससे और किस विषय पर बात कर रहा है। यदि हम भाषा की समाज सांस्कृतिक संरचना को परखना चाहते हैं तो हमें उपरोक्त पाँचों स्थितियों पर दृष्टि रखनी पड़ेगी।

समाज–सांस्कृतिक भाषा संदर्भ व्याकरणिक नियमों को नहीं, भाषा समाज द्वारा निर्धारित भाषा प्रयोग के सामाजिक नियमों को वरीयता देते हैं।

भाषा के समाज–सांस्कृतिक पक्ष को दो तरह से देखा गया। एक दृष्टि को समाज भाषा विज्ञान के नाम से जाना जाता है और दूसरी दृष्टि को भाषा का समाजशास्त्र कहा गया। समाज भाषा विज्ञान ने यह स्पष्ट कर दिया कि वाक् (Speech) किसी व्यक्ति के मनमाने भाषा चयन का परिणाम नहीं है। इसके लिए समाज–सांस्कृतिक स्वीकार्यता आवश्यक होती है। भाषा के समाजशास्त्र ने यह भी स्पष्ट कर दिया कि मनुष्य की समस्त अभिव्यंजनाएँ सामाजिक नियंत्रण से बँधी होती हैं। हम भिन्न–भिन्न परिस्थितियों में अथवा सामाजिक संदर्भों में एक ही तरह की वाक् शैली का प्रयोग नहीं करते। ऐसा हम इसलिए नहीं करते क्योंकि भाषा की संरचना समाज सांस्कृतिक संरचना के नियंत्रण में चलती है। इसी समाज–सांस्कृतिक संरचना की भूमिका को समझने के लिए समाज–भाषा विज्ञान में अनेक संकल्पनाएँ सामने आईं, जैसे–भाषा समुदाय, भाषा और बोली, भाषा और शैली, सामाजिक शैली, क्षेत्रीय शैली आदि। इसके अतिरिक्त भी समाज सांस्कृतिक संरचना को भाषा में अंतर्भुक्त मानते हुए समाज में भाषा को कई तरह से देखने की पद्धतियाँ निर्मित हुईं जिनमें भाषा समाज की बहुभाषिकता, भाषा–द्वैत, पिजिन–क्रियोल जैसे भाषा अध्ययन के आधार हमारे सामने आए। दूसरी ओर सर्वनाम संबोधन, नाते–रिश्ते के शब्द, नाम रचना, टैबू भाषा के संदर्भ में भाषा प्रयोग के माध्यम से किसी भाषा समुदाय की समाज–सांस्कृतिक प्रकृति देखी, जानी गई।

भाषा के समाज सांस्कृतिक पक्षों को देखने से यह बात सामने आई कि भाषा सामाजिक वस्तु है। समाज "एक" नहीं होता, वह स्तरीकृत या वर्गीकृत होता है। हर स्तर या वर्ग की अपनी सांस्कृतिक पृष्ठभूमि होती है अर्थात् सबके अपने-अपने मूल्य, रीति-रिवाज, आचरण और सोचने का ढंग होता है। यही कारण है कि समाज में भाषा के अनेक व्यावहारिक रूप प्रचलित रहते हैं। इन विविध रूपों के अस्तित्व का कारण समाज के स्तर में शिक्षा-वर्ग, व्यवसाय और पद के स्तर पर निहित वैविध्य है। शिक्षा का स्तर व्यक्ति के भाषा प्रयोग को सबसे अधिक प्रभावित करता है। यदि हम हिंदी भाषा समुदाय का उदाहरण लें तो इस समुदाय में शिक्षा सर्व सुलभ नहीं है और हिंदी क्षेत्र में शिक्षितों की संख्या भी बहुत कम है। यदि इस समुदाय के शब्द-चयन को ही हम देखें तो हमें इनके स्तर भेद का पता चल सकता है— धरती-भूमि-जमीन-भुइयाँ, माता-माँ-अम्मा-माई, धन-पैसा-पइसा, निकट-पास-नजदीक-नगीच। इसी तरह शिक्षा द्वारा संस्कार प्राप्त व्यक्ति किसी की मृत्यु पर – का निधन हो गया – का स्वर्गवास हो गया – दिवंगत हो गए जैसे प्रयोग करता है जबकि शैक्षिक संस्कार से विहीन व्यक्ति वह मर गया, उसकी मौत हो गई जैसे प्रयोग ही कर पाता है।

▢▢

Gullybaba.com

Simply Scan QR Codes to Jump at Our Latest Products

HELP BOOKS

TYPED ASSIGNMENTS

HAND WRITTEN ASSIGNMENTS

READYMADE PROJECTS

CUSTOMIZED PROJECTS

COMBOS OF BOOKS/ ASSIGNMENTS

Note: The above QR Codes can be scanned and open through QR Code Scanner Application/App of your smart mobile Phone.

अध्याय 2

हिंदी की वर्ण व्यवस्था : स्वर एवं व्यंजन

भूमिका

मनुष्य अपने मन के विचारों एवं भावों को भाषा के माध्यम से व्यक्त करता है। हम संकेतों से भी अपनी बात कह सकते हैं या सुन सकते हैं लेकिन इसे भाषा मानना उचित नहीं होगा। भाषा शब्द संस्कृत की 'भाष' धातु से उत्पन्न है। संस्कृत में 'भाष' का अर्थ कहना या बोलना होता है। अतः हम कह सकते हैं कि भाषा मन के भावों और विचारों के आदान–प्रदान का माध्यम है। भावों और विचारों के आदान–प्रदान हेतु जब हम बोलने का सहारा लेते हैं तो यह मौखिक भाषा कहलाती है। लेकिन, अपने विचारों और भावों को लिखकर प्रकट किया जाए तो उसे लिखित भाषा के रूप में जाना जाता है। मौखिक रूप की तुलना में लिखित रूप भाषा को अधिक स्थायित्व प्रदान करता है।

मनुष्य के मुख से निकलने वाली वाणी को दीर्घकाल तक सुरक्षित रखने के लिए हमें भाषा के लिखित रूप का प्रयोग अनिवार्य प्रतीत होता है। भाषा ध्वनि संकेतों की व्याख्या के रूप में जानी जाती है। इन्हीं ध्वनि संकेतों के लिए मनुष्य वर्णों का सहारा लेता है। समय की गति के साथ–साथ ये संकेत चिह्न भी बदलते रहते हैं। वस्तुतः भाषा वाक्यों से बनती है तो वाक्य पदों से सृजित होता है और पदों के लिए वर्णों का होना अत्यंत आवश्यक है। इस अध्याय में वर्णों के विविध संदर्भों पर विचार किया गया है।

प्रश्न 1. वर्ण और लिपि में अंतर उदाहरण देकर स्पष्ट कीजिए।

उत्तर— संरचना की दृष्टि से वर्ण भाषा की लघुतम इकाई है। पदार्थों के लाल, काले आदि भेदों के नाम यानी रंग के अर्थ में वर्ण प्रयुक्त होता है। ब्राह्मण, क्षत्रिय, वैश्य और शूद्र जाति के संबंध में भी वर्ण का प्रयोग होता है। भेद, प्रकार, रूप, सूरत आदि अर्थों में भी वर्ण का प्रयोग करते रहते हैं। वर्ण के कई अर्थ हैं। लेकिन, भाषा में वर्ण से हमारा आशय है अकारादि अक्षरों के चिह्न अथवा संकेत। वर्ण अक्षर भी कहलाता है क्योंकि वर्ण नित्य, अविनाशी, सदा एक-सा बने रहते हैं। अक्षर ब्रह्म होते हैं। बहरहाल, वर्ण को हम रचना की दृष्टि से अंग्रेजी के एल्फाबेट या लेटर के अर्थ में समझ सकते हैं।

वर्ण भाषा की सबसे छोटी इकाई हैं और यह ध्वनियों के उच्चरित और लिखित दोनों रूपों के प्रतीक हैं। अर्थात् भाषा की वह छोटी-सी-छोटी ध्वनि जिसके खंड न हो सकें, वर्ण कहलाती है। लिखित भाषा को स्थायित्व प्रदान करने में वर्णों की भूमिका सर्वाधिक है। वर्ण सांकेतिक होते हैं। किसी भी ध्वनि के लिए संकेत होता है। हमारी उच्चरित ध्वनि या ध्वनियों के लिए कोई विशेष संकेत क्यों होता है? इसका उत्तर जानने के लिए हमें लिपियों का विकास जानना आवश्यक है।

हिंदी वर्णों को मूलतः देवनागरी लिपि में लिखा जाता है। देवनागरी या दूसरा नाम नागरी भी है। इसके अलावा महाजनी, कैथी, मारवाड़ी आदि लिपियों में भी हिंदी का लेखन होता है। लेकिन छापे की लिपि देवनागरी होने के कारण उन लिपियों का उतना अधिक महत्त्व नहीं रह गया है। इधर विज्ञान और प्रौद्योगिकी के विकास के कारण रोमन लिपि में हिंदी वर्ण लिखे जा रहे हैं।

हिंदी की प्रकृति और देवनागरी लिपि की प्रामाणिकता के सामने रोमन लिपि में हिंदी वर्ण कुछ हास्यास्पद प्रतीत होता है। हिंदी में जैसा बोला जाता है वैसा लिखा जाता है। साथ ही जैसा लिखा हुआ होता है वैसे पढ़ा जाता है। इसे पूरा करने की सामर्थ्य देवनागरी की है। रोमन लिपि में इस वैशिष्ट्य का अभाव है। एक उदाहरण से इसे स्पष्ट करने में सहज होगा। हिंदी में 'भाषा' उच्चरित होता है तो उसे 'भाषा' ही लिखा जाएगा जबकि रोमन में उसे Bhasha लिखा जाएगा। Bhasha को भास, भासा, भसा, भष, भषा, भाष, भाषा, भष आदि कई रूपों में पढ़ा जाएगा। अतः हिंदी वर्णों के लिए सर्वाधिक उपर्युक्त, वैज्ञानिक और मानक लिपि देवनागरी ही है। इस लिपि का विकास ब्राह्मी लिपि से हुआ है जिसमें संस्कृत वर्णमाला के सभी वर्ण मिलते हैं। हिंदी के अलावा देवनागरी लिपि का उपयोग संस्कृत, मराठी, नेपाली आदि भाषाओं के लिए होता है। जी.पी.एच. की पुस्तकों का मुख्य उद्देश्य ज्ञान के साथ-साथ अच्छे नम्बर दिलाना है।

प्रश्न 2. वर्ण विचार का आशय स्पष्ट कीजिए।

उत्तर— जब हम व्याकरण में भाषा की सबसे छोटी इकाई वर्ण का विचार करते हैं तो यह वर्ण विचार कहलाता है। भाषा में अनेकरूपता आ जाने से विभिन्न प्रकार के भ्रम उत्पन्न होने की संभावना बन जाती है। ऐसी स्थिति में भ्रमों का निराकरण आवश्यक हो जाता है। ऐसी स्थिति में मानक रूप निश्चित करना पड़ता है। भाषा के शुद्ध रूपों और प्रयोगों के निरूपण की

हिंदी की वर्ण व्यवस्था : स्वर एवं व्यंजन   27

आवश्यकता होती है। इसके लिए, व्याकरण शास्त्र हमारी सहायता करता है। व्याकरण से ही भाषा के नियमों का परिचय मिलता है।

भाषा को एक स्थिर रूप बनाने में व्याकरण का महत्त्व अस्वीकारा नहीं जा सकता है। भाषा के शुद्ध बोलने, लिखने, पढ़ने और समझने के नियमों का ज्ञान जिस शास्त्र से होता है उसे व्याकरण कहते हैं। इसलिए प्रत्येक भाषा का अपना व्याकरण होता है। भाषा को व्यवस्थित तथा मानक रूप प्रदान करने वाला शास्त्र व्याकरण है। वर्ण-विचार भी व्याकरण का ही एक अंग है। व्याकरण में भाषा के विभिन्न घटकों का अध्ययन किया जाता है। इन पर निम्नलिखित शीर्षकों के अंतर्गत विचार किया जा सकता है—

- वर्ण विचार (Orthography)
- शब्द विचार (Etymology)
- पद विचार
- वाक्य विचार (Syntax)

उपर्युक्त चार विभागों के अतिरिक्त दो और विभाग भी हिंदी व्याकरण में स्वीकृत हैं; चिह्न विचार और छंद विचार। वर्ण विचार (Orthography) के क्षेत्र के बारे में निम्नानुसार चर्चा की जा सकती है—

व्याकरण के जिस विभाग में वर्ण अथवा अक्षरों के आकार, उच्चारण और उनके मेल से शब्द निर्माण की चर्चा होती है उसे वर्ण विचार कहा जाता है। वर्णों अथवा अक्षरों का स्वतः उच्चारण होता है। स्वर अपनी प्रकृति से अक्षर होते ही हैं लेकिन व्यंजन वर्णों में भी रहते हैं। जैसे 'अ' वर्ण 'क्' के साथ मिलकर 'क' बनता है। ध्यान से देखा जाए तो वर्ण विचार शुद्ध भाषा प्रयोग के लिए परम आवश्यक ही नहीं सर्वप्रथम विभाग भी है। वर्णों को पहचानने के लिए जो कल्पित चिह्न या संकेत निर्धारित होते हैं, उनके आकार एवं उच्चारण आदि के बारे में जानकारी वर्ण विचार के अंतर्गत हासिल की जाती है।

इस संदर्भ में एक सवाल उठता है कि ऐसी जानकारी से भाषाई शुद्धता का क्या संबंध है? 'लता' एक शब्द है। वर्ण विचार करें तो यह केवल दो वर्णों से बना शब्द नहीं बल्कि ल्, अ, त्, आ चार वर्णों के मेल से बना शब्द है। अतः बिना वर्ण विचार की समझ से व्याकरण तथा भाषा की सही जानकारी नहीं हो सकती है।

प्रश्न 3. वर्णमाला क्या है? हिंदी वर्णमाला के मानक रूपों को प्रस्तुत कीजिए।

उत्तर— किसी एक भाषा या अनेक भाषाओं को लिखने के लिए प्रयुक्त मानक प्रतीकों के क्रमबद्ध समूह को वर्णमाला कहते हैं। प्रत्येक भाषा में सारे वर्णों के क्रमबद्ध समूह होते हैं। हिंदी में भी वर्णों अथवा अक्षरों के समूह क्रमबद्ध रूप में पाए जाते हैं। हिंदी वर्णमाला का मानक रूप निम्नलिखित है—

स्वर   :   अ आ इ ई उ ऊ ऋ ए ऐ ओ औ
अनुस्वार   :   अं (ं)

विसर्ग	:	अः (:)
व्यंजन	:	क ख ग घ ङ
		च छ ज झ ञ
		ट ठ ड ढ ण
		त थ द ध न
		प फ ब भ म
अंतस्थ	:	य र ल व
ऊष्म	:	श ष स ह
संयुक्त व्यंजन	:	क्ष त्र ज्ञ श्र
आगत वर्ण	:	ऑ ज़ फ़
विशेष व्यंजन	:	ड़ ढ़

(1) स्वर वर्ण–'स्वर वर्ण' उन वर्णों को कहते हैं, जिनका उच्चारण स्वतंत्र रूप से होता है। अ आ इ ई उ ऊ ऋ ए ऐ ओ औ 11 वर्ण स्वर के अंतर्गत आते हैं। देवनागरी में कुछ और वर्ण हैं जो हिंदी शब्दों में नहीं आते हैं। जैसे–ॠ, लृ। संस्कृत और एक–आध भारतीय भाषाओं में इन वर्णों का प्रयोग कभी–कभार मिल जाता है। हिंदी में प्रयुक्त 11 स्वर वर्णों में ए, ऐ, ओ, औ पर ध्यान दें तो स्पष्ट हो जाएगा कि अ + इ = ए, आ + ई = ऐ, अ + उ = ओ एवं अ + ऊ = और स्वर बनते हैं।

हिंदी भाषा में ए, ऐ, ओ और औ स्वरों के दो–दो उच्चारण होते हैं, जिनमें एक साधारण और दूसरा असाधारण है। एक, ऐक्य, मोटा और कौआ शब्दों में ए, ऐ, ओ और औ का साधारण उच्चारण होता है। परंतु एक्का, ऐसा, मोहल्ला और चौसर शब्दों में उनका उच्चारण असाधारण है। ए और ओ का जहाँ असाधारण उच्चारण होता है, वहाँ इनके बदले इ और उ भी लिखते हैं ऐ और औ स्वरों के साधारण 'अइ' और 'अउ' तथा असाधारण उच्चारण 'अय' और 'अव' होते हैं। ऐ और औ को अंग्रेजी में dipthong और ए और औ tripthong को कहते हैं। यइ इसलिए कि पहले दो अक्षरों में दो स्वरों का और पिछले दोनों में तीन स्वरों का एक साथ उच्चारण होता है।

(2) व्यंजन वर्ण–व्यंजन वह वर्ण है, जिसका उच्चारण स्वर की सहायता से होता है। प्रत्येक स्वतंत्र वर्ण के उच्चारण में 'अ' की ध्वनि छिपी होती है। जब 'अ'कार नहीं लगा रहता है तब व्यंजनों के नीचे तिरछी रेखा लगा देते हैं जिसे 'हलन्त' कहते हैं। जैसे–क्, म्, ल्, व् आदि।

अपने वर्णमाला उपर्शीषक के अंतर्गत व्यंजन वर्णों का परिचय प्राप्त किया है। इन वर्णों में 5 वर्ण क च ट त प के नाम से जाने जाते हैं। प्रत्येक वर्ग के अंतर्गत पाँच–पाँच वर्ण होते हैं। निम्न प्रकार से व्यंजन वर्णों को उनके वर्गानुसार देखा जा सकता है–

वर्ग	**वर्ण**
क वर्ग	क, ख, ग, घ, ङ (कण्ड से उच्चारित वर्ण)

च वर्ग च, छ, ज, झ, ञ (तालु से उच्चारित वर्ण)

ट वर्ग ट, ठ, ड, ढ, ण (मूर्द्धा से उच्चारित वर्ण)

त वर्ग त, थ, द, ध, न (दंत्य से उच्चारित वर्ण)

प वर्ग प, फ, ब, भ, म (ओष्ठ से उच्चारित वर्ण)

इन पाँच वर्गों के पंचमाक्षरों–ढ, ञ, ण, न और म में नकसुर उच्चारण रहता है। ये सानुनासिक है।

अनुस्वार और विसर्ग भी व्यंजन के अंतर्गत हैं। इनके अतिरिक्त य, र, ल, व, श, ष, स, ह व्यंजन वर्ण में समाहित हैं। क्ष, त्र, ज्ञ और श्र संयुक्त व्यंजन कहलाते हैं क्योंकि क् + ष = क्ष, त् + र = त्र, ज + ञ = ज्ञ के मेल से ये वर्ण निर्मित हुए हैं। हिंदी में ड़ और ढ़ विशेष व्यंजन के रूप में परिचित हैं। अन्य भाषाओं के प्रभाव से हिंदी में आगत वर्ण भी हैं। जैसे–डॉक्टर, बाजार आदि शब्दों में ऑ, ज आदि ध्वनियाँ।

अनुस्वार और विसर्ग की गणना भी व्यंजनों में ही होती है। ऐसा इसलिए क्योंकि इनके उच्चारण में भी स्वर इनके पहले और दूसरे व्यंजनों के पीछे आता है। प्रायः देखा जाता है कि अनुस्वार ङ्, ञ, ण्, न्, म् व्यंजनों का और श्, स्, ण् और र् का रूप धारण कर लेता है। इसलिए ये दोनों व्यंजन ही मानते हैं। जैसे–मुङ्गेर को मुंगे, दुःसाहस को दुस्साहस भी लिखा जाता है। जी.पी.एच. की पुस्तकों का मुख्य उद्देश्य ज्ञान के साथ–साथ अच्छे नम्बर दिलाना है।

प्रश्न 4. वर्ण लिखने की रीति को स्पष्ट कीजिए।

उत्तर– हिंदी लिपि नागरी या देवनागरी लिपि में लिखी जाती है। जब स्वर और व्यंजन साथ मिलाकर लिखे जाते हैं तब उनका वह रूप नहीं रह जाता जो वर्णमाला में पाया जाता है। स्वर के प्रतिनिधि के तौर पर कुछ चिह्न रहते हैं। इन्हें मात्रा कहा जाता है। शब्द सृजन में मात्राओं की भूमिका महत्त्वपूर्ण होती है। 'अ' की कोई मात्रा नहीं होती है। इसलिए किसी व्यंजन में 'अ' न होने का उल्लेख करना हो तो उसके नीचे हलंत (्) चिह्न का प्रयोग करना होता है। अन्य स्वरों की मात्राएँ निम्नलिखित रूप से प्रयुक्त होती हैं–

आ : का, इ : कि, उ : कु, ऊ : कू, ए : के, ऐ : कै, ओ : को, औ : कौ

जब व्यंजन का योग व्यंजन से होता है तो व्यंजन युक्त या संयुक्त व्यंजन कहलाता है। क्ष, त्र, ज्ञ आदि के बारे में चर्चा की जा चुकी है। ये व्यंजन संयुक्त कहलाते हैं। हिंदी में ज्ञ का उच्चारण 'ग्यँ' किया जाता है। कहीं–कहीं ग्य भी उच्चरित होता है।

कुछ शब्दों में अक्षर ऊपर नीचे लिखे जाते हैं। ये अक्षर क, ट, ठ, ड और ड़ हैं। जैसे, अक्कल, पट्टा, अड्डा, गद्दा, गटठा। इन्हें इस रूप में भी लिखा जाता है जैसे अक्कल, पट्टा, अड्डा, गट्ठा।

कुछ शब्दों में अक्षर आगे पीछे लिखे जाते हैं और अगले अक्षर की सीधी पाई हटाकर मिलाए जाते हैं। यथा–

जब ख, घ, त, थ, प, ब, भ, म, य, ल, व, श, ष और स अक्षर एक दूसरे से मिलते हैं तब पहले आने वाले अक्षरों की खड़ी पाई हटा दी जाती है। उदाहरण—ख्याल, पत्थर, म्यान, शल्य, शिष्य, पुरस्कार आदि।

इसी तरह ङ और ञ किसी व्यंजन से मिलते हैं या अपने ही वर्ग के व्यंजन से मिलते हैं तो उसके ऊपर लिखे जाते थे। जैसे—पङ्कज, अञ्जन आदि। किंतु आज की स्थिति में पंकज, अंजन आदि मान्य तथा मानक हैं। लेकिन त और ण दुबारा आएँ तो त और 'ण्ण' हो जाते हैं। जैसे—पत्ता और विशेषण।

'र' के साथ जब उ और ऊ की मात्रा लगे तो उसे 'रु' और 'रू' के रूप में लिखा जाता है। जैसे—रूपये, रूपवान आदि।

किसी अक्षर के पहले 'र' आता है तब उसका रूप निम्नलिखित रूप से लिखा जाता है। उदाहरण के रूप में धर्म, कर्म, निर्जन, निर्धन। किसी अक्षर के बाद 'र' आए तो उसे अधोलिखित रूप में लिखा जाता है। जैसे—प्रिय, चक्र, बज्र आदि।

जब क् के साथ त या र जुड़ता है तब दोनों के रूप ऐसे होते हैं—क्त, क्र। क्, ट्, ड् और ढ् के साथ य जुड़े तो उनके रूप क्य, टय, डय आदि। क् के साथ व मिलता है तो क्व हो जाता है। ष का योग ट, ठ या य से होता है तब निम्नलिखित रूप होते हैं—ष्ट, ष्ठ, ष्य। 'ह' के साथ ण, न, म, य, र, ल और व का योग होने से जो रूप बनते है उन्हें इस प्रकार लिखा जाता है—ह्ण, ह्व, ह्म, ह्य, ह्र, ह्ल।

प्रश्न 5. वर्ण विच्छेद का अभिप्राय उदाहरण सहित स्पष्ट कीजिए।

उत्तर— वर्ण विच्छेद के अंतर्गत किसी शब्द में प्रयुक्त वर्णों को अलग–अलग किया जाता है। शब्दों का वर्ण–विच्छेद करते समय व्यंजनों को स्वर रहित रूप में और स्वर को अलग करके लिखा जाता है। जैसे—

विजय	—	व् + इ + ज् + अ + य् + अ
हरदेव	—	ह् + अ + र् + अ + द् + ए + व् + अ
महाजन	—	म् + अ + ह् + आ + ज् + अ + न् + अ
उद्यम	—	उ + द + य् + अ + म् + अ
प्रथम	—	प् + र् + अ + थ् + म् + अ
कार्य	—	क् + आ + य् + र् + अ
रहीम	—	र् + अ + ह् + ई + म् + अ
धर्म	—	ध् + अ + र् + म् + अ
सूर्योदय	—	स् + ऊ + र् + य् + ओ + द् + अ + य् + अ
ऐतिहासिक	—	ए + त् + इ + ह् + आ + स् + इ + क् + अ
कमरा	—	क् + अ + म् + अ + र् + आ
साबुन	—	स् + आ + ब् + उ + न् + अ

विद्यालय – व् + इ + द् + य् + आ + ल् + अ + य् + अ

तुलसी – त् + उ + ल् + अ + स् + ई

प्रश्न 6. स्वर तथा व्यंजनों के उच्चारण स्थानों का परिचय दीजिए।

उत्तर– कोई भी वर्ण मुँह के भिन्न–भिन्न भागों से बोला जाता है, इन्हें उच्चारण स्थान कहते हैं। उच्चारण स्थान के अनुसार वर्णों का विभाग निम्नलिखित है–

कंठ से	–	अ, आ, क, ख, ग, घ, ङ, ह
तालु से	–	इ, ई, च, छ, ज, झ, ञ, य, ष
मूर्धा से	–	ऋ, ट, ठ, ड, ढ़, ष
ओष्ठ से	–	उ, ऊ, प, फ, ब, भ, म
कंठ–तालु से	–	ए, ऐ
कंठ–होठों से	–	ओ, औ
दाँत–ओष्ठ से	–	फ, व
वर्त्स्य (मसूड़ा) से	–	स, ज, र, ल
अलिजिह्वा से	–	ह
नासिका से	–	अं, अँ

उपर्युक्त सूची के अनुसार वर्ण–ध्वनियों के नाम हैं–कंठय, तालव्य, मूर्द्धन्य, दन्त्य, ओष्ठय, नासिक्य, कंठ–तालव्य, कंठोष्ठय, दंतौष्ठय आदि। वर्णों का उच्चारण मुख के विभिन्न अवयवों (कंठ, तालु, दाँत, जिह्वा, नासिका आदि) के द्वारा किया जाता है। ए और ऐ का उच्चारण कंठ और तालु से होने के कारण ये कंठ–तालव्य कहलाते हैं। इसी प्रकार ओ और औ का उच्चारण कंठ और ओठों से होने से ये कंठोष्ठय कहलाते हैं। 'क' का उच्चारण दाँतों और ओठों से होने के कारण वह दंत्योष्ठ कहलाता है। पुनः अनुस्वार और चंद्रबिंदु का उच्चारण मुख और नासिका से होने से वे अनुनासिक हैं।

प्रश्न 7. स्वर एवं व्यंजन के उच्चारण में होने वाले प्रयत्नों की विवेचना कीजिए।

उत्तर– वर्णों के उच्चारण में होने वाले व्यापार या यत्न को प्रयत्न कहा जाता है। प्रयत्न के दो भेद होते हैं–

(1) आभ्यंतर प्रयत्न–वर्णों के उच्चारण से पूर्व होने वाले प्रयत्न को आभ्यंतर प्रयत्न कहा जाता है। हर ध्वनि के लिए कोई न कोई प्रयत्न करना पड़ता है। मुँह के भीतर प्रयत्न होने के कारण ही उसे आभ्यंतर प्रयत्न कहते हैं।

(2) बाह्य प्रयत्न–वर्णों के उच्चारण में होने वाले प्रयत्न को बाह्य प्रयत्न कहते हैं। मुँह के बाहर जो प्रयत्न होता है उसे बाह्य प्रयत्न कहा गया है।

भाषा वैज्ञानिकों के अनुसार प्रमुख रूप से प्रयत्न निम्नांकित के लिए किए जाते हैं–

(1) घोष,

(2) अघोष,

(3) जपित,

(4) अल्प प्राण,

(5) महाप्राण,

(6) मौखिक ध्वनि,

(7) नासिक्य ध्वनि

(8) मौखिक नासिक्य ध्वनि,

(9) स्पर्श,

(10) संघर्षी,

(11) पार्श्विक,

(12) लुंठित,

(13) उत्क्षिप्त,

(14) अर्द्धस्वर

(15) मर्मर

(16) संवृत्त,

(17) अर्द्धसंवृत,

(18) अर्द्ध विवृंत,

(19) विवृत्त आदि।

प्रयत्नों की संख्या 50 से भी अधिक हो सकती है। भारत जैसे बहुभाषी देशों में किसी भी ध्वनि के लिए विभिन्न स्थानों पर एक से अधिक प्रयत्नों की आवश्यकता स्वाभाविक है।

आभ्यंतर प्रयत्न के मुख्य चार भेद होते हैं। उनका विवरण निम्नलिखित रूप में दिया जा सकता है—

(1) विवृत्त—जिन वर्णों को बोलते समय जिह्वा खुली रह जाए उनका विवृत्त प्रयत्न है। सभी स्वर विवृत्त हुआ करते हैं।

(2) स्पृष्ट—जिन वर्णों को बोलते हुए तालु आदि का जिह्वा के साथ स्पर्श हो उनका स्पृष्ट प्रयत्न होता है। क से म तक सभी वर्ण इनके अंतर्गत आते हैं।

(3) सामान्य विवृत्त—जिन वर्णों का उच्चारण करते समय तालु जिह्वा कुछ खुली रह जाए उनका सामान्य विवृत्त प्रयत्न होता है। य, र, ल, व वर्ण इस प्रयत्न के अंतर्गत हैं।

(4) सामान्य स्पृष्ट—जिन वर्णों का उच्चारण करते समय जिह्वा भिन्न—भिन्न स्थानों का थोड़ा स्पर्श करती है, उनका सामान्य स्पृष्ट प्रयत्न होता है। उदाहरण स्वरूप श, ष, स है।

बाह्य प्रयत्न भेद—इसके अंतर्गत तीन प्रकार हैं—

(1) जिह्वा का प्रयत्न—व्यंजनों के उच्चारण में हमारी जिह्वा तथा मुख के अन्य अवयव जो प्रयत्न स्थितियाँ बनाते हैं वे आठ प्रकार की हैं—

(क) **स्पर्शी**—जिन व्यंजनों के उच्चारण में हवा फेफड़ों से आकर किसी अन्य अवयव का स्पर्श करती हैं और फिर अकस्मात् बाहर निकलती हैं उन्हें स्पर्शी कहते हैं जैसे—क, ख, ग, घ, ट, ठ, ड, ढ़, त, थ, द, ध, प, फ, ब और भ।

(ख) **संघर्षी**—जिन व्यंजनों के उच्चारण में वायु घर्षणपूर्वक निकलती है उन्हें संघर्षी कहा जाता है। उदाहरण—श, ष, स, ट, ख, ज, झ आदि।

(ग) **स्पर्श–संघर्षी**—उनके उच्चारण में स्पर्श का समय अपेक्षाकृत अधिक होता है और उच्चारण के बाद वाला भाग संघर्षी हो जाता है उन्हें स्पर्श–संघर्षी कहते हैं। जैसे—च, छ, द, झ।

(घ) **नासिक्य**—जिन व्यंजनों के उच्चारण के समय वायु मुँह के साथ–साथ नासिका से भी निकलती है उन्हें नासिक्य कहते हैं। उदाहरण स्वरूप, ङ, ञ, ण तथा म।

(ङ) **पार्श्विक**—यदि उच्चारण में जीभ तालु स्पर्श करती है लेकिन दोनों या एक तरफ का रास्ता खुला रहता है जिससे वायु निकलती रहती है तो वहाँ पार्श्विक प्रयत्न होता है। एकमात्र व्यंजन ल इसका उदाहरण हैं।

(च) **प्रकंपित**—जब प्राणवायु जिह्वा को दो तीन बार प्रकंपित करके निकले तो उसे प्रकंपित प्रयत्न के अंतर्गत रखा जाता है। जैसे—र।

(छ) **उत्क्षिप्त**—यदि उच्चारण करते समय जीभ पीछे जाकर झटके से वापिस आए तो उत्क्षिप्त व्यंजन कहलाता है। उदाहरण—ट, ठ, ड, ढ आदि।

(ज) **संघर्षहीन**—जिन व्यंजनों के उच्चारण में जिह्वा तथा अन्य अवयवों को विशेष प्रयत्न करना नहीं पड़ता है वे संघर्षहीन प्रयत्न कहलाते हैं। जैसे—य, व आदि।

(2) **स्वर–तंत्रियों का नाद**—स्वर–तंत्रियों के नाद के आधार पर व्यंजन घोष और अघोष दो भेदों में विभाजित होते हैं—

(क) **घोष**—जिन व्यंजन वर्णों के उच्चारण में श्वास में स्वरतंत्रियाँ कंपित होती हैं उन्हें घोष कहा जाता हैं जैसे—ग, घ, ङ, ज, झ, ञ, ड, ढ, ण, द, ध, न, ब, भ, म।

(ख) **अघोष**—जिन व्यंजन वर्णों के उच्चारण में स्वरतंत्रियाँ झंकृत नहीं होती हैं वे अघोष कहलाते हैं। उदाहरण क, ख, च, छ, ट, ठ, त, थ, प, फ, श, ष, स।

(3) **प्राणवायु का वेग**—बाह्य प्रयत्न के अनुसार श्वास के आधार पर व्यंजनों के दो भेद होते हैं—अल्प प्राण और महाप्राण किए गए हैं—

(क) **अल्पप्राण**—इन व्यंजनों के उच्चारण में मुख द्वारा वायु का निर्गमन कम होता है तो स्फोट भी अल्प ही होता है। प्रत्येक वर्ग का पहला, तीसरा और पाँचवां वर्ण तथा य, र, ल, व अल्पप्राण व्यंजन कहलाते हैं।

(ख) **महाप्राण**—इन व्यंजनों के उच्चारण में मुख से अपेक्षाकृत अधिक वायु निर्गमित होती है तथा स्फोट भी अधिक स्पष्ट होता है, जिससे हकार की ध्वनि सुनाई

देती है। प्रत्येक वर्ग का दूसरा और चौथा वर्ण तथा श, ष, स, ह महाप्राण व्यंजन कहे जाते हैं।

प्रश्न 8. नीचे दिए गए कुछ कथन सही हैं, कुछ गलत। सही कथन के आगे (✓) तथा गलत कथन के आगे (×) चिह्न लगाइए—
(1) सभी प्रकार की ध्वनियाँ स्वर और व्यंजन ध्वनियाँ हैं।
(2) स्वर ध्वनियाँ वे हैं जो स्वतः बोली जा सकती हैं।
(3) जिनका उच्चारण बिना स्वर के नहीं होता वे व्यंजन ध्वनियाँ हैं।
(4) जिह्वा के क्रमशः तीन भाग हैं, मध्य, पश्च और अग्र।
(5) "संवृत स्वर" बंद स्वर कहलाते हैं।
(6) मात्रा स्वर की समरूप कही जाती है।
(7) अ – आ केंद्रीय स्वर हैं।
(8) औ में "अ + ओ" का योग है।
(9) स्वर "अ" की कोई मात्रा नहीं होती।
(10) बलाघात स्वराघात में किसी ध्वनि पर बल दिया जाता है।

उत्तर— (1) (×)
(2) (√)
(3) (√)
(4) (√)
(5) (√)
(6) (√)
(7) (√)
(8) (√)
(9) (√)
(10) (√)

प्रश्न 9. निम्नलिखित शब्दों के उच्चारण रूप में जहाँ अ लोप हो रहा है उस वर्ण के नीचे हलंत चिह्न लगाकर लिखिए—

लिखित रूप   उच्चरित रूप
आम
पाँच
मानव
लड़का
जनता

अनबन

तड़पन

उत्तर–

लिखित रूप	**उच्चरित रूप**
आम	आम्
पाँच	पाँच्
मानव	मान्व
लड़का	लड़्का
जनता	जन्ता
अनबन	अन्बन्
तड़पन	तड़्पन

□□

विद्यार्थीगण **GPH** की पुस्तकें क्यों चुनते हैं?

- विश्वविद्यालयों/परीक्षा बोर्डों/संस्थानों द्वारा निर्धारित पाठ्यक्रमों का पूर्ण समावेश।
- आसानी से समझी जा सकने वाली भाषा तथा प्रारूप (फॉर्मेट) जिससे विद्यार्थियों को थोड़े समय में परीक्षा की तैयारी करने में सहायता मिलती है।
- हमारी पुस्तकें परीक्षा को ध्यान में रखकर प्रश्न-उत्तर शैली में तैयार की जाती हैं जिससे विद्यार्थीगण सही उत्तर को तुरंत समझ पाते हैं।
- पिछले वर्षों के प्रश्न-पत्रों को हल करके शामिल किया जाता है ताकि विद्यार्थीगण को परीक्षा के उस खास ढाँचे को समझने में सहायता मिल सके और वे परीक्षा की तैयारी बेहतर ढंग से कर सकें।
- दोनों छमाहियों (जून-दिसम्बर) के प्रश्न-पत्रों को हल करके पुस्तक में शामिल किया जाता है।
- आँकड़ों में जब भी कोई परिवर्तन होता है तो उसे अपडेट कर दिया जाता है।
- पुनरावृत्त (रिसाइकल किए गए) कागज का प्रयोग।
- सुविधाजनक आकार तथा उचित मूल्य।
- अपने सामाजिक दायित्वों के अनुरूप हम बेची गई प्रत्येक पुस्तक से समाज/संस्थाओं/एन.जी.ओ./वंचितों को सहयोग देते हैं।

स्वर के प्रकार

भूमिका

इस अध्याय में स्वर के प्रकारों पर चर्चा की गई है। ह्रस्व, दीर्घ तथा संयुक्त स्वरों के अंतर्गत स्वर के संबंध में अधिक विस्तृत जानकारी देने का प्रयास इस अध्याय में किया जाएगा।

व्याकरण की दृष्टि से ध्वनियों का अत्यंत प्रचलित और प्राचीन वर्गीकरण 'स्वर' और 'व्यंजन' है। स्वर और व्यंजन का उल्लेख उपनिशद् काल से मिलता है। लेकिन ईसा पूर्व दूसरी शताब्दी के आसपास महाभाष्यकार पतंजलि ने एक सूत्र प्रदान किया–'स्वयं राजन्ते स्वरा अन्वग् भवति व्यंजनमिति'। इसका आशय है कि स्वर स्वतंत्र हैं लेकिन व्यंजन उन पर (स्वरों पर) आधारित सदैव स्वर की सहायता से होता है। जैसे–म् + अ = म, र् + अ = र, ल् + अ = ल आदि। इस अध्याय में स्वर के स्वरूप पर भी प्रकाश डाला गया है।

प्रश्न 1. स्वर की परिभाषा देते हुए उसके स्वरूप पर प्रकाश डालिए।

उत्तर— स्वतंत्र रूप से उच्चरित वर्ण 'स्वर' कहलाते हैं। स्वर और व्यंजन अत्यंत प्राचीन काल से प्रचलित हैं लेकिन, इनके बारे में पतंजलि ने सबसे पहले उल्लेख किया था। भारतीय तथा पाश्चात्य परंपरा में स्वर की जो परिभाषाएँ दी गई हैं उनका सार रूप कुछ ऐसा उभरता है—"स्वर उन ध्वनियों को कहते हैं जो स्वयं उच्चरित होती हैं। इसके विपरीत व्यंजन उन ध्वनियों को कहते हैं जो स्वर की सहायता से उच्चरित होती हैं।"

उपर्युक्त परिभाषा हिंदी सहित अन्य भारतीय भाषाओं के स्वरों के लिए बहुत ही मान्य है। पाश्चात्य देशों की अनेक भाषाओं के लिए भी सटीक हो सकती है। लेकिन कई भाषाओं में जहाँ स्वर ध्वनियाँ होती ही नहीं है। वहाँ उपर्युक्त परिभाषा स्वीकृत नहीं हो सकती है। उल्लेख करने वाली बात है कि रूमानिया, चौक आदि कुछ ही भाषाओं में ही स्वर का प्रयोग या तो कम है अथवा नहीं के बराबर है।

इस प्रकार हम कह सकते हैं कि जिन वर्णों के उच्चारण में हवा मुँह से बिना किसी रुकावट के निकलती है, उन्हें स्वर कहते हैं। सभी स्वरों का उच्चारण देर तक किया जा सकता है। ई और ऊ को छोड़कर अधिकांश स्वरों के उच्चारण में मुख विवर में हवा प्रकंपित होती हुई बिना विशेष अवरोध के निकल जाती है। स्वरों का उच्चारण किसी एक निश्चित स्थान से होता नहीं। पूरे मुख-विवर से एक प्रकार की गूँज होती है। यह गूँज मुख-विवर के स्वरूप पर निर्भर करती है। मुख विवर प्रशस्त होगा तो एक प्रकार की गूँज होगी जबकि मुखविवर सँकरा हो तो दूसरे प्रकार की गूँज होगी।

प्रश्न 2. स्वरों के वर्गीकरण के विभिन्न आधारों का उल्लेख कीजिए।

अथवा

किन-किन आधारों पर स्वरों का वर्गीकरण किया जा सकता है? उदाहरण देकर स्पष्ट कीजिए।

उत्तर— निम्न आधारों पर स्वरों का वर्गीकरण किया जा सकता है—

- **मात्रा के आधार पर—**मात्रा के आधार पर स्वर दो प्रकार के होते हैं—(क) ह्रस्व—जिनके उच्चारण में कम समय लगता है। हिंदी में अ, इ, उ, ह्रस्व स्वर हैं। (ख) दीर्घ—जिनके उच्चारण में अपेक्षाकृत अधिक समय लगे। हिंदी में आ, ऑ ई, ऊ, ए, ऐ, ओ, औ दीर्घ स्वर हैं।
- **जीभ के भाग के आधार पर—**कुछ स्वरों के उच्चारण में जीभ का अग्र भाग काम करता है। कुछ में मध्य भाग तथा कुछ में पश्च भाग। इसी आधार पर स्वर तीन प्रकार के माने गए हैं। अग्र स्वर—इ, ई, ए, ऐ; मध्य स्वर—अ; पश्च स्वर—उ, ऊ ए, ऐ, ओ, औ, आ।
- **हवा के नाक और मुँह के रास्ते निकलने के आधार पर—**जिन स्वरों के उच्चारण में हवा केवल मुँह से निकलती है, उन्हें मौखिक या निरनुनासिक स्वर कहते हैं। अँ,

आँ, इँ, ईं, उँ, ऊँ, एँ, ऐं, ओं, औं ऐसे ही स्वर हैं। जिन स्वरों के उच्चारण में हवा नाक से भी निकलती है, उन्हें अनुनासिक रूप कहते हैं। उपर्युक्त स्वरों के अनुनासिक रूप हैं: अँ, आँ, इँ, ईं, उँ, ऊँ, एँ, ऐं, ओं, औं। आँ के अनुनासिक रूप का प्रयोग हिंदी में नहीं होता।

- **ओष्ठों की स्थिति के आधार पर**—कुछ स्वरों के उच्चारण में ओष्ठ वृत्तमुखी या गोलाकार होते हैं। इस आधार पर दो भेद होते हैं—वृत्तामुखी—उ, ऊ, ओ, औ, ओं; अवृत्तामुखी—अ, आ, इ, ई, ए, ऐ।
- **जीभ के उठने के आधार पर**—जीभ के उठने से मुख—विवर सँकरा हो जाता है। इसीलिए जब जीभ बहुत ऊपर उठ जाती है तो उसे संवृत तथा बहुत नीचे होती है तो विवृत कहते हैं। बीच में अर्धसंवृत तथा अर्धविवृत भी होते हैं। हिंदी स्वरों के इस आधार पर निम्नांकित भेद हैं: (क) संवृत—इ, ई, उ, ऊ; (ख) अर्ध संवृत—ऐ, ओ; (ग) अर्धविवृत—ऐ, अ, औ, ऑ; (घ) विवृत—आ।
- **प्रकृति के आधार पर**—स्वर, प्रकृति के आधार पर, मूल और संयुक्त दो प्रकार के होते हैं। मूल स्वर में जीभ एक स्थान पर होती है। हिंदी में अ, आ, ऑ, इ, ई, अ, ऊ, ए, ओ मूल स्वर हैं। संयुक्त स्वर में जीभ एक स्वर के स्थान से दूसरे स्वर के स्थान की ओर चलती है और इस चलने की स्थिति में उच्चारण हो जाता है। ए, औ पश्चिमी हिन्दी क्षेत्र में मूल स्वर रूप में उच्चरित होते हैं, किंतु पूर्वी हिन्दी क्षेत्र में संयुक्त स्वर रूप में। पूर्वी हिंदी प्रदेश में ऐ 'अ + ए' का संयुक्त रूप है तो औ 'अ +औ' का।

उच्चारण—स्थान और प्रयत्न—हिंदी के मूलस्वरों और उनके रूपों के उच्चारण — स्थान एवं प्रयत्न के आधार पर निम्नानुसार स्पष्ट किया जा सकता है—

- **अ**—यह अर्द्ध—विवृत मध्य स्वर है। इसके उच्चारण में जीभ का मध्य भाग कुछ ऊपर उठता है और होंठ कुछ खुल जाते हैं। 'अ' स्वर का व्यवहार बहुत से शब्दों में पाया जाता है जैसे—अनाज, अब, कमल, सरल। इन शब्दों से आप स्पष्ट बता सकते हैं कि अ का उच्चारण शब्दों के आरंभ में या मध्य में हुआ है।
- **आ**—यह विवृत पश्च स्वर है। प्रधान स्वर अ से बहुत मिलता—जुलता है। इसके उच्चारण में जिह्वा नीचे की ओर तथा होंठ चारों ओर फैल जाते हैं। यह स्वर आदि, मध्य तथा अंत तीनों ही स्थितियों में उच्चरित होता है—आकाश, काली, महीना।
- **ऑ**—यह अर्द्ध विवृत दीर्घ पश्च स्वर है। यह अंग्रेजी से आगत वर्ण है। आदि एवं मध्य की स्थिति में यह उच्चरित होता है। उदाहरणार्थ, डॉक्टर, ऑफिस, कॉटन।
- **इ**—इसके उच्चारण में जिह्वा का अगला भाग काफी उठ जाता है और होंठ कुछ खुले होते हैं। आदि, मध्य एवं अंत तीनों स्थितियों में यह स्वर उच्चरित होता है। जैसे, इसका, वैज्ञानिक, रवि आदि।
- **ई**—यह संवृत दीर्घ अग्र स्वर है। इसके उच्चारण में जिह्वा का पिछला भाग बहुत अधिक ऊपर उठता है और होंठ चौड़ाई में खुल जाते हैं। यह भी आदि, मध्य और

अंत में उच्चरित होता है। ईख, सीता, बड़ी जैसे शब्दों में तीनों स्थितियों में उच्चरित होने का उल्लेख मिल जाता है।

- **उ**—यह संवृत ह्रस्व पश्च स्वर है। इसके उच्चारण में जिह्वा का पिछला भाग बहुत अधिक ऊपर उठता है तथा ओंठ वृत्ताकार हो जाते हैं। आदि, मध्य तथा अंत तीनों ही स्थितियों में इसका उच्चारण होता है। उदाहरणार्थ—कुमति, सुमति, मृदुल, पृथुल, गुरु, साधु आदि।
- **ऊ**—यह संवृत दीर्घ स्वर है। इसके उच्चारण में जिह्वा का पिछला भाग बहुत अधिक ऊपर उठकर कोमल तालु के पास पहुँच जाता है। तीनों ही स्थितियों में इसका उच्चारण होता है। जैसे—ऊसर, ऊनी, चूहा, सत्तू, भालू।
- **ए**—यह अर्द्ध संवृत अग्र स्वर है। इसके उच्चारण में होंठ दोनों ओर ई से अधिक खुलते हैं। बोलियों में इसका अधिक प्रयोग होता है। तीनों स्थितियों में उच्चारण होता है— एक, केला, चेला, चले, बोले आदि।
- **ऐ**—यह अर्द्धविवृत ह्रस्व अग्रस्वर है। वैर, पैर, सैन, कसैला, विषैला आदि शब्दों में इसकी उपस्थिति देखी जा सकती है।
- **ओ**—यह अर्द्धसंवृत पश्च स्वर है। इसके उच्चारण में होंठ काफी वृत्ताकार हो जाते हैं। यह तीनों स्थितियों में उच्चरित होता है—गोला, घोला, ओला, पीओ, जीओ आदि।
- **औ**—यह अर्द्धविवृत वृत्तमुखी ह्रस्व पश्व स्वर है। इसके उच्चारण में जीभ का पिछला भाग कुछ ऊपर उठ जाता है। लिखने में और का ही प्रयोग होता है। औसर, औरत आदि।

प्रश्न 3. स्वर कितने प्रकार के होते हैं? उदाहरण देकर स्पष्ट कीजिए।

उत्तर— हिंदी में कुल ग्यारह स्वर हैं। उच्चारण में लगने वाले समय के आधार पर स्वरों के तीन प्रकार हैं—

(1) ह्रस्व स्वर—इन्हें मूल स्वर भी कहा जाता है। स्वरों के वर्गीकरण के विभिन्न आधारों के अंतर्गत मात्रा को भी एक प्रमुख आधार के रूप में उल्लेख किया जाता है। यहाँ मात्राओं का अर्थ स्वर के उच्चारण में लगने वाले समय की मात्रा है। अतः यह कह सकते हैं कि जिन स्वरों के उच्चारण में सबसे कम अर्थात् एक मात्रा का समय लगता है उन्हें ह्रस्व स्वर कहते हैं। इस दृष्टि से अ, इ, उ और ऋ ह्रस्व स्वर माने जाते हैं। अंग्रेजी में ह्रस्व स्वर को 'शार्ट वायल' के नाम से जाना जाता है।

आधुनिक ध्वनि विज्ञान के अनुसार स्वर वे सघोष ध्वनियाँ हैं, जिनके उच्चारण में मुख विवर थोड़ा—बहुत सदैव विवृत रहता है और श्वास—नलिका से आती हुई वायु बिना किसी अवरोध के धारा प्रवाह निकल जाती है। स्वर अपेक्षाकृत अधिक मुखर होते हैं। इन विशेषताओं के आधार पर यदि ह्रस्व स्वर के अंतर्गत चारों स्वरों—अ, इ, उ, ऋ की परख हो तो, ये स्वर सिद्ध होते हैं। अन्य स्वरों की भाँति ये भी अक्षर का निर्माण करने में समर्थ हैं।

(2) दीर्घ स्वर–दो समान मूल स्वरों के योग से निर्मित स्वर 'दीर्घ स्वर' कहलाते हैं। 'आ' (अ+अ), 'ई' (इ+इ), 'ऊ' (उ+उ) मूल दीर्घ स्वर है। दीर्घ स्वरों को अंग्रेजी में 'लांग वावेल' कहा जाता है। दीर्घ स्वरों की संख्या सात हैं–आ, ई, ऊ, ए, ऐ, ओ, औ।

क्योंकि वे दो स्वरों के योग से बनते हैं। अतः दीर्घ स्वरों को संधि स्वर भी कह सकते हैं। ये दो तरह के हैं, एक तो वे जो उसी स्वर के दीर्घ उच्चारण के कारण बनते हैं। जैसे–अइ = ए, अइ = ए, आइ = ऐ, अ उ = ओ, अओ = औ।

उपर्युक्त तथ्यों को अधिक पुष्ट करने के लिए कुछ शब्द उदाहरण के लिए प्रयुक्त किए जा सकते हैं–

अ + अ = आ

मत + अनुसार = मतानुसार

इ + इ = ई

रवि + इंद्र = रवींद्र

उ + उ = ऊ

सु + उक्ति =सूक्ति

अ + इ = ए

नर + इंद्र = नरेंद्र

अ + उ = ओ

पर + उपकार = परोपकार

अ + ओ = औ

जल + ओध = जलौध

अ + ओ = औ

महा + औषध = महौषध

ए और ओ में दो स्वरों का योग मिलता है। इसलिए इन्हें अंग्रेजी में 'डिपथांग' कहा जाता है जबकि ऐ और औ में तीन स्वरों का एक साथ उच्चारण होने के चलते 'ट्रिपथांग' कहा जाता है।

सभी स्वरों का अनुनासिक उच्चारण भी होता हैं जैसे–अँ, आँ, इँ, ई, उँ, ऊँ, एँ, ऐं, ओं, औं। जिन स्वरों के ऊपर मात्राएँ होती हैं वहाँ अनुनासिक या चंद्रबिंदु के स्थान पर अनुस्वार या बिंदु लगाया जाता है।

जिन स्वरों में दो मात्राओं से भी अधिक समय लगता है, उन्हें प्लुत स्वर कहते हैं। जैसे–'ओ३म'। यहाँ ओ प्लुत है क्योंकि इसे बोलने में दो मात्राओं से अधिक समय लगता है।

(3) संयुक्त स्वर–जब दो असमान स्वर परस्पर जुड़ते हैं, तो उनके योग से 'संयुक्त स्वरों' का निर्माण होता है। 'ए' (अ+इ), 'ऐ' (अ+ए), ओ (अ+उ), औ (अ+ओ) संयुक्त स्वर हैं। अतः प्रश्नगत विकल्पों में से 'ओ' मूल दीर्घ स्वर नहीं है, यह संयुक्त स्वर है। संयुक्त स्वरों की संख्या वैदिक काल में चार थी। ये स्वर थे–ए (अइ), ऐ (आई), ओ (अउ), और (आउ)। लौकिक संस्कृत तक आते–आते संयुक्त स्वरों की संख्या दो रह गई। ए और ओ मूल स्वर

बन गए। पालि, प्राकृत, अपभ्रंश जैसी मध्यकालीन भाषाओं में इन दोनों संयुक्त स्वरों का लोप हो गया। लेकिन, आधुनिक भारतीय आर्य भाषाओं में ऐ और औ पुनरू अस्तित्व में आ गए। हिंदी तथा उसकी प्रायः सभी बोलियों में इन दोनों स्वरों का प्रयोग संयुक्त स्वर और मूल स्वर दोनों रूपों में होता आ रहा है। इसे निम्नलिखित उदाहरणों के द्वारा समझा जा सकता है–

ऐ (संयुक्त स्वर) – भैया, मैया, रुपैया – यहाँ ऐ के बाद य श्रुति है।

औ (संयुक्त स्वर) – पौवा, कौवा, हौवा – यहाँ औ के बाद व श्रुति है।

ऐ (मूल स्वर) – कैसा, पैसा, बैल आदि शब्दों में ऐ के बाद य श्रुति नहीं है। ऐ का उच्चारण मूल स्वर के रूप में ही होता है।

प्रश्न 4. केंद्रीय स्वरों से आप क्या समझते हैं? नागरी लिपि में स्वरों की मात्राओं की पद्धति पर प्रकाश डालिए।

उत्तर– जो स्वर न अग्र रेखा के समीप हैं, न पश्च रेखा के, केंद्रीय स्वर कहलाते हैं–अ, आ, ऐसे ही स्वर हैं।

नागरी लिपि में मात्रा पद्धति है। ये मात्राएँ स्वरों के चिह्न होती हैं। जब कभी कोई व्यंजन किसी स्वर के साथ आता है तब उसके साथ पूरा स्वर नहीं लिखा जाता, केवल स्वर की मात्रा लिखी जाती है। मात्रा स्वर समरूप (ग्रेफीम) कही जाती है।

हिंदी स्वर ध्वनियों में प्रथम छह स्वर और उनकी मात्राएँ इस प्रकार है–

स्वर	**विवरण**	**मात्रा**
अ	ह्रस्व अ, जैसे अनार	–
आ	दीर्घ आ, जैसे काम	ा
इ	ह्रस्व इ, जैसे जिन	ि
ई	दीर्घ ई, जैसे जीत	ी
उ	ह्रस्व उ, जैसे कुल	ु
ऊ	दीर्घ ऊ, जैसे कूल	ू

हिंदी स्वर ध्वनियों के चार स्वर द्वि स्वर इस प्रकार हैं–

स्वर	विवरण	मात्रा
ए	(अ + इ) जैसे मेल	े
ऐ	(अ + ए) जैसे कैसा	ै
ओ	(अ + उ) जैसे गोल	ो
औ	(अ + ओ) जैसे कौन	ौ

प्रश्न 5. स्वरों के संबंध में निम्नलिखित पर टिप्पणी लिखिए–

(i) अ की स्थिति

उत्तर– स्वर अ की कोई मात्रा नहीं होती। यह हर व्यंजन में अनुस्यूत होता है। जैसे–

प = प् + अ

(शुद्ध व्यंजन) + (स्वर भाग)

(ii) अनुनासिक स्वर

उत्तर– हिंदी के सभी स्वर स्वनों का उच्चारण मुख से तथा नासिका से वायु निकाल कर भी किया जा सकता है। ऐसी स्थिति में सभी मूल स्वर अनुनासिक हो जाते हैं। अनुनासिकता स्वरों का एक गुण है जो यह बताता है कि स्वर का उच्चारण नासिका से वायु निकाल कर किया जा सकता है। अनुनासिक स्वरों को मूल स्वर के ऊपर चंद्र बिंदु (ँ) लगाकर लिखा जाता है।

इस दृष्टि से हिंदी में हमें अँ, आँ, इँ, ईं, उँ, ऊँ, एँ, ऐं, ओं, औं अनुनासिक स्वर प्राप्त होते हैं। ये सभी स्वर अपने मूल स्वरों के साथ न्यूनतम युग्मों में व्यतिरेक में आ सकते हैं। न्यूनतम युग्मों में जब ये अपने निकटवर्ती मूल स्वरों के साथ आते हैं तो शब्द का अर्थ परिवर्तन कर देते हैं। हिंदी में अनुनासिक तथा निरनुनासिक स्वरों के न्यूनतम युग्म प्राप्त होते हैं–

	न्यूनतम युग्म	**स्वनिम**
(1)	साँस	(आँ)
	सास	
(2)	पूँछ	(ऊँ)
	पूछ	
(3)	करें	(एँ)
	करे	
(4)	हों	(ओं)
	हो	
(5)	हैं	(ऐं)
	है	

अतः हिंदी में "अनुनासिकता" को भी एक स्वनिम मानना चाहिए क्योंकि अनुनासिकता का गुण शब्द का अर्थ परिवर्तित करने की क्षमता रखता है।

(iii) आघात

उत्तर– जब स्वर का उच्चारण बल या जोर देकर किया जाता है तब इसे आघात (Accent) कहते हैं। भाषा विज्ञानी इसे स्वराघात और बलाघात कहते हैं। संक्षेप में, वाक्य में कभी एक शब्द पर अधिक बल दिया जाता है, तो कभी दूसरे पर, या अक्षर में किसी ध्वनि का उच्चारण अधिक बलयुक्त होता है, तो कभी दूसरे का बोलने में इस बल को 'बलाघात' या 'आघात' कहा जाता है। इसकी तीन स्थितियाँ मानी गई हैं–

- **बलात्मक स्वराघात**–इसमें किसी ध्वनि पर बल देकर उच्चारण किया जाता है। जैसे–"इंद्र शत्रु" में यदि "इंद्र" पर स्वराघात किया जाएगा तो यह बहुब्रीहि समास हो जाएगा।
- **संगीतात्मक बलाघात**–वाक्य और खासकर कविता में ध्वनिगत उतार–चढ़ाव होता है। इसे संगीतात्मक स्वराघात कहा जाता है। उदाहरण क्या तुम घर जाओगे में "जाओगे" का उच्चारण कुछ ऊँचे सुर में होता है।
- **रूपात्मक बलाघात**–प्रायः हर व्यक्ति का कंठ स्वर भिन्न होता है। इसी से व्यक्ति की पहचान हो जाया करती है। इसका संबंध भाषा से न होकर बोलने या उच्चारण से होता है। अतः भाषा में वैज्ञानिक दृष्टि से इसका विशेष महत्त्व नहीं है। इसका महत्त्व यही है कि अंधकार में भी किसी की आवाज सुनकर हम पहचान लेते हैं कि यह किसी परिचित की ध्वनि है या अपरिचित की। इसी प्रकार टेलीफोन पर आवाज सुनकर अनुमान कर सकते हैं कि यह किसकी आवाज है।

(iv) शब्दों में अ–लोप की स्थिति

उत्तर– हिंदी में ध्वनि–व्यवस्था के अंतर्गत अलोप की समस्या सर्वाधिक विवादास्पद रहा है। हिन्दी व्याकरण की व्यवस्था पर 'अलोप' का विवाद एक प्रश्न चिन्ह खड़ा करता है। अतः 'अलोप' की समस्या एक महत्त्वपूर्ण एवं जटिल समस्या है। इस नियम पर विचार करने वाले विद्वानों में रवीन्द्रनाथ, श्रीवास्तव, ब्रूसप्रे, नारंग और बेकर आदि सम्मिलित हैं। विवाद उच्चारण के स्तर पर 'अ' की सत्ता को मानने पर है। ध्वनियों के समूह से निर्मित शब्दों के उच्चारण में कभी तो अंतिम 'अ' का तो कभी मध्य में 'अ' का उच्चारण अत्यन्त होता है। अतः कुछ विद्वानों ने इसे भाषा का भौतिक पक्ष स्वीकारते हुए अत्य अलोप एवं मध्य अलोप का नियम बना डाला। साथ ही इस नियम को एक पूरी प्रक्रिया के रूप में उपस्थित किया गया है। अलोप के कुछ उदाहरण उच्चारण स्तर पर निम्नलिखित है–

(अत्यंत अलोप) चमक् > चमकीला (मध्य अलोप)

निकलना > निक्ला (मध्य अलोप)

(अत्यंत अलोप) सिमट > सिमट्री (मध्य अलोप)

डॉ. रवीन्द्रनाथ श्रीवास्तव ने अलोप को एक स्वाभाविक प्रयोग मानते हुए उनके नियम निर्धारित किए हैं–

(Vowel consonant----------------------- Cousonant) (लोप)

'अ' लोप कभी भी पहले अक्षर में नहीं होता है। यह नियम तभी लागू होता हैं जब 'अ' के पहले एक से अधिक संयुक्त व्यंजन न हों। यदि एक से अधिक व्यंजन 'अ' के पहले दोंगे, तो 'अ' का लोप नहीं होगा।

मच्छर > मच्छरों

अक्षर > अक्षरों

साथ ही साथ 'अ' के बाद भी व्यंजन गुच्छ होगा तो यह नियम लागू नहीं होगा। यह नियम तभी लागू होगा, जब 'अ' के बाद आने वाला स्वर दीर्घ होगा तो ऐसी स्थिति में मध्य अलोप की स्थिति होगी।

चमक > चम्केगा (क् + ए)

नमक > नम्कीन (क् + ई)

डॉ. रवीन्द्रनाथ श्रीवास्तव के इस नियम पर कुछ विद्वानों ने सवाल उठाया हैं। साथ ही कुछ विद्वानों ने अपवाद स्वरूप यह कहा है कि कभी–कभी 'अ' के बाद आने वाले स्वर की दीर्घता न होने के बावजूद 'अ' का लोप हो जाता है।

अतः 'अलोप' का जब व्याकरणिक विश्लेषण करते हैं तो उसकी संधि में समस्या उत्पन्न होती है। 'अ' की अनुपस्थिति से रूपिम निर्माण में असुविधा होती है। फलतः इसे केवल उच्चारण के स्तर पर ही मानना उचित है लिखित रूप में 'अ' का लोप करना तर्क एवं भाषिक दृष्टि से उचित नहीं होगा तथा भाषा में अव्यवस्था फैल जाएगी।

प्रश्न 6. मानक स्वर की अवधारणा और स्वरूप पर संक्षेप में प्रकाश डालिए।

उत्तर– जो स्वर किसी भाषा–विशेष के न होकर विभिन्न भाषाओं के स्थान–निर्धारण के लिए बताए हुए मानदंड होते हैं, मानक स्वर कहलाते हैं। इन्हें मान स्वर अथवा आदर्श स्वर भी कहा जाता है। स्वरों के उच्चारण के समय जीभ के स्थान का सही अध्ययन करने के लिए विभिन्न भाषा वैज्ञानिकों ने समय–समय पर स्वर त्रिभुज या स्वर चतुर्भुज की अवधारणा दी गई। परवर्ती काल में विभिन्न भाषाओं के स्वरों के उच्चारण के समय एक्स–रे आदि की सहायता से स्वरों के उच्चारण का औसत निकालकर जीभ की स्थिति को निर्धारित करने का प्रयास किया गया। अग्र, मध्य, पश्च स्थितियों के बारे में अथवा, संवृत, अर्द्धसंवृत, विवृत, अर्द्धसंवत, अर्द्धविवृत आदि के स्वरूप को स्पष्ट करने का प्रयास भी हुआ। अतः स्पष्ट है कि पर्याप्त शोध, परीक्षण आदि के पश्चात् स्वरों की स्थिति, उच्चारण, प्रयत्न एवं उनके वर्गीकरण को प्रस्तुत किया गया है।

प्रश्न 7. दिए गए कथनों में जो सही हैं उन पर (√) निशान तथा गलत पर (×) का चिह्न लगाइए–

(1) नासिक्य स्वरों को ही "अनुनासिक स्वर" कहते हैं।

(2) जहाँ सीत्कार ध्वनि सुनाई पड़ती है उन्हें ऊष्म ध्वनि कहा जाता है।

(3) य, व अर्ध स्वर के रूप में अन्य भाषाओं में मान्य नहीं हैं।

(4) म का महाप्राण म्ह भी है।

(5) हिंदी मानक ध्वनियों के क्षेत्रीय रूप भी प्रचलन में हैं।

उत्तर– (1) (√)

(2) (√)

(3) (×)
(4) (√)
(5) (√)

शिक्षा न पूर्वी है न पश्चिमी। शिक्षा शिक्षा है और ये हर एक मानव का अधिकार है।

व्यंजन के उच्चारण के प्रकार

भूमिका

व्यंजन शब्द का प्रयोग वैसी ध्वनियों के लिए किया जाता है, जिसके उच्चारण के लिए किसी स्वर की जरूरत होती है। व्यंजन भी स्वरों की तरह वर्णों के भेद हैं पर ये स्वरों से इस रूप में भिन्न हैं कि इनका उच्चारण स्वरों की तरह अवरोधहीन नहीं होता। उच्चारण अवयव इसके उच्चारण में तरह–तरह के अवरोध उत्पन्न करते हैं। इस कारण इनकी अपनी कुछ भिन्न विशेषताएँ भी बनती हैं। यही नहीं उच्चारण के क्रम में उच्चारण स्थान के अतिरिक्त कुछ अन्य कारण भी इसे प्रभावित करते हैं। ये प्रभाव व्यंजनों के वर्गीकरण के अनेक आधार तैयार करते हैं। इस अध्याय में इन कारकों व उनके प्रभावस्वरूप उत्पन्न व्यंजन के अनेक भेदों पर चर्चा की गई है। इस अध्याय में व्यंजन की परिकल्पना को स्पष्ट किया गया है। उसके पश्चात् व्यंजन से जुड़े अन्य पक्षों यथा उनके उच्चारण स्थान, आदि पर प्रकाश डाला गया है।

प्रश्न 1. व्यंजन से क्या अभिप्राय है? स्पष्ट कीजिए।

उत्तर— जिन वर्णों का उच्चारण करते समय स्वरों की सहायता ली जाए और हवा कंठ से निकलकर, मुँह से रुककर बाहर आए, उन्हें व्यंजन कहते हैं। व्यंजन का उच्चारण अबाध नहीं होता। अपितु उनके उच्चारण के समय मुख से बाहर निकलने वाली वायु के मार्ग में बाधा उत्पन्न होती है। वस्तुत: इनके उच्चारण के लिए उच्चारण अवयवों यानी जिह्वा तथा निचले ओष्ठ द्वारा मुख के भिन्न-भिन्न उच्चारण स्थलों पर वायु के मार्ग को बाधित किया जाता है।

मुख विवर के ऊपरी अंग जिनमें ऊपरी ओष्ठ, दंत एवं वर्त्स, तालु, मूर्धा, कोमल धातु कंठ एवं स्वर यंत्र हैं इन्हें उच्चारण स्थल कहा जाता है। इन उच्चारण स्थलों पर उच्चारण अवयव (जिह्वा एवं निचले ओष्ठ) अपने परिचालन से बाधा उत्पन्न कर भीतर से आती वायु को रोकते हैं। क्षणांश के अवरोध के बाद झटके से हवा मुख विवर से बाहर निकलती है, और इस क्रिया से इन वर्णों का उच्चारण संभव हो पाता है। वर्णों के बारे में एक तथ्य यह भी है कि इनका उच्चारण स्वतंत्र नहीं होता। इनका उच्चारण स्वरों की सहायता से भी संभव हो पाता है। 'अ' स्वर के बिना इन्हें उच्चरित नहीं किया जा सकता। स्वर रहित व्यंजन को हलंत से प्रदर्शित किया जाता है। इस प्रकार व्यंजन उन वर्णों को कहा जाता है जिनका उच्चारण स्वतंत्र न होकर स्वर वर्णों पर आश्रित है एवं जिनके उच्चारण में वायु मुख में किसी न किसी रूप से बाधित होती है।

व्यंजन वर्णों की विशेषताओं पर दृष्टिपात करते हुए हम पाते हैं कि सर्वप्रथम तो व्यंजन वर्ण स्वतंत्र रूप से स्वयं उच्चरित नहीं होते, ये स्वरों की सहायता से उच्चरित होते हैं। इनके उच्चारण में वायुमार्ग में अवरोध रहता है और उच्चारण के समय वायु मुख विवर से अबाध गति से नहीं निकलती। दरअसल यह अवरोध उच्चारण अवयवों की स्थिति पर निर्भर करते हैं। स्वर की सहायता से उच्चरित होने के कारण इनका उच्चारण देर तक नहीं किया जा सकता और इन्हें उच्चारण का उत्तरांश (बाद का अंश) 'अ' स्वर का उच्चारण ही रह जाता है। जैसे—क, ख, ग या प, फ, ब आदि किसी भी व्यंजन के उच्चारण में अंतत: 'अ' की ध्वनि ही देर तक गूँज सकती है। यहाँ क, ख, ग, या प, फ, ब का उच्चारण सीमित समय तक ही सुनाई देगा। साथ ही व्यंजन का उच्चारण किसी उच्चारण स्थान विशेष से होता है। वह दूसरों की तरह पूरे मुख विवर में गूँजते नहीं हैं। जी.पी.एच. की पुस्तकों का मुख्य उद्देश्य ज्ञान के साथ-साथ अच्छे नम्बर दिलाना है।

प्रश्न 2. उच्चारण के स्थान के आधार पर व्यंजनों के भेद उदाहरण देकर स्पष्ट कीजिए।

अथवा

अवरोध की प्रकृति के आधार पर व्यंजनों के भेद कीजिए।

अथवा

प्राणत्व के आधार पर व्यंजनों के भेद कीजिए।

उत्तर— वर्णों के उच्चारण के लिए वायु को रोककर या उसे कई प्रकार से विकृत करके यह कार्य किया जाता है। वायु को मुख में रोककर या उसे किसी अन्य प्रकार से विकृत करने की इस क्रिया को प्रयत्न कहा जाता है। इन प्रयत्नों के अनुसार व्यंजन के भेद कई आधार पर दिखाई देते हैं। जिन्हें निम्नलिखित रूप से देखा जा सकता है।

सर्वप्रथम प्रयत्न की प्रकृति के आधार पर यह कार्य किया जाता है,

दूसरे श्वास की मात्रा के आधार पर यह कार्य किया जाता है,

और **तीसरे** स्वर तंत्रियों के कंपन के आधार पर भी यह कार्य किया जाता है।

इन तीनों प्रमुख आधारों पर व्यंजन के भिन्न–भिन्न भेदों का परिचय इस प्रकार है—

(1) अवरोध की प्रकृति के आधार पर—व्यंजन वर्णों के उच्चारण में उच्चारण स्थान पर उत्पन्न अवरोध की प्रकृति–भिन्न–भिन्न प्रकार की होती है और अवरोध की प्रकृति की मान्यता के अनुसार व्यंजनों के मुख्य रूप से तीन भेद पाए जाते हैं, जो इस प्रकार हैं—स्पर्शी, अंतःस्थ एवं ऊष्म। इन तीन मुख्य भेदों के अतिरिक्त स्पर्शी व्यंजनों को भी पुनः स्पर्शी एवं स्पर्श संघर्षी जैसे उपभेदों में बाँटा गया है। इन सभी भेदों का विवरण इस प्रकार हैं—

(क) **स्पर्शी व्यंजन**—जिन व्यंजनों के उच्चारण में एक उच्चारण–अवयव (जीभ या होंठ) दूसरे उच्चारण–अवयव का स्पर्श मात्र करता है, उन्हें स्पर्शी व्यंजन कहते हैं। जैसे—क, ख, ग, घ, ङ, ट, ठ, ड, ढ, ण, त, थ, द, ध, न, प, फ, ब, भ, म।

(ख) **संघर्षी व्यंजन**—संघर्षी शब्द का अर्थ है—"घर्षण के साथ।" कुछ ध्वनियों के उच्चारण में जीभ ऊपर उठकर ऊपरी जबड़े के बहुत निकट आ जाती है। इससे वायु को बाहर निकलने के लिए बहुत ही संकरा मार्ग रह जाता है और वायु रगड़ खाती हुई घर्षण के साथ बाहर निकलती है।

जिन व्यंजनों का उच्चारण करते समय वायु दो उच्चारण–स्थानों के बीच से संघर्ष करती हुई यानी रगड़ खाकर निकलती है, उन्हें संघर्षी व्यंजन कहते हैं। जैसे—श, ष, स, ह, ख़, फ, ज़ आदि।

(ग) **स्पर्श–संघर्षी व्यंजन**—जिन व्यंजनों का उच्चारण करते समय दो उच्चारण–अवयव एक–दूसरे का स्पर्श करके तुरंत अलग नहीं होते, अलग होने पर जिनमें संघर्ष होता है, उन्हें स्पर्श–संघर्षी व्यंजन कहते हैं। जैसे—च, छ, ज, झ। इनके उच्चारण के समय जीभ के अलगे भाग का तालु के साथ स्पर्श संघर्ष होता है।

(घ) **ऊष्म व्यंजन**—ऊष्म का सामान्य अभिप्राय है गर्म। कई बार उच्चारण स्थान एवं उच्चारण अवयव के बहुत निकट होने की स्थिति में उच्चारण करते समय मुख से वायु घर्षण करते हुए निकलती है। ऐसी स्थिति में घर्षण की क्रिया से मुख में वायु गर्म हो जाती है। इस प्रकार जब उच्चारण करते समय मुख से वायु घर्षण करते हुए निकले और इस घर्षण की क्रिया में वायु गर्म हो जाए तो ऐसे उच्चरित व्यंजन ऊष्म कहे जाते हैं।

इस वर्ग में ष, श, स एवं ह को रखा जाता है।

(ङ) **अंतःस्थ**—कुछ व्यंजनों के उच्चारण के समय जिह्वा, तालु, दांत और ओष्ठ निकट तो आते हैं किंतु इनमें कहीं भी स्पर्श नहीं होता। इन व्यंजनों को अंतःस्थ कहते हैं। इन व्यंजनों के उच्चारण के समय स्वर और व्यंजन के उच्चारण के मध्य की स्थिति रहती है। मुख के भीतर जिह्वा का स्पर्श या ओष्ठ का दांत से स्पर्श बहुत कम होता है। यही कारण है कि कुछ विद्वान इस वर्ग के सभी व्यंजनों को अर्द्धस्वर भी कहते हैं।

इस वर्ग में य, र, ल, व ये चार व्यंजन आते हैं।

कुछ विद्वान इन्हें अर्द्धस्वर मानने से पृथक् अंतःस्थ व्यंजनों के पृथक्–पृथक् उपभेद करते हैं, जिन्हें अर्द्धस्वर, लुंठित और पार्श्विक कहा जाता है। इनका परिचय इस प्रकार है–

(च) **अर्द्धस्वर**—अर्द्धस्वर के उच्चारण में जिह्वा के उच्चारण की तुलना में अधिक ऊपर की ओर उठती है किंतु इतनी ऊपर तक नहीं पहुँच पाती की वायु मार्ग अवरूद्ध कर सके। इस तरह स्वर और व्यंजन के बीच की स्थिति बनती है। हिंदी वर्णमाला में य और व व्यंजनों को इसी कारण अर्द्धस्वर माना गया है।

(छ) **लुंठित**—कुछ वर्णों के उच्चारण के समय जिह्वा का अग्र भाग जब मुख के मध्य भाग में पहुँच कर पुनः–पुनः आगे और पीछे की ओर आता–जाता है तब इस भाँति उच्चरित व्यंजन को लुंठित कहा जाता है। हिंदी वर्णमाला में केवल र व्यंजन को ही लुठित व्यंजन माना गया है।

(ज) **पार्श्विक**—जिस व्यंजन का उच्चारण करते समय वायु दो उच्चारण–स्थानों की बगल से निकल जाती है, उसे पार्श्विक व्यंजन कहते हैं। 'ल' का उच्चारण करते समय वायु जीभ और तालु का स्पर्श करके इनके पास से निकल जाती है। केवल 'ल' ही पार्श्विक व्यंजन है।

(झ) **उत्क्षिप्त**—जिन व्यंजनों का उच्चारण करते समय जीभ ऊपर उठकर मूर्धा को स्पर्श करती हुई तुरंत नीचे गिरती है, उन्हें उत्क्षिप्त व्यंजन कहते हैं। ड़, ढ़ उत्क्षिप्त व्यंजन हैं। उत्क्षिप्त शब्द का अर्थ 'उठाकर फेंका हुआ' होता है।

(2) प्राणत्व के आधार पर—प्राण से यहाँ अभिप्राय है–'वायु', 'हवा', 'श्वास' या 'प्राण वायु की शक्ति'। वर्णों के उच्चारण की क्रिया में मध्य मुख से निकलने वाली वायु की शक्ति या मात्रा के आधार पर भी व्यंजनों का भेद किया जाता है। इन्हें ही प्रणत्व के आधार पर किया गया वर्गीकरण कहा जाता है। इस आधार पर कुछ व्यंजन अल्पप्राण तथा कुछ व्यंजन महाप्राण कहे जाते हैं। इन दोनों को निम्नलिखित रूप से समझा जा सकता है–

अल्पप्राण—जिन व्यंजनों के उच्चारण में मुख से कम मात्रा में वायु निकलती है यानी जिनके उच्चारण में श्वास बल कम रहता है उन व्यंजनों को अल्पप्राण कहा जाता है। हिंदी वर्णमाला में सभी वर्गों के व्यंजनों में पहला, तीसरा एवं पाँचवाँ व्यंजन अल्पप्राण माना जाता है।

इस तरह अल्पप्राण व्यंजनों की सूची निम्न होगी—

क, ग, ङ

च, ज, ञ

ट, ड, ण

त, द, न

प, ब, म

इनके अतिरिक्त य, र, ल और ड़ भी इसी वर्ग में आते हैं।

महाप्राण—यह अल्पप्राण व्यंजनों के विपरीत हैं। महाप्राण व्यंजनों के उच्चारण में मुख से वायु ज्यादा मात्रा में निकलती है। यानी इनके उच्चारण में श्वास बल अधिक होती है। या यों कहें की हवा का आधिक्य होता है। महाप्राण व्यंजनों में प्रत्येक वर्ग का दूसरा और चौथा व्यंजन शामिल है।

इस तरह महाप्राण व्यंजनों की सूची निम्न है—

ख, घ

छ, झ

ठ, ढ

थ, ध

फ, भ

इन सभी उपरोक्त व्यंजनों के साथ इस वर्ग मं ढ़ व्यंजन भी शामिल है।

प्राणत्व के आधार की ही तरह व्यंजनों के वर्गीकरण का एक अन्य प्रमुख आधार स्वरतंत्रियों के अनुसार भी निर्धारित होता है। वर्णों के उच्चारण में स्वरतंत्रियाँ एक महत्त्वपूर्ण अवयव हैं। उच्चारण के समय जब फेफड़ों से बाहर आती हुई हवा इन स्वरतंत्रियों से टकराती है तो इनमें कम्पन होता है, यानी एक प्रकार की झंकार उत्पन्न होती है। यह कंपन उच्चारण के मध्य स्वरतंत्रियों के निकट आ जाने से उनके बीच से निकलती हवा के कारण होता है। इस कंपन के होने या न होने के आधार पर भी व्यंजनों का भेद निर्धारित होता है। इस दृष्टि से व्यंजनों को दो भागों में बाँटा जाता है—घोष तथा अघोष।

घोष—घोष व्यंजन वे हैं जिनके उच्चारण में स्वर तंत्रियों के निकट आ जाने के कारण उनके बीच से निकलती हवा में कम्पन होता है। हिंदी वर्णमाला में क वर्ग आदि पाँचों वर्गों के अंतिम तीन व्यंजन घोष माने गए हैं।

इस तरह घोष व्यंजनों की सूची निम्न है—

ग, घ, ङ

ज, झ, ञ

ड, ढ, ण

द, ध, न

ब, भ, म

अघोष—घोष व्यंजनों से बिल्कुल विपरीत जिन व्यंजनों के उच्चारण के समय स्वर तंत्रियाँ परस्पर दूर रहती हैं और जिनके उच्चारण में मुख तक आने वाली वायु में कोई कंपन नहीं होता। उन्हें अघोष कहा जाता है। हिंदी वर्णमाला के सभी वर्गों के पहले दो व्यंजन अघोष माने जाते हैं।

इस तरह—

क, ख

च, छ

ट, ठ

त, थ

प, फ व्यंजन अघोष की सूची में शामिल हैं।

प्रश्न 3. हिंदी में अर्द्ध स्वर कौन–कौन से हैं? उदाहरण देकर स्पष्ट कीजिए।

उत्तर— कुछ समय पहले तक य र ल व को अर्ध स्वर माना जाता था किंतु आधुनिक भाषाशास्त्रियों का मत है कि र और ल में व्यंजनों के गुण अधिक हैं। अतः अर्ध–स्वर य और व ही माने जाते हैं। ये दोनों अर्ध स्वर के रूप में अन्य भाषाओं में भी मान्य हैं।

य ध्वनि—इस ध्वनि के उच्चारण के लिए पहले तो जीभ 'इ' जैसी ध्वनि के लिए तैयार होती है और फिर एक प्रकार के 'अ' जैसी। जिह्वा का मध्य भाग उठकर कठोर तालु के बहुत पास पहुँच जाता है। यह सघोष, अवृत्ताकार तालव्य ध्वनि है। उदाहरण—यम, वयस्क, सुरम्य आदि।

व ध्वनि—इस ध्वनि के उच्चारण में दाँतों की ऊपरी पंक्ति निचले ओंठ के संपर्क में आती है। श्वास–वायु निकलने के लिए बहुत पतला मार्ग रह जाता है। अतः उच्चारण में घर्षण बहुत कम और श्वास–वायु की गति अत्यंत मंद हो जाती है। 'व' को कुछ विद्वान घर्षण हीन व्यंजन कहते हैं। यह दंतोष्ठ्य, सघांष, अल्पप्राण ध्वनि है।

उदाहरण—वित्त, नवीन, अवश्य आदि।

ड़ ध्वनि—जीभ की नोक उलटकर जब तालु को स्पर्श करती है तब वह पीछे की ओर गिरती है और उसका निचला भाग मूर्धा को छूकर यह ध्वनि उत्पन्न करता है। यह सघोष अल्पप्राण, मूर्धन्य, उत्प्रेक्षित ध्वनि है।

जैसे—उड़ना, तोड़ना।

ढ़ ध्वनि—ड़ ध्वनि का एक महाप्राण प्रतिरूप होता है – ढ़। इस ध्वनि के उदाहरण हैं–गढ़, बाढ़, चिढ़ना।

ल ध्वनि—जीभ की नोक वर्त्स को छूकर मार्ग बंद कर देती है किंतु श्वास वायु जीभ के एक या दोनों पार्श्वों में से निकल जाती है। जीभ को ल की स्थिति में रखकर श्वास को अंदर खींचने पर यदि वायु जीभ के एक ही पार्श्व में से अंदर जाने लगे तो समझिए कि 'ल' के उच्चारण में भी वायु उसी ओर बाहर जाएगी। यह सघोष वर्त्स्य अल्पप्राण पार्श्विक ध्वनि है।

उदाहरण—ललक, लाल, तत्काल।

र ध्वनि—जब जीभ की नोक बहुत तेज चलती है और या तो श्वास वायु के लिए स्वतंत्र रूप से फड़फड़ाती है तब ऐसी ध्वनि उत्पन्न होती है। हिंदी में र ध्वनि सघोष, अल्पप्राण वर्त्स्य, लुंठित होती है।

उदाहरण—घर, रोपना, करील।

कुछ शब्दों में दुहरे लुंठन भी पाए जाते हैं।

उदाहरण—छर्रा, चर्र, मर्र।

प्रश्न 4. हिंदी की नासिक ध्वनियों का विवरण उदाहरण सहित प्रस्तुत कीजिए।

अथवा

अनुस्वार और अनुनासिकता के अंतर को उदाहरण सहित स्पष्ट कीजिए।

अथवा

अनुनासिकता की दृष्टि से हिंदी की स्पर्श व्यंजन ध्वनियों का विवरण उदाहरण सहित प्रस्तुत कीजिए।

उत्तर— स्वर यंत्र पार करने के बाद वायु दो भागों से बाहर निकलती है—

(1) मुख विवर

(2) नासिका विवर

मुख विवर से निकलने वाली मौखिक ध्वनियाँ मानी जाती हैं। यदि वायु अंशतः मुख विवर से और अंशतः नासिका विवर से निकले तो इस प्रकार की ध्वनियाँ मौखिक-नासिक्य ध्वनियाँ कहलाती हैं।

यदि वायु पूर्णतः नासिका विवर से निकले तो उत्पन्न ध्वनियाँ शुद्ध नासिक्य ध्वनियाँ कहलाती हैं।

(1) अनुस्वार—स्वर का उच्चारण स्वतंत्र रूप से होता है और व्यंजन स्वर के सहारे उच्चरित होते हैं। इसलिए व्यंजन स्वर से पहले आते हैं। किंतु अनुस्वार की स्थिति निराली है। इसमें स्वतंत्र गति नहीं है अतः यह स्वर नहीं है। यह सदैव स्वर के बाद आता है। अतः व्यंजन भी नहीं है। अतः यह स्वर और व्यंजन के बीच आता है। 'अंग' का विश्लेषण इस प्रकार होगा—

अ + ं + ग अर्थात् स्वर + अनुस्वार + व्यंजन। अनुस्वार का अर्थ ही है स्वर के पीछे आने वाला। यह सामान्यतः अंतस्थ और ऊष्म व्यंजनों में अनुनासिकता लाने के लिए प्रयोग में आता है, जैसे—प्रशंसा, संयम, हंस।

अनुस्वार का प्रयोग—आजकल ङ, ञ, ण, न, म के स्थान पर बिंदी लगाने की प्रथा चल पड़ी है। इससे कई सुविधाएँ हो गई हैं।

(2) अनुनासिकता

स्वर

अनुनासिक स्वर केवल एक है अँ। इसकी मात्राएँ है। यह इस प्रकार के शब्दों में आती है।
उदाहरण – आँख, अँगना, अँगूठा, आँकड़ा, आँवला, आँसू आदि।

(3) स्पर्श व्यंजन ध्वनियाँ—हिंदी में स्पर्श व्यंजन पाँच-पाँच व्यंजनों में पाँच वर्गों में विभाजित हैं। प्रत्येक वर्ग का अंतिम व्यंजन अनुनासिक व्यंजन है जो सामान्यतः शेष चारों के साथ प्रयुक्त होता है।

(क) कोमल तालव्य व्यंजन

क ख ग घ ङ – अङ क/ पङ ख/ गङ गा/ कङ घी

आजकल ङ के स्थान पर बिंदी का प्रयोग किया जा रहा है—

अंक, पंख, गंगा, कंघी

तथापि कतिपय शब्दों में इसका प्रयोग यथावत है।

उदाहरण—वाङ्मय, पराङ्मुख

(ख) वर्त्स्य तालव्य व्यंजन

च छ ज झ ञ – पञ्च, पञ्छी, रञ्ज

इसे आजकल बिंदी लगाकर लिखते हैं—पंच, पंछी रंज।

(ग) मूर्धन्य व्यंजन

ट ठ ड ढ ण उदाहरण – घण्टा, कण्ठी, पण्डित, ठण्ड

इसे आजकल बिंदी लगाकर लिखते हैं—घंटा, कंठी, पंडित, ठंड।

(घ) दंत व्यंजन

त थ द ध न उदाहरण—तन्तु, पन्थ, गन्दा, अन्धा

इसे आजकल बिंदी लगाकर लिखते हैं— तंतु, पंथ, गंदा, अंधा।

(ङ) ओष्ठ्य व्यंजन

प फ ब भ म उदाहरण—कम्प, गुम्फन, लम्बी, दम्भ

आधुनिक रूप—कंप गुंफन लंबी दंभ।

म का महाप्राण म्ह भी है। यह ऐसे शब्दों में प्रयुक्त होता है—

तुम्हारा, कुम्हार

(4) हिंदी व्यंजनों के क्षेत्रीय रूप—हिंदी की मानक ध्वनियाँ क्षेत्रीय रूप में प्रचलित हैं। कतिपय उदाहरण इस प्रकार हैं—

1. ल	हरियाणवी	–	बालक, बाळ
			काळ, फळ
	कुआउंनी	–	दीपावळी, काळो
	मारवाड़ी	–	बाळ, जळ

2. कुछ क्षेत्रीय बोलियों में ण की ध्वनि 'न' रूप में उच्चरित होती है—

प्रणाम	–	प्रनाम
गुण	–	गुन
ऋण	–	ऋन

3. कुछ बोलियों, जैसे हरियाणवी, मालवी आदि में न ध्वनि ण रूप में उच्चरित होती है—

हरियाणवी

अपना	–	अपणा
होना	–	होणा
चलना	–	चळना

मालवी

अपनी	–	अपणो
जूना	–	जूणो

4. कुछ बोलियों, जैसे ब्रज, कन्नौजी आदि में ल तथा ड़ के स्थान पर 'र' ध्वनि उच्चरित सुनाई देती है। जैसे–

ब्रज

दुबला	–	दुबरा
बीड़ा	–	वीरा
झगड़ा	–	झगरो

कन्नौजी

थाली	–	थरिया
जोड़े	–	जोरे

5. कुछ भाषा–बोलियों में ह ध्वनि का लोप दिखाई देता है।
जैसे ब्रज में साहूकार – साऊकार तथा बहू – बऊ उच्चरित होता है।

6. राजस्थानी की अनेक बोलियों में स ध्वनि 'ह' रूप में उच्चरित होती है। जैसे–

दस	–	दह
सौ	–	हौ

7. बिहारी की बोलियों में ल ध्वनि र में परिवर्तित हो गई दिखती है। जैसे

मछली	–	मछरी
फल	–	फर

प्रश्न 5. नासिक्य और मौखिक व्यंजन पर टिप्पणी कीजिए।

उत्तर– कुछ ध्वनियों के उच्चारण में वायु को केवल मुख से ही बाहर निकाला जाता है। ऐसी ध्वनियों को मौखिक ध्वनियाँ कहा जाता है परंतु कुछ ध्वनियों का उच्चारण करते समय वायु मुख के साथ–साथ नासिका मार्ग से भी बाहर निकलती है। ऐसी ध्वनियाँ नासिक्य ध्वनियाँ कही जाती हैं।

इस दृष्टि से न्, म्, ण्, ङ्, ञ् हिंदी की नासिक्य व्यंजन ध्वनियाँ हैं जबकि शेष मौखिक ध्वनियाँ कही जाती हैं।

WE'D LOVE IT IF YOU'D LIKE US!

/gphbooks

We're now on Facebook!

Like our page to stay on top of the useful, greatest headlines & exciting rewards.

Our other awesome Social Handles:

gphbooks
For awesome & informative videos for IGNOU students

9350849407
Order now through WhatsApp

gphbooks
We are in pictures

gphbook
Words you get empowered by

वर्णों का उच्चारण स्थान

भूमिका

ध्वनि भाषा का मूल आधार है। सामान्य जीवन में मनुष्य जब भाषा का प्रयोग कर रहा होता है, तब वह बोलते या सुनते समय इन ध्वनियों को अलग–अलग करके या खंडित करके ग्रहण नहीं करता। वस्तुतः इन ध्वनियों को पुनःखंडित करके ग्रहण नहीं किया जा सकता। अतः इन ध्वनियों को मूल ध्वनियाँ कहा जाता है। इन मूल ध्वनियों को व्यक्त करने के लिए पृथक्–पृथक् ध्वनि–चिह्नों का प्रयोग किया जाता है जिन्हें हम वर्ण कहते हैं। यहाँ एक और तथ्य समझा जा सकता है कि दो भिन्न भाषाओं के मध्य भी ध्वनि साम्य हो सकती है या होती ही है। किंतु लिखते समय हम दोनों भाषाओं में एक ही शब्द के लिए उच्चारण या ध्वनिगत साम्य होने पर भी पृथक्–पृथक् ध्वनि चिह्नों का प्रयोग करते हैं। हिंदी में लिखा गया शब्द राम, सीता या पीटर अंग्रेजी में Ram, sita या peter हो जाएगा। इस तरह हम समझ सकते हैं कि इन शब्दों में ध्वनि भेद नहीं है पर वर्ण भेद है। ये ध्वनि चिह्न ही वर्ण हैं। जिस तरह ध्वनि का संबंध श्रवण एवं वाचन से है, ठीक उसी तरह वर्ण का संबंध लिखने, पढ़ने एवं देखने से है। इस तरह वर्ण उच्चरित ध्वनि का लिखित रूप है। वर्ण भाषा की सबसे छोटी अर्थ भेदक इकाई है और इन्हें पुनः खंडित नहीं किया जा सकता। इस अध्याय में वर्णों से जुड़े विभिन्न पक्षों पर विचार किया गया है।

प्रश्न 1. वर्ण क्या हैं? इसकी प्रमुख विशेषताएँ भी बताइए।

उत्तर— भाषा की वह छोटी–से छोटी मूल ध्वनि, जिसके खंड न किए जा सकें, वर्ण कहलाती है। वर्ण मनुष्य की वागेन्द्रियों द्वारा अभिव्यक्त ध्वनि की सबसे छोटी अर्थभेदक इकाई का व्यवस्थित एवं लिपिबद्ध रूप है।

इस परिभाषा से वर्ण की निम्नलिखित विशेषताएँ स्पष्ट हैं—

- इससे भाषा में व्यवस्था आती है।
- यह सबसे छोटी इकाई है।
- इसके टुकड़े नहीं किए जा सकते।
- यह भाषा में अर्थ भेदकता का आधार है।
- वर्ण ध्वनि का लिखित रूप है।
- वर्णों के मेल से शब्द बनते हैं।

इस दृष्टि से ही वर्णों के समूह को ही वर्णमाला कहा जाता है। हिंदी में मूलतः 52 वर्ण हैं। इन वर्णों को दो भागों में विभक्त किया जाता है—स्वर एवं व्यंजन।

इनका विवरण निम्नानुसार है—

स्वर—	अ, आ, इ, ई, उ, ऊ, ऋ, ए, ऐ, ओ, औ, अं, अ.
व्यंजन—	क, ख, ग, घ, ङ
	च, छ, ज, झ, ञ
	ट, ठ, ड, ढ़, ण ड़ ढ़
	त, थ, द, ध, न
	प, फ, ब, भ, म
	य, र, ल, व
	श, ष, स, ह
	क्ष, त्र, ज्ञ, श्र

वर्णमाला के इस विस्तृत अध्ययन के बाद हम स्वर एवं व्यंजन वर्णों को पृथक–पृथक पहचान सकते हैं।

सरल शब्दों में हम कह सकते हैं कि स्वर उन वर्णों को कहा जाता है जिनका उच्चारण बिना किसी बाधा या अवरोध के होता है। इनके उच्चारण में किसी अन्य वर्ण की सहायता की आवश्यकता नहीं होती। ये पूर्ण रूप से स्वतंत्र होते हैं। स्वरों के उच्चारण में वायु फेफड़ों से बाहर निकलती हुई मुख से निर्बाध रूप से निकलती है। सामान्यतः इनके उच्चारण में कंठ एवं तालु का प्रयोग होता है तथा जिह्वा व ओष्ठ कहीं भी स्पर्श नहीं करते। अपवाद स्वरूप चाहे तो कोई कह सकता है कि 'उ' एवं 'ऊ' के उच्चारण में ओष्ठ प्रयोग में आते हैं, किंतु यहाँ भी वे स्पर्श नहीं करते। स्वरों के संबंध में एक अन्य महत्त्वपूर्ण तथ्य यह है कि स्वर वर्ण व्यंजनों के उच्चारण में सहायक होते हैं। व्यंजन वर्णों का उच्चारण इनकी सहायता के बिना नहीं हो सकता।

इस प्रकार स्वर वर्णों को परिभाषित करते हुए कहा जा सकता है कि स्वर वे स्वतंत्र वर्ण हैं जिनके उच्चारण में वायु अबाध गति से मुख से बाहर निकलती है।

प्रश्न 2. स्वर वर्णों की विभिन्न विशेषताएँ बताइए।

उत्तर— स्वर वर्णों की विभिन्न विशेषताएँ निम्नलिखित हैं—

(1) इनका उच्चारण अवरोध रहित होता है।

(2) ये पूर्ण रूप से स्वंतत्र हैं।

(3) ये व्यंजन वर्णों के उच्चारण में सहायक होते हैं।

(4) इनका उच्चारण देर तक किया जा सकता है।

(5) स्वर के उच्चारण में ध्वनि पूरे मुख विवर में गूँजती है।

(6) इनके उच्चारण में अन्य वर्णों की सहायता आवश्यक नहीं।

जहाँ स्वरों का उच्चारण बाधा रहित होता है, वहीं इस तथ्य के विपरीत व्यंजन का उच्चारण बाधा रहित नहीं होता। व्यंजन के उच्चारण में मुख से बाहर निकलने वाली वायु के मार्ग में बाधा पड़ती है। दरअसल उच्चारण अवयवों अर्थात् जिह्वा एवं निचले ओष्ठ द्वारा मुख के विभिन्न उच्चारण स्थलों पर वायु के मार्ग को अवरूद्ध कर इनका उच्चारण संभव होता है।

मुख विवर के ऊपरी अंग जिनमें ऊपरी ओष्ठ, दंत एवं वर्त्स, तालु, मूर्धा, कोमल तालु, कंठ एवं स्वर यंत्र हैं। ये उच्चारण स्थल हैं जिन पर उच्चारण अवयव यानी जिह्वा एवं निचले ओष्ठ अपने परिचालन द्वारा अवरोध उत्पन्न कर भीतर से आती प्राण वायु को रोकते हैं। यह अवरोध क्षणांश का ही होता है और अवरोध के बाद झटके से हवा मुख विवर से बाहर निकलती है, जिससे उच्चारण संभव हो पाता है। इस कोटि में वर्ण माला के क से लेकर ह तक सभी वर्ण शामिल हैं। इनकी कुल संख्या 33 है।

व्यंजन वर्णों के संबंध में एक अन्य महत्त्वपूर्ण तथ्य यह है कि इनका उच्चारण स्वतंत्र नहीं होता। इनका उच्चारण स्वरों की सहायता से ही संभव हो पाता है। यही नहीं प्रत्येक व्यंजन के उच्चारण में 'अ' स्वर की ध्वनि अप्रत्यक्ष रूप से जुड़ी हुई होती है। 'अ' स्वर के बिना इन्हें उच्चरित नहीं किया जाता। जैसे यदि हम क, ख, ग, घ, या किसी भी अन्य व्यंजन का उच्चारण करते हैं तो वह क् + अ = क, ख् + अ = ख, ग् + अ = ग, घ् + अ = अ यानी अ के संयोग से ही उच्चरित होता है। स्वर रहित व्यंजन को हलंत से प्रदर्शित किया जाता है। हलंत के लिए मूल व्यंजन (अ स्वर रहित व्यंजन) के साथ उसके नीचे तिरछी रेखा (्) लगाई जाती है। इस रेखा को हल् कहा जाता है तथा अ स्वर रहित व्यंजन जैसे—क्, ख्, ग्, घ् को हलंत कहा जाता है। इस तरह हल् लगाने का अभिप्राय है कि व्यंजन में स्वर वर्ण का पूरी तरह अभाव है। इस तरह के स्वरहित व्यंजन को आधा व्यंजन भी कहा जाता है।

इस क्रम में यदि व्यंजन वर्ण को परिभाषित करने का प्रयास किया जाए तो कहा जा सकता है कि व्यंजन उन वर्णों को कहा जाता है जिनका उच्चारण स्वतंत्र न होकर स्वर वर्णों पर आश्रित है एवं जिनके उच्चारण में वायु मुख में किसी न किसी रूप में बाधित होकर निकलती है।

प्रश्न 3. व्यंजन वर्णों की प्रमुख विशेषताओं पर प्रकाश डालिए।

उत्तर– व्यंजन वर्णों की प्रमुख विशेषताएँ निम्नानुसार हैं–

(1) ये स्वरों की सहायता से उच्चरित होते हैं।

(2) व्यंजन स्वतंत्र रूप से स्वयं उच्चरित नहीं होते।

(3) व्यंजन के उच्चारण में वायुमार्ग में अवरोध रहता है।

(4) यह अवरोध उच्चारण अवयवों की स्थिति पर निर्भर करता है।

(5) व्यंजन के उच्चारण में वायु अबाध गति से नहीं निकलती।

(6) व्यंजन का उच्चारण किसी स्थान विशेष से होता है। वह स्वरों की तरह पूरे मुख विवरण में गूँजते नहीं है।

(7) स्वर की सहायता से उच्चरित होने के कारण इनका उच्चारण देर तक नहीं किया जा सकता क्योंकि उच्चारण के लिए व्यंजन स्वर की सहायता लेते है और ऐसे में उच्चारण का उत्तरांश (बाद का अंश) स्वर का उच्चारण ही रह जाता है। जैसे क व्यंजन के उच्चारण में क् + अ होगा और अंततः 'अ' की ध्वनि ही देर तक गूँज सकती है। क उच्चारण सीमित समय तक ही सुनाई देगा।

सामान्यतः व्यंजन वर्णों की संख्या तैंतीस (33) मानी गई है। इन्हें निम्न विवरण द्वारा स्पष्टतः समझा जा सकता है–

क वर्ग – क, ख, ग, घ, ङ

च वर्ग – च, छ, ज, झ, ञ

ट वर्ग – ट, ठ, ड, ढ, ण

त वर्ग – त, थ, द, ध, न

प वर्ग – प, फ, ब, भ, म = 25

य, र, ल, व = 4

श, ष, स, ह = 4

25 + 8 = 33

सामान्यतः वर्णमाला पर चर्चा के क्रम में यह सदैव बताया जाता है कि हिंदी वर्णों की संख्या बावन (52) है। यदि स्वर की संख्या हमने ग्यारह (11) मानी और उसके साथ ही हम यहाँ अनुस्वार (अ) एवं विसर्ग (अः) को भी जोड़े तो यह संख्या तेरह (13) होगी। अब यहाँ हमने तैंतीस व्यंजनों की गिनती की। यदि इन्हें भी जोड़ दिया जाए तो अब तक की कुल संख्या छियालिस (46) हुई। बावन वर्णों की कुल संख्या में अब भी छः (6) वर्णों की संख्या शेष है। बावन का यह पूरा आँकड़ा चार संयुक्त व्यंजनों और दो द्विगुण व्यंजनों के योग से पूरा होता है।

व्यंजनों की गणना में भले केवल तैंतीस व्यंजनों की ही चर्चा की जाए किंतु संयुक्त व्यंजन और द्विगुण व्यंजन भी हिंदी वर्णमाला का महत्त्वपूर्ण अंग हैं। संयुक्त व्यंजनों की संख्या चार है–इनमें क्ष, त्र, ज्ञ और श्र शामिल हैं और दो द्विगुण व्यंजन ड़ और ढ़ हैं। व्यंजन वर्णों

के वर्गीकरण एवं भेद–उपभेदों की चर्चा के क्रम में इन संयुक्त व्यंजनों एवं द्विगुण व्यंजनों पर विचार किया जाता है।

प्रश्न 4. ध्वनि उत्पत्ति के स्थान का विवरण प्रस्तुत कीजिए।

उत्तर– ध्वनि–प्रक्रिया का संबंध मनुष्य के शरीर से होता है। उच्चारणगत और श्रवणगत प्रक्रिया शरीर के विविध अंगों से सम्पन्न होती है जिसके द्वारा ध्वनि उत्पन्न होती है और जिसे हम सुन सकते हैं। ध्वनि विज्ञान में जिस विभाग में ध्वनि उच्चारण करने एवं सुनने में सहायक अंगों पर प्रकाश डाला जाता है, उसे 'शारीरिक ध्वनि विज्ञान' कहा गया है। इसे 'औच्चारणिक ध्वनि विज्ञान' (Articulatory Phonitics) भी कहते हैं। ध्वनि प्रक्रिया में उच्चारण एक महत्त्वपूर्ण प्रक्रिया है। जिन अंगों या अवयवों से भाषा ध्वनियों का उच्चारण किया जाता है, उन्हें 'ध्वनि यंत्र', 'वाग्वयव' या 'वाग्यंत्र' कहते हैं। उसका मात्रात्मक (दीर्घ, ह्रस्व) ठहराव आदि अनके बातें वागवयव ये ही संबद्ध है। भाषा ध्वनि की उच्चारण प्रक्रिया में वाग्यंत्र के निम्नलिखित अवयव कार्य करते हैं–

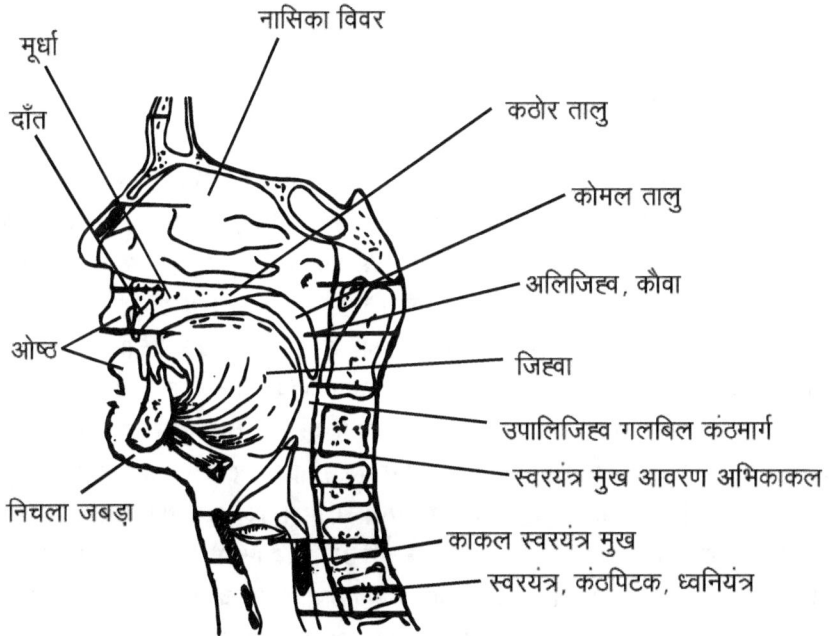

चित्र 5.1 : याग्यंत्र के विविध अवयव

(1) गलबिल, कंठ या कंठमार्ग (Pharynx)

(2) भोजन नलिका (Gullet)

(3) स्वर–यंत्र या ध्वनि–यंत्र (Larynx)

(4) स्वर–यंत्र मुख या काकल (Glottis)

(5) स्वर–तंत्री या ध्वनि–तंत्री (Vocal Chord)

(6) स्वर यंत्र मुख आवरण (Epiglotis)

(7) नासिका–विवर (Nazal Cavity)

(8) मुख–विवर (Mouth Cavity)

(9) कौवा, घंटी (Uvula)

(10) कंठ (Guttur)

(11) कोमल तालु (Soft Palate)

(12) मूर्द्धा (Cerebrum)

(13) कठोर तालु (Hard Palate)

(14) वर्त्स (Alveola)

(15) दाँत (Teeth)

(16) ओष्ठ (Lip)

(17) जिह्वा मध्य (Middle of the Tongue)

(18) जिह्वा नोक (Tip of the Tongue)

(19) जिह्वा अग्र (Front of the Tongue)

(20) जिह्वा (Tongue)

(21) जिह्वा पश्च (Back of the Tongue)

(22) जिह्वा मूल (Root of the Tongue)

उपरोक्त चित्र पर दृष्टि वर्णों के उच्चारण स्थान एवं उनके भेदों की बेहतर समझ के लिए अनिवार्य है। मनुष्य मूलधार से वायु को ऊपर की ओर उठाते हुए मुख के अंदर जिह्वा की सहायता से वर्ण विशेष के उच्चारण के लिए विशिष्ट स्थान पर ले जाता है। मनुष्य की इस वायु चालन संबंधी क्रिया को प्रयत्न कहा जाता है तथा जिस स्थान पर वर्ण को वह उच्चरित करता है वह स्थान उच्चारण स्थान कहा जाता है। इसका अभिप्राय यह है कि उच्चारण के समय भीतर से आती हुई श्वास वायु को मुख के अलग–अलग अवयव विकृत करके बाहर निकालते हैं। जिन अवयवों द्वारा यह विकार उत्पन्न किया जाता है उन्हें ही उच्चारण स्थान कहते हैं। इस दृष्टि से ऊपरी जबड़े के अचल अवयव अर्थात् न चलने या हिलने वाले अवयव यानी ऊपरी ओष्ठ, ऊपरी दाँत, वर्त्स (दंतमूल), कठोर तालु, मूर्धा, कोमल तालु, कंठ और स्वर यंत्र प्रमुख उच्चारण स्थान हैं। ऊपरी ओष्ठ से लेकर पीछे तक इन अवयवों को आप स्वतः महसूस कर सकते हैं। इन उच्चारण स्थानों पर जब जल अवयव अर्थात् मुख के भीतर के वे अंग जिन्हें ऊपर या नीचे की ओर हिलाया जा सकता है यानी जिह्वा एवं निचला ओष्ठ ऊपर की ओर जा कर हवा के मार्ग को अवरुद्ध करते हैं तब भिन्न–भिन्न वर्णों के उच्चारण संभव हो पाते हैं। यहाँ ध्यातव्य है कि निचले ओष्ठ मुख्य रूप से ऊपरी ओष्ठ और ऊपरी दंत पंक्तियों से टकराते हैं और इस भाँति हवा का मार्ग रोकते हैं, जबकि शेष सभी स्थानों पर जिह्वा द्वारा अवरोध उत्पन्न किया जाता है। अवरोध की यह क्रिया जिह्वा के अग्र, मध्य अथवा पश्च किसी भी भाग द्वारा की जा सकती है और उच्चारण के स्वरूप पर इसका भी असर पड़ता है। कुल मिलाकर इस

तरह जिस उच्चारण स्थान पर ये अवयव अवरोध उत्पन्न करते हैं उस आधार पर वर्णों के भेद किए जाते हैं। जी.पी.एच. की पुस्तकों का मुख्य उद्देश्य ज्ञान के साथ–साथ अच्छे नम्बर दिलाना है।

प्रश्न 5. उच्चारण के स्थान के आधार पर वर्णों के भेद का परिचय दीजिए।

उत्तर— यदि उच्चारण के स्थान को आधार मानें तो वर्णों के अवरोध स्थान मुख्यतः मूर्धा, तालु, ओष्ठ और नासिका हैं और इन्हीं के अनुसार इनके भेदों का नामकरण मुख्य रूप से कंठय, तालव्य, मूर्धन्य, ओष्ठय, कंठ–तालव्य, कंठोष्ठय और आनुनासिक्य माने जाते हैं। विस्तार से इन भेदों का परिचय निम्नानुसार है–

स्वर यंत्र मुखी—जिस वर्ण का उच्चारण स्वर यंत्र मुख से किया जाता है उसे स्वर यंत्र मुखी कहते हैं। इसे काकल्य स्वरतंत्रीय, उरस्य जैसे नामों से भी पुकारा जाता है। हिंदी वर्णमाला में केवल 'ह' इस श्रेणी में आता है।

कंठय—वे सभी वर्ण इस श्रेणी में सम्मिलित किए जाते हैं जिनका उच्चारण स्थान कंठ है। ये कंठ पर जिह्वा के अवरोध से उच्चरित किए जाते हैं और ये मुख्यतः जिह्वा के पिछले भाग के सहारे उच्चरित होते हैं। इसीलिए इन्हें कोमल तालव्य कहे जाने का भी चलन है। इस श्रेणी में स्वरों में से अ एवं आ के साथ विसर्ग (अः) शामिल है, व्यंजनों में क वर्ग के सभी व्यंजन इसमें शामिल हैं। कुछ विद्वान ह को भी इसी वर्ग में रखने के हिमायती है।

अतः कंठय वर्णों की सूची निम्न है–

- अ, आ, अः तथा
- क, ख, ग, घ, ङ

तालव्य—जिन वर्णों का उच्चारण तालु से होता है उन्हें तालव्य कहते हैं। तालु पर जिह्वा के स्पर्श से ये वर्ण बोले जाते हैं। स्वर वर्णों में इस श्रेणी में इ एवं ई स्वर शामिल हैं। दूसरी ओर व्यंजनों की श्रेणी में संपूर्ण च वर्ग और अंतःस्थ व्यंजन य तथा ऊष्म व्यंजन में श शामिल हैं। अतः तालव्य वर्णों की सूची निम्न है–

- इ, ई तथा
- च, छ, ज, झ, ञ, य, श

मूर्धन्य—मूर्धा से उच्चरित होने वाले वर्ण मूर्धन्य कहे जाते हैं। इस श्रेणी में मूर्धा पर जिह्वा के स्पर्श से उच्चारण संभव होता है। स्वरों में केवल ऋ इस श्रेणी में शामिल है। दूसरी ओर व्यंजनों में संपूर्ण ट वर्ग अंतःस्थ व्यंजन में से र तथा ऊष्म व्यंजन में से शामिल हैं। मूर्धन्य वर्णों का विवरण निम्न है–

- ऋ तथा
- ट, ठ, ड, ढ़, ण, र, श

ओष्ठय—ओष्ठों की सहायता से जिन वर्णों का उच्चारण होता है उन्हें ओष्ठय वर्ण कहते हैं। इन्हें द्वयोष्ठय भी कहा जाता है। दोनों ओष्ठों की सहायता से इनका उच्चारण संभव हो पाता

है। इस श्रेणी में स्वीकृत स्वरों में उ एवं ऊ हैं। दूसरी ओर व्यंजनों में इस वर्ग में संपूर्ण प वर्ग शामिल किए जाते हैं। अतः ओष्ठय वर्णों का विवरण निम्न है–

- उ, ऊ, तथा
- प, फ, ब, भ, म

दन्त्य–इस श्रेणी में वे वर्ण आते हैं जिनका उच्चारणदांतों पर जिह्वा के लगने से होता है। इन व्यंजनों में पूरा त वर्ग, अंतःस्थ व्यंजन से ल तथा ऊष्म से स सम्मिलित हैं।

वर्त्स्य–वर्त्स यानी मसूड़े और जिह्वाग्र की सहायता से जिन वर्णों का उच्चारण होता है उन्हें वर्त्स्य कहते हैं। इस वर्ग में व्यंजनों में से ल, स, र, शामिल हैं। कुछ विद्वान न को दन्त्य न मान कर वर्त्स्य की कोटि में रखते हैं।

कंठ–तालव्य–कंठ एवं तालु के सम्मिलित प्रयास से जिन वर्णों का उच्चारण संभव हो पाता है। वे कंठ तालव्य–कहे जाते हैं। ये कंठ और तालु के जिह्वा के स्पर्श से बोले जाते हैं। इस श्रेणी में ए और ऐ स्वर सम्मिलित हैं।

कंठोष्ठ्य–जिन वर्णों का उच्चारण कंठ और ओष्ठों के सम्मिलित प्रयास से संभव हो पाता है उन्हें कंठोष्ठ्य कहते हैं। कंठ द्वारा जिह्वा और ओष्ठों के कुछ स्पर्श द्वारा इनका उच्चारण किया जाता है। इस श्रेणी में ओ और औ स्वर शामिल है।

दन्त्योष्ठ्य–ऊपर के दांत एवं नीचे के होठों की सहायता से जिनका उच्चारण होता है, उन्हें दन्त्योष्ठ्य कहते हैं। इस वर्ग में व आता है। कुछ विद्वान फ व्यंजन को भी इस वर्ग में रखते हैं।

अनुनासिक–नासिक्य–मुख और नासिका से उच्चरित होने वाले वर्ण इस वर्ग में आते हैं जिनका उच्चारण मुख और नासिका के सम्मिलित योग से होता है। इस कोटि में स्वरों में से अनुस्वार(अ) और व्यंजनों में सभी पंचमाक्षरों को शामिल किया जाता है। इस तरह ङ, ञ, ण, न एवं म इस वर्ग में आते हैं।

उच्चारण स्थानों के आधार पर वर्णों के भेद को निम्न तालिका के रूप में समझा जा सकता है–

कंठ्य	अ, आ, अः, क, ख, ग, घ, ङ, ह
तालव्य	इ, ई, च, छ, ज, झ, ञ, य, श
ओष्ठ्य	उ, ऊ, प, फ, ब, भ, म
मूर्धन्य	ऋ, ट, ठ, ड, ढ़, ण, श, र
कंठ–तालव्य	ए, ऐ
कंठोष्ठ्य	ओ, औ
दन्त्य	त, थ, द, ध, न, ल, स
वर्त्स्य	ल, स, र, न
दन्तोष्ठ्य	व, फ
स्वरयंत्रमुखी	ह
अनुनासिक–नासिक्य	अं, ङ, ञ, न, म

अध्याय 6

हिंदी भाषा की व्याकरणिक इकाइयाँ

भूमिका

भाषा की संरचना में व्याकरणिक इकाइयों की विशेष उपयोगिता और महत्त्व है। इन इकाइयों के परस्पर संबंधों से भाषा का व्यवस्थित रूप प्रस्तुत होता है। अन्य भाषाओं की तरह हिंदी की व्याकरणिक इकाइयाँ संज्ञा, सर्वनाम, विशेषण, क्रिया और अव्यय हैं। हिंदी की संरचना में इन इकाइयों के अपने–अपने प्रकार्य हैं जो हिंदी को व्यवस्थित रूप प्रदान करते हैं। वास्तव में ये वे शब्द हैं जो भाषा में अलग–अलग भूमिका निभाते हैं।

संरचना के धरातल पर ये शब्द और पद में अंतर करते हैं। स्वतंत्र रूप में ये शब्द कोशगत अर्थ अर्थात् सामान्य अर्थ देते हैं लेकिन संरचना के अंतर्गत इनकी भूमिका व्याकरणिक अर्थ प्रदान करना है। कारक तत्त्व को सूचित करने के लिए संज्ञा, सर्वनाम, विशेषण आदि के तुरंत बाद जो प्रत्यय लगाए जाते हैं, वे विभक्ति कहलाते हैं। वस्तुतः विभक्ति कारक का बोध कराने वाला प्रत्यय है। हिंदी के लिंग विधान और वचन–विधान की अपनी व्यवस्था है जो हिंदी को अन्य भाषाओं से अलग करती हैं। इस अध्याय में व्याकरण की इन्हीं इकाइयों पर चर्चा की गई है।

प्रश्न 1. शब्द और पद के अंतर को उदाहरण देकर स्पष्ट कीजिए।

उत्तर— हर शब्द भाषा की इकाई होता है। शब्द की परिभाषा की दृष्टि से हम कह सकते हैं कि एक या एक से अधिक अक्षरों से बना स्वतंत्र और सार्थक ध्वनि–समूह शब्द कहलाता है। जब शब्द स्वतंत्र रूप से प्रयुक्त होता है और वाक्य के बाहर होता है तो वह शब्द होता है। जब शब्द का प्रयोग वाक्य में किया जाता है, तो इसमें कोई–न–कोई विकास अथवा परिवर्तन आ जाता है। उदाहरण के लिए–'लड़का' एक स्वतंत्र और अर्थवान रूप है किंतु जब इसका प्रयोग वाक्य में होता है, तो इसके विभिन्न रूप दिखाई देते हैं जैसे–

- लड़का पुस्तक पढ़ता है।
- लड़के ने पुस्तक पढ़ी।
- लड़कों को पढ़ने दो।
- लड़कों! पुस्तक पढ़ो।

इन वाक्यों में 'लड़का', 'लड़के', 'लड़कों' रूप अब अपने–आपमें स्वतंत्र नहीं हैं। ये सभी रूप अपनी अलग–अलग भूमिका के रूप में प्रयुक्त हैं। यहीं रूप 'पद' कहलाता है। वस्तुतः 'लड़का' शब्द का अर्थ कोश से प्राप्त हो सकता है, किंतु लड़के, लड़कों और लड़कों शब्द के अर्थ कोश से प्राप्त नहीं होंगे। अतः 'लड़का' शब्द कोशीय शब्द कहलाता है, जबकि लड़के, लड़कों, लड़को पद कोशीय अर्थ के साथ–साथ अन्य संदर्भपरक अर्थ भी साथ लिए होते हैं। इसलिए उपर्युक्त वाक्यों में 'लड़का' अपने विभिन्न संदर्भों में 'पद' माना जाएगा।

प्रश्न 2. कोशीय शब्द और व्याकरणिक शब्द में क्या अंतर है?

उत्तर— शब्दों पर दृष्टिपात करते हुए हम देखते हैं कि कुछ कोशीय शब्द ऐसे हैं, जो व्याकरणिक शब्द की भूमिका भी निभाते हैं। ये व्याकरणिक कार्य करते हैं; जैसे–

(1) मैं आजकल मोहन के घर नहीं जाता।

(2) मुझसे आजकल खाना नहीं खाया जाता।

वाक्य (1) में 'जाता' कोशीय शब्द है, जिससे 'जाने' की क्रिया का अर्थ प्राप्त होता है, किंतु वाक्य (2) में 'खाया' कोशीय शब्द है और 'जाता' कोशीय शब्द नहीं, बल्कि व्याकरणिक शब्द है। यहाँ 'जाता' शब्द में वाक्य (1) की भाँति 'जाने की क्रिया' नहीं है। इस 'जाता' शब्द से कर्मवाच्य का बोध होता है। अतः यह व्याकरणिक शब्द है। इस प्रकार 'जाता' शब्द वाक्य (1) में कोशीय शब्द है और वाक्य (2) में व्याकरणिक शब्द।

प्रश्न 3. संज्ञा को परिभाषित करते हुए इसके विभिन्न प्रकारों की विवेचना कीजिए।

उत्तर— किसी व्यक्ति, स्थान, वस्तु आदि तथा नाम के गुण, धर्म, स्वभाव का बोध कराने वाले शब्द को संज्ञा कहते हैं। जैसे–श्याम, आम, मिठास, हाथी आदि। संज्ञा विकारी शब्द है क्योंकि संज्ञा शब्दों में लिंग, वचन और कारक के अनुसार विकार अर्थात् रूप परिवर्तन होता है। निम्नलिखित उदाहरणों में इसे भली–भाँति समझा जा सकता है–

लिंग के अनुसार– दादा–दादी, नायक–नायिका, मोर–मोरनी
वचन के अनुसार– लता–लताएँ, पुस्तक–पुस्तकें
कारक के अनुसार– लड़की से पूछो, लड़कियों से पूछो

कुछ संज्ञा शब्द ऐसे होते हैं जिसमें अलग–अलग संदर्भों में प्रयुक्त होने पर भी कोई रूप परिवर्तन नहीं होता किंतु उनके अर्थ में पर्याप्त अंतर होता है। जैसे 'पानी' संज्ञा शब्द के विभिन्न अर्थों को निम्नलिखित वाक्यों में देखें–

- मुझे ठंडा पानी पिलाओ।
- उसके मुँह में पानी भर आया।
- उसकी आँखों में जरा भी पानी नहीं है।
- मेरी आशाओं पर पानी फिर गया।
- उसका चेहरा पानी–पानी हो गया।
- मुझे पानी देने वाला भी न मिलेगा।
- संज्ञा सार्थक शब्दों के आठ भेदों में एक भेद है।
- व्याकरण में संज्ञा एक विकारी शब्द है।

संज्ञा के प्रकार–संज्ञा के पाँच भेद हैं–

(1) व्यक्तिवाचक संज्ञा–जिस संज्ञा शब्द से किसी विशेष व्यक्ति, प्राणी, वस्तु अथवा स्थान का बोध हो उसे **व्यक्तिवाचक संज्ञा** कहते हैं। व्यक्तिवाचक संज्ञा निम्नलिखित रूपों में होती है–

व्यक्तियों के नाम – गीता, अनिल, मेंजू
दिन/महीनों के नाम – जनवरी, फरवरी, मंगलवार, रविवार
देशों के नाम – भारत, चीन, पाकिस्तान, अमरीका
दिशाओं के नाम – उत्तर, दक्षिण, पूर्व, पश्चिम

(2) जातिवाचक संज्ञा–जिस संज्ञा शब्द से उसकी संपूर्ण जाति का बोध हो उसे **जातिवाचक संज्ञा** कहते हैं। जैसे–मनुष्य, नदी, नगर, पर्वत, पशु, पक्षी, लड़का, कुत्ता, गाय, घोड़ा, भैंस, बकरी, नारी, गाँव आदि।

(3) भाववाचक संज्ञा–जिस संज्ञा शब्द से पदार्थों की अवस्था, गुण–दोष, धर्म आदि का बोध हो उसे **भाववाचक संज्ञा** कहते हैं। जैसे–बुढ़ापा, मिठास, बचपन, मोटापा, चढ़ाई, थकावट आदि।

भाववाचक संज्ञाओं की रचना – सर्वनाम, विशेषण और क्रिया में प्रत्यय जोड़कर भाववाचक संज्ञाएँ बनायी जाती हैं। कुछ उदाहरण देखें –

(क) जातिवाचक संज्ञा से भाववाचक संज्ञा–

जातिवाचक संज्ञा	भाववाचक संज्ञा
बालक	बालकपन
मनुष्य	मनुष्यत्व/मनुष्यता

देव	देवत्व
नारी	नारीत्व

जातिवाचक संज्ञा	**भाववाचक संज्ञा**
विद्वान	विद्वता
मित्र	मित्रता/मैत्री
अमीर	अमीरी
व्यक्ति	व्यक्तित्व
स्त्री	स्त्रीत्व
पिता	पितृत्व
मानव	मानवता
बच्चा	बचपन

(ख) सर्वनाम से भाववाचक संज्ञा–

सर्वनाम	**भाववाचक संज्ञा**
आप	आपा
अपना	अपनापन/अपनत्व
पराया	परायापनमम
निज	निजता
स्व	स्वत्व

(ग) विशेषण से भाववाचक संज्ञा–

विशेषण	**भाववाचक संज्ञा**
ठंडा	ठंडाई
बूढ़ा	बुढापा
मधुर	माधुर्य/मधुरता
सुंदर	सुंदरता
तपस्वी	तप
भला	भलाई
कमजोर	कमजोरी
चतुर	चातुर्य/चतुराई/चतुरता
स्वतंत्र	स्वतंत्रता/स्वातंत्रय
काला	कालिया
कंजूस	कंजूसी
क्रूर	क्रूरता
स्वाधीन	स्वाधीनता
महान	महानता

(घ) क्रिया से भाववाचक संज्ञा—

क्रिया	भाववाचक संज्ञा
पढ़ना	पढ़ाई
रोना	रूलाई
धोना	धुलाई
हँसना	हँसी
चिल्लाना	चिल्लाहट
खेलना	खेल
घबराना	घबराहट

(4) द्रव्यवाचक संज्ञा—इसे पदार्थवाचक संज्ञा भी कहते हैं। इससे उस द्रव्य या पदार्थ का बोध होता है जिन्हें हम माप–तौल तो सकते हैं किंतु गिन नहीं सकते। यह संज्ञा सामान्यत: एक वचन में होती है। इसका बहुवचन नहीं होता। जैसे—

धातु अथवा खनिज पदार्थ – सोना, चाँदी, कोयला

खाद्य पदार्थ – दूध, पानी, तेल, घी

(5) समूहवाचक संज्ञा—जिस संज्ञा से एक ही जाति के व्यक्तियों या वस्तुओं के समूह का बोध होता है उसे समूहवाचक संज्ञा कहते हैं। जैसे—

व्यक्ति समूह – संघ, वर्ग, दल, गिरोह, सभा

वस्तु–समूह – ढेर, गुच्छा, शृंखला

कुछ विद्वान द्रव्यवाचक तथा समूहवाचक संज्ञा को जातिवाचक का ही उपभेद मानते हैं।

प्रश्न 4. हिंदी भाषा में लिंग विधान और लिंग परिवर्तन संबंधी नियमों का विवरण उदाहरण सहित दीजिए।

उत्तर— हिंदी में केवल दो लिंग होते हैं, जिन्हें पुल्लिंग तथा स्त्रीलिंग कहा जाता है। संस्कृत की भाँति इसमें **नपुंसक** अथवा **क्लीव** लिंग नहीं होता। कोई भी संज्ञा पुल्लिंग है अथवा स्त्रीलिंग, इसका ज्ञान वाचक शब्दों अथवा उनकी रचना से होता है। नरवाची शब्द पुल्लिंग तथा नारीवाची शब्द स्त्रीलिंग होते हैं। जैसे—

पुल्लिंग	स्त्रीलिंग
पिता	माता
भाई	बहन
पति	पत्नी
बैल	गाय
शेर	शेरनी
राम	सीता

कुछ समूहवाची संज्ञाएँ प्रयोगानुसार पुल्लिंग तथा स्त्रीलिंग दोनों होती हैं—

पुल्लिंग	स्त्रीलिंग
परिवार	सेना
मंडल	सभा
समूह	सरकार
दल	पार्टी
समाज	प्रजा

रचना के अनुसार संज्ञाओं का लिंग निर्धारण कठिन कार्य है। सामान्य रूप में जो शब्द विशालता, शक्ति, कठोरता अथवा उत्तमता के द्योतक होते हैं, वे पुल्लिंग होते हैं और जो निर्बलता, लघुता अथवा क्षीणता प्रकट करते हैं, वे स्त्रीलिंग होते हैं। जैसे–

पुल्लिंग	स्त्रीलिंग
जहाज	नौका
पर्वत	उपत्यका
शिखर	लता
सागर	सरिता

पुल्लिंग–हिंदी के ऐसे शब्द जिनके अंत में 'आ', 'ना', 'आव', 'पन', 'पा' अथवा 'आन' प्रत्यय होते हैं वे प्रायः पुल्लिंग होते हैं–

(आ)–बुढ़ापा, कपड़ा, आटा, विधाता, नया, पुराना, खरा, खोटा, ऊँचा, नीचा आदि।

(ना)–आना, जाना, खाना, पीना, उठना, बैठना, रोना, धोना आदि।

(आव)–उतराव, चढ़ाव, पड़ाव, प्रभाव, बढ़ाव आदि।

(पन)–बचपन, बड़प्पन, छुटपन आदि।

(पा)–मोटापा, रंडापा (Widowhood) आदि।

(आन)–पहचान, उठान, ढलान, मिलान, लगान आदि।

ऐसी संज्ञाएँ जिनके अंत में 'त्व', 'त्य', 'व्य', 'र्य', 'त्र' होता है वे पुल्लिंग होती हैं। जैसे–महत्त्व, लघुत्व, अमात्य, नृत्य, कर्त्तव्य, नव्य, माधुर्य, चातुर्य, चरित्र, विचित्र आदि।

अकारान्त संज्ञाएँ पुल्लिंग होती हैं, किंतु इसके अपवाद भी हैं, जैसे–नाक, कलम, जीभ, देह, दीवार आदि संज्ञाएँ अकारान्त होने पर भी स्त्रीलिंग के अंतर्गत आती हैं। सप्ताह के दिन तथा भारतीय संवत्सर के 12 महीने पुल्लिंग हैं।

वृक्षों में आम, कटहल, शीशम, बरगद, सागौन, शाल आदि पुल्लिंग हैं जबकि इमली, नीम आदि स्त्रीलिंग माने जाते हैं।

अनाजों में चना, चावल, जौ, गेहूँ, बाजरा, तिल, उड़द आदि पुल्लिंग के अंतर्गत आते हैं, किंतु दालों में अरहर, मूंग, मटर तथा अनाजों में ज्वार आदि स्त्रीलिंग माने जाते हैं।

स्त्रीलिंग–इकारान्त तथा ईकारान्त संज्ञाएँ प्रायः स्त्रीलिंग होती हैं–

इकारान्त–मति, धृति, गति, रति, इति आदि।

ईकारान्त–विनती, बाती, चिट्ठी, टोपी, घड़ी, धोती, खिड़की आदि; किंतु पानी, मोती, दही आदि संज्ञाएँ अपवाद हैं।

संस्कृत के तत्सम् आकारान्त शब्द स्त्रीलिंग होते हैं—दया, कृपा, प्रार्थना, माला, आत्मा आदि।

जिन संज्ञाओं के अंत में 'ट', 'त', 'हट', 'वट', 'ता' आदि प्रत्यय आते हैं, वे स्त्रीलिंग होती हैं—

(ट)—हाट, बाट, खाट आदि।

(त)—जात, लात, घात, मात आदि।

(हट)—चिकनाहट, घबराहट, आदि।

(वट)—बनावट, सजावट, लिखावट आदि।

(ता)—विशालता, शीतलता, भव्यता, गुरुता आदि।

अरबी, फारसी के तकारान्त शब्द प्रायः स्त्रीलिंग होते हैं—छत, बगावत, दवात, आदि।

कुछ पक्षी बिना नर–मादा के भेद के पुल्लिंग व स्त्रीलिंग में माने जाते हैं। जैसे—कौआ, कबूतर, तोता (पुल्लिंग); चील, मैना, सारस (स्त्रीलिंग)।

पुल्लिंग शब्दों से स्त्रीलिंग बनाने के नियम

(1) 'अ' अथवा 'अकारान्त' शब्दों की जगह 'ई' जोड़ देने से—

पुल्लिंग	स्त्रीलिंग
बेटा	बेटी
मामा	मामी
घोड़ा	घोड़ी
बकरा	बकरी

(2) 'अ' की जगह 'इया' जोड़ देने से—

पुल्लिंग	स्त्रीलिंग
बूढ़ा	बुढ़िया
चूहा	चुहिया
डिब्बा	डिबिया
फोड़ा	फुड़िया

(3) 'अ' की जगह 'इन' जोड़ देने से—

पुल्लिंग	स्त्रीलिंग
लुहार	लुहारिन
मालिक	मालकिन
बाघ	बाघिन

(4) 'अ' की जगह 'नी' अथवा 'आनी' जोड़ देने से—

पुल्लिंग	स्त्रीलिंग
हंस	हंसिनी
ऊँट	ऊँटिनी
मोर	मोरनी

नौकर	नौकरानी
देवर	देवरानी

(5) कुछ पुल्लिंग शब्दों के आगे 'न' जोड़ देने से–

पुल्लिंग	**स्त्रीलिंग**
दूल्हा	दुल्हन
धोबी	धोबिन
नाई	नाइन
नाती	नातिन

विशेष–उक्त नियम में पुल्लिंग से स्त्रीलिंग बनाते समय 'आ' का 'अ' तथा 'ई' का 'इ' में परिवर्तन ध्यान देने योग्य है।

(6) पुल्लिंग संज्ञाओं के साथ 'आइन' जोड़ देने से–

पुल्लिंग	**स्त्रीलिंग**
पंडित	पंडिताइन
ठाकुर	ठकुराइन
सुकुल	सुकुलाइन
लाला	ललाइन

(7) बहुत–सी ऐसी संज्ञाएँ भी हैं जिनके स्त्रीलिंग उपर्युक्त नियमानुसार नहीं बनते वरन् उनके पुल्लिंग व स्त्रीलिंग पृथक्–पृथक् होते हैं। जैसे–

पुल्लिंग	**स्त्रीलिंग**
राजा	रानी
पिता	माता
बैल	गाय
वर	वधू
भाई	बहन
विद्वान्	विदुषी
कवि	कवयित्री

प्रारंभ में हिंदी भाषा का लिंग ज्ञान अन्य भाषा–भावियों को कठिन प्रतीत होता है, किंतु अभ्यास से यह कठिनाई शीघ्र हल हो जाती है।

प्रश्न 5. हिंदी में वचन विधान संबंधी नियमों का विवरण उदाहरण सहित प्रस्तुत करें।

उत्तर– विकारी शब्दों के जिस रूप से संख्या का बोध होता है, उसे **वचन** कहते हैं। वैसे तो शब्दों का संज्ञा भेद विविध प्रकार का होता है, परंतु व्याकरण में उसके एक और अनेक भेद प्रचलित हैं। इसी आधार पर हिंदी में वचन के दो भेद होते हैं–

एकवचन—विकारी शब्दों के जिस रूप से एक का बोध होता है, उसे **एकवचन** कहते हैं। जैसे लड़का, घोड़ा, घर, पर्वत, नदी, मैं, वह, यह आदि।

बहुवचन—विकारी शब्दों के जिस रूप से अनेक का बोध होता है, उसे **बहुवचन** कहते हैं। जैसे लड़के, घोड़े, घरों, पर्वतों, नदियों, हम, वे, ये आदि।

वचन–प्रयोग संबंधी नियम

(1) **आदर व सम्मान के लिए**—इस उद्देश्य से एक व्यक्ति के लिए बहुवचन का प्रयोग होता है—"स्वामी दयानंद महान् सुधारक थे।"

(2) **बड़प्पन व अधिकार सूचक**—संज्ञा, सर्वनाम आदि का इस उद्देश्य से कभी-कभी बहुवचन में प्रयोग होता है—"हम अब आपसे बात नहीं करेंगे।"

(3) **लोक व्यवहार संबंध से**—तू तुच्छ व छोटे व्यक्ति के लिए इस्तेमाल होता है। अब इसकी जगह बहुवचन "तुम" को ही प्रयोग करते हैं।

"तुम मूर्ख के मूर्ख रहे।"

(4) **समुदायवाचक शब्द**—एकवचन संज्ञा शब्दों के साथ गण, जन, वृंद, वर्ग जोड़ने से बहुवचन हो जाता है। "विद्वद्गण ध्यान से विचारें।"

(5) समाचार, प्राण, दर्शन, बाल आदि शब्द सदा बहुवचन में प्रयुक्त होते हैं। सदा एकवचन में इस्तेमाल होने वाले शब्द हैं—पानी, दूध, जनता।

व्यक्तिवाचक व भाववाचक संज्ञाएँ एकवचन में इस्तेमाल होती हैं—अमर, असत्य, चाँदी, पीतल।

बहुवचन बनाने के नियम

(1) अकारान्त स्त्रीलिंगी संज्ञाओं के अंत में 'एँ' लगाने पर जैसे—किताब—किताबें, बहन—बहनें।

(2) इ-ई से अंत होने वाले शब्दों में इयाँ करने पर जैसे—नदी—नदियाँ, टोपी—टोपियाँ।

(3) 'या' से अंत होने वाले स्त्रीलिंग शब्दों में याँ करने से—बुढ़िया—बुढ़ियाँ, लुटिया—लुटियाँ।

(4) 'आ' से अंत होने वाले स्त्रीलिंगी शब्दों के अंत में 'एँ' करने से—गाथा—गाथाएँ, कन्या—कन्याएँ।

(5) 'आ' से अंत होने वाले पुल्लिंग शब्दों के अंत में 'ए' कर देने से—चीता—चीते, घोड़ा—घोड़े।

(6) अकारान्त, आकारान्त शब्दों के अंत में 'ओ' जोड़ कर—घंटा—घंटों, मील—मीलों, सदी—सदियों।

(7) एकवचन बहुवचन में समान शब्द—गिरि, कल, जल, पानी, मुनि, क्षमा।

एकवचन से बहुवचन बनाने के नियमों को सीखने के बाद इन नियमों के अपवाद भी हैं। अनेक संज्ञा शब्द ऐसे हैं जिनका बहुवचन नहीं बनता अथवा जो सदैव बहुवचन में ही प्रयुक्त होते हैं। वाक्य रचना के संदर्भ में इन अपवादों को ध्यान में रखना बहुत जरूरी है—

(1) आदर सूचक संज्ञाएँ बहुवचन के रूप में प्रयुक्त होती हैं। जैसे–प्रधानमंत्री कल नैनीताल आएँगे। पिताजी अभी तक नहीं आए। इन वाक्यों में प्रधानमंत्री और पिताजी आदरणीय व्यक्ति हैं। अतः इनके लिए बहुवचन की क्रिया का प्रयोग हुआ है।

(2) 'प्रत्येक' 'हरएक' का प्रयोग सदा एकवचन में होता है। जैसे – प्रत्येक व्यक्ति का अधिकार है। हर एक वृक्ष फलदायी नहीं होता।

(3) भाववाचक और गुणवाचक संज्ञा शब्दों का प्रयोग सदैव एकवचन में होता है। इनका बहुवचन नहीं होता। किंतु जहाँ उनके साथ संख्या का बोध हो, वहाँ वे बहुवचन में ही प्रयुक्त होती हैं। इन वाक्यों को ध्यान से देखें–

(क) उसकी सज्जनता प्रशंसनीय है।

(ख) इस व्यक्ति में अनेक खूबियाँ हैं।

(4) द्रव्यवाचक संज्ञा शब्द भी एकवचन में प्रयुक्त होते हैं। जैसे – हीरा, सोना, चाँदी, धन, तेल, लोहा आदि।

(5) प्राण, दर्शन, आँसू, दाम, ओठ, हस्ताक्षर, अक्षत आदि शब्दों का प्रयोग सदैव बहुवचन में होता है। इन वाक्यों को देखें–

(क) उसके प्राण निकल गए।

(ख) मेरा सौभाग्य कि आपके दर्शन हुए।

(ग) मैंने हस्ताक्षर कर दिए हैं।

(घ) उसकी आँखों में आँसू आ गए।

(ङ) लड़की के ओठ सूखे थे।

(च) इस कमीज के क्या दाम हैं।

प्रश्न 6. कारक और विभक्ति में क्या अंतर है? उदाहरण सहित स्पष्ट कीजिए।

अथवा

हिंदी में कारकों के कितने भेद हैं?

उत्तर– संज्ञा या सर्वनाम के जिस रूप से उनका (संज्ञा या सर्वनाम का) क्रिया से संबंध व्यक्त हो, उसे 'कारक' कहते हैं। स्पष्ट कीजिए कि कारक का मुख्य कार्य वाक्य के अन्य शब्दों – संज्ञा, सर्वनाम, क्रिया से संबंध को सूचित करना है। जैसे – 'राम रावण बाण मार दिया।' इस वाक्य को पढ़कर कोई अर्थ स्पष्ट नहीं होता क्योंकि राम, रावण, बाण का क्रिया 'मार दिया' से कोई संबंध ही नहीं सूचित होता। अब इस वाक्य को इस रूप में पढ़े – 'राम ने रावण को बाण से मार दिया।' इसमें – ने, को, से वाक्य का अर्थ पूर्ण रूप से स्पष्ट होता है और संज्ञा राम, रावण, बाण का क्रिया 'मार दिया' से संबंध भी सूचित होता है। अतः वाक्य रचना में कारक और विभक्ति (कारक चिह्न) का महत्त्व स्पष्ट है। संस्कृत में कारकीय रूपों की रचना के लिए जो संबंध तत्त्व जोड़े जाते थे, विभक्ति कहलाते थे। हिंदी में इन्हें विभक्ति के साथ ही कारक–चिह्न या परामर्श चिह्न या परसर्ग कहा जाता है।

कारक के भेद–हिंदी में कारक के आठ भेद होते हैं। इन कारकों को सूचित करने के लिए संज्ञा या सर्वनाम के आगे जो चिह्न लगाए जाते हैं, उन्हें विभक्ति कहते हैं। विभक्ति को कुछ विद्वानों ने परसर्ग कहा है। अंततः, विभक्ति, परसर्ग, कारक चिह्न – तीनों एक ही हैं। यहाँ हमने कारक चिह्नों के लिए परंपरा से प्रसिद्ध विभक्ति शब्द का ही प्रयोग किया है। कारक और उसकी विभक्तियाँ इस प्रकार हैं–

कारक	**विभक्ति**
(1) कर्त्ता	ने
(2) कर्म	को
(3) करण	से
(4) संप्रदान	को, के, लिए
(5) अपादान	से
(6) संबंध	की, को, के, रा, रे, री
(7) अधिकरण	में, पर
(8) संबोधन	हे, अहो, अरे, अजी

विभक्ति की विशेषता–हिंदी में विभक्ति दो प्रकार की होती हैं – संश्लिष्ट और विश्लिष्ट। सर्वनाम के साथ आने वाली विभक्तियाँ संश्लिष्ट होती हैं अर्थात् वे सर्वनाम के साथ मिली हुई होती हैं। जैसे – तुम्हें, इन्हें, तुमको, इनको, में 'को' और तुम्हारा, आपका में 'का' विभक्ति संश्लिष्ट है।

(1) संज्ञा के साथ आने वाली विभक्तियाँ विश्लिष्ट होती हैं अर्थात् वे संज्ञा से अलग होती हैं। जैसे – राम को, सीता ने, रावण का, मेज पर, घर में आदि।

(2) विभक्तियों का प्रयोग मूलतः संज्ञा या सर्वनाम के साथ होता है।

(3) विभक्तियों का स्वतंत्र अर्थ नहीं होता। इनका कार्य शब्दों का परस्पर संबंध दिखाना होता है। अतः संज्ञा या सर्वनाम के साथ प्रयुक्त होने पर ही विभक्तियाँ सार्थक होती हैं।

कारक और उसकी विभक्ति के प्रयोग के निम्नलिखित उदाहरण हैं–

कर्त्ताकारक–कर्त्ता (शब्द) वह है जिससे क्रिया या कार्य करने का बोध हो। इसकी विभक्ति 'ने' है। जैसे – श्याम ने पुस्तक पढ़ी। इस वाक्य में कर्त्ता कारक 'श्याम' है जो संज्ञा शब्द है। 'ने' विभक्ति संज्ञा श्याम, पुस्तक, का संबंध क्रिया 'पढ़ी' से सूचित करती है।

कर्मकारक क्रिया का फल जिस शब्द पर पड़ता है, उसे कर्म कहते हैं। इसकी विभक्ति 'को' है। प्रायः बुलाना, सुलाना, पुकारना, जगाना, भगाना आदि क्रियाओं के कर्मों के साथ 'को' विभक्ति लगती है। इन वाक्यों पर ध्यान दें–

माँ ने बच्चे को सुलाया।

शेर बकरी को खा गया।

लोगों ने चोर को मारा।

बड़ी मछली छोटी मछली को खाती है।

किंतु निम्नलिखित वाक्यों में 'को' का प्रयोग अशुद्ध है—
राम ने रोटी को खाया। (रोटी खायी)
उसने पगड़ी को पहना। (पगड़ी पहनी)

करणकारक—इसमें क्रिया/कार्य में सहायक होने वाले साधन को बोध होता है। इसकी विभक्ति 'से' है। 'से' के अतिरिक्त 'के द्वारा', 'जरिए', 'के साथ', 'के बिना' भी साधन के अर्थ में प्रयुक्त होते हैं। इन वाक्यों में करणकारक विभक्ति को देखें—
मुझसे ये काम नहीं होगा।
सिपाही ने लाठी से चोर को मारा।
आपके जरिए यह काम हो सका।
मेरे द्वारा नींव रखी गई।

'से' करण और अपादान दोनों कारकों की विभक्ति है किंतु करणकारक में 'से' साधन का बोध करता है तो अपादान में अलगाव का। इन वाक्यों से इस अंतर को स्पष्ट किया जा सकता है।
वह साइकिल से बाजार गया। (करण कारक)
पेड़ से फल गिरा। (अपादान कारक)

संप्रदान कारक—जिसके लिए कुछ किया जाए अथवा जिसको कुछ दिया जाए – इसका बोध कराने वाले वाक्य संप्रदान कारक के होते हैं। इसकी विभक्ति को, के लिए है। इसके अतिरिक्त 'के हित', 'के वास्ते', 'के निमित्त' आदि प्रत्यय भी संप्रदान कारक के अंतर्गत आते हैं। इन वाक्यों में प्रयुक्त संप्रदान कारक विभक्ति चिह्नों पर ध्यान दें—
पिता ने बेटे को रुपए दिए।
उसने छात्रों को मिठाई खिलाई।

अपादान कारक—इसमें संज्ञा से किसी वस्तु का अलग होने या तुलना करने का भाव व्यक्त होता है। इसकी विभक्ति 'से' किसी वस्तु के अलग होने का बोध कराती है। जैसे—
पेड़ से पत्ते गिर रहे हैं।
नदियाँ पहाड़ से निकलती हैं।
वह मुझसे योग्य नहीं है।

संबंध कारक—जैसा कि नाम से स्पष्ट है, इसमें एक वस्तु का दूसरी वस्तु से संबंध का बोध होता है। इसकी विभक्ति 'का' है जो वचन-लिंग के अनुसार 'के' और 'की' रूप में प्रयुक्त होती है। कभी-कभी संबंधकारक 'वाला' प्रत्यय भी प्रयोग किया जाता है। उदाहरण देखें—
उसका पुत्र मेधावी है।
प्रेमचंद के उपन्यास अच्छे हैं।
रावण ने विभीषण को लात मारी।

अधिकरण कारक—इसमें क्रिया के आधार का बोध होता है। इसकी विभक्ति 'में', 'पर' है। इन वाक्यों से समझें—

पेड़ पर बंदर बैठा है।

तुम्हारी पुस्तक मेज पर है।

संबोधन कारक–इसमें संबोधन अर्थात् किसी को पुकारने या संकेत करने का भाव व्यक्त होता है।

इसकी कोई विभक्ति नहीं होती बल्कि अजी, अरे, अहो प्रत्यय का प्रयोग होता है। जैसे–

अजी सुनते हो।

हे भगवान! मेरे बेटे की रक्षा करो।

अरे ! तुम कहाँ जा रहे हो?

ए लड़के! इधर आओ।

भोलानाथ तिवारी ने कुछ अन्य शब्दों की भी सूची दी है जो कारक चिह्न न होते हुए भी उसी रूप में प्रयोग किए जाते हैं। जैसे–

अंदर – घर के अंदर कौन है? मेरे अंदर कोई चोर नहीं है।

आगे – एक तमाशा मेरे आगे।

ओर – अपनी ओर से मैंने कुछ नहीं कहा।

खातिर – मेरी खातिर, ये काम करो।

नीचे – अंगूठी मेज के नीचे पड़ी थी।

पास – उसके पास कुछ नहीं है।

पीछे – घर के पीछे सुंदर बगीचा है।

बाहर – कमरे के बाहर कितना गंदा है।

बीच – घर के बीच पूजा घर है।

भीतर – घर के भीतर बिल्कुल अंधेरा था।

मारे – चिंता के मारे उसका बुरा हाल था।

वास्ते – खुदा के वास्ते, मुझ पर रहम करो।

साथ – तुम्हारे साथ अच्छा नहीं हुआ।

प्रश्न 7. सर्वनाम की परिभाषा देते हुए उसके विभिन्न प्रकार भी बताइए।

उत्तर– सर्वनाम का अर्थ होता है–सब का नाम। जो शब्द संज्ञा के नामों की जगह प्रयुक्त होते हैं उसे सर्वनाम कहते हैं। अर्थात् संज्ञा के स्थान पर प्रयुक्त होने वाले शब्दों को सर्वनाम कहते हैं अर्थात् भाषा को प्रभावशाली बनाने के लिए जो शब्द संज्ञा के स्थान पर प्रयोग किये जाते हैं उसे सर्वनाम कहते हैं।

सर्वनाम को संज्ञा के स्थान पर रखा जाता है। वाक्यों में सर्वनाम वह शब्द है जो किसी प्रश्नाधीन आदमी की जगह पर उपस्थित होता है। सर्वनाम केवल एक नाम नहीं बल्कि सबके नाम के बारे में बताती हैं। संज्ञा की पुनरुक्ति को दूर करने के लिए ही सर्वनाम का प्रयोग किया जाता है। हिंदी में कुल 11 मूल सर्वनाम होते हैं–मैं, तू, यह, वह, आप, जो, सो, कौन, क्या, कोई, कुछ आदि।

सर्वनाम के उदाहरण—
(1) सीता ने गीता से कहा, मैं तुम्हें पुस्तक दूंगी।
(2) सीता ने गीता से कहा, मैं बाजार जाती हूँ।
(3) सोहन एक अच्छा विद्यार्थी है वह रोज स्कूल जाता है।
(4) राम, मोहन के साथ उसके घर गया।

नोट—यहाँ पर मैं, वह और उसके संज्ञा के स्थान पर सर्वनाम प्रयुक्त हुए हैं।

सर्वनाम के भेद

(1) पुरुषवाचक सर्वनाम—जिन शब्दों से व्यक्ति का बोध होता है उन्हें पुरुषवाचक सर्वनाम कहते हैं। इसका प्रयोग व्यक्तिवाचक संज्ञा की जगह पर किया जाता है। इसका प्रयोग स्त्री और पुरुष दोनों के लिए किया जाता है। जिस सर्वनाम का प्रयोग सुनने वाले यानि श्रोता, कहने वाले यानि वक्ता और किसी और व्यक्ति के लिए होता है उसे पुरुषवाचक सर्वनाम कहते हैं।

जैसे—मैं, तू, वह, हम, वे, आप, उसे, उन्हें, ये, यह, आदि।

पुरुषवाचक सर्वनाम के भेद

(क) **उत्तम पुरुषवाचक सर्वनाम**—जिन शब्दों का प्रयोग कहने वाला खुद को प्रकट करने के लिए करता है उसे उत्तम पुरुषवाचक सर्वनाम कहते हैं अर्थात् जिन शब्दों का प्रयोग बोलने वाला खुद के लिए करता है उसे उत्तम पुरुषवाचक सर्वनाम कहते हैं।

जैसे—मैं, हम, हमारा, मुझे, मुझको, हमको, मेरा, हमें, आदि।

(ख) **मध्यम पुरुषवाचक सर्वनाम**—जिन शब्दों को सुनने वाले के लिए प्रयोग किया जाता है उसे मध्यम पुरुषवाचक सर्वनाम कहते हैं अर्थात् जिन शब्दों का प्रयोग बोलने वाला यानि वक्ता, सुनने वाले यानि की श्रोता, के लिए प्रयोग करता है उसे मध्यम पुरुषवाचक सर्वनाम कहते हैं।

जैसे—तुम, आप, तू, तुझे, तुम्हारा, आप, आपको, तेरा, तुम्हें, आपका, आप लोग, तुमसे, तुमने आदि।

(ग) **अन्य पुरुषवाचक सर्वनाम**—जो व्यक्ति उपस्थित नही होता है वह वक्ता और श्रोता के लिए अन्य व्यक्ति होता है। जिन शब्दों का प्रयोग अन्य व्यक्तियों के लिए किया जाये वे सभी अन्य पुरुषवाचक सर्वनाम होते हैं। अर्थात् जिन शब्दों का प्रयोग बोलने वाला, सुनने वाले के अलावा जिसके लिए करता है उसे अन्य पुरुषवाचक सर्वनाम कहते हैं।

जैसे—वह, वे, उसने, यह, ये, इसने, वो, उसका, उनका, उन्हें, उसे आदि।

(2) निजवाचक सर्वनाम—निज शब्द का अर्थ होता है अपना और वाचक का अर्थ होता है बोध। अपनेपन का बोध करने वाले शब्दों को निजवाचक सर्वनाम कहते हैं। अर्थात् जिन सर्वनामों का प्रयोग कर्ता के साथ अपनेपन का बोध करने के लिए किया जाता है उसे

निजवाचक सर्वनाम कहते हैं। जहाँ पर वक्ता अपने या अपने आप शब्द का प्रयोग करता है वहाँ पर निजवाचक सर्वनाम होता है।

जैसे—हमें, तुम, अपने, आप, अपने आप, निजी, खुद, स्वयं आदि।

निजवाचक सर्वनाम (आप) का प्रयोग अर्थ में—

(क) आप को संज्ञा या सर्वनाम के निश्चय के लिए प्रयोग किया जाता है।
जैसे—मैं आप वहीं से आया हूँ।

(ख) आप को दूसरे व्यक्तियों के निराकरण के लिए किया जाता है।
जैसे—उन्होंने मुझे रहने के लिए कहा था और आप चलते बने।

(ग) आप को सर्वसाधारण के अर्थ के लिए प्रयोग किया जाता है।
जैसे—अपने से बड़ों का आदर करना उचित होता है।

(घ) आप का प्रयोग अवधारण में कभी-कभी ही जोड़कर किया जाता है।
जैसे—मैं यह कार्य आप ही कर लूँगा।

(3) निश्चयवाचक सर्वनाम—जिन शब्दों से किसी व्यक्ति, वस्तु अथवा घटना की ओर निश्चयात्मक रूप से संकेत करे उसे निश्चयवाचक सर्वनाम कहते हैं। इसे संकेतवाचक सर्वनाम भी कहते हैं। इसमें यह, वह, वे, ये आदि का निश्चय रूप से बोध कराते हैं।

जैसे—वह मेरा गाँव है।

यह मेरी पुस्तक है।

ये सेब हैं।

ये पुस्तक रानी की है।

इसमें वह, यह, ये आदि शब्द निश्चित वस्तु की और संकेत कर रहे हैं।

(4) अनिश्चयवाचक सर्वनाम—जिन शब्दों से किसी व्यक्ति, वस्तु आदि का निश्चयपूर्वक बोध न हो वहाँ पर अनिश्चयवाचक सर्वनाम कहते हैं।

जैसे—कोई, कुछ, किसी, कौन, किसने, किन्हीं को, किन्ही ने, जौन, तौन, जहाँ, वहाँ, आदि।

(5) संबंध वाचक सर्वनाम—जिन शब्दों से परस्पर संबंध का पता चले उसे संबंधवाचक सर्वनाम कहते हैं। जिन शब्दों से दो पदों के बीच के संबंध का पता चले उसे संबंधवाचक सर्वनाम कहते हैं।

(6) प्रश्नवाचक सर्वनाम—जिन सर्वनाम शब्दों को प्रश्न पूछने के लिए प्रयोग किया जाता है उसे प्रश्नवाचक सर्वनाम कहते हैं। अर्थात् जिन शब्दों से प्रश्न का बोध होता है उसे प्रश्नवाचक सर्वनाम कहते हैं।

जैसे—क्या, कौन, किसने, कैसे, किसका, किसको, किसलिए, कहाँ, आदि।

(7) संयुक्त सर्वनाम—संयुक्त सर्वनाम अलग श्रेणी के सर्वनाम होते हैं। सर्वनाम से इनकी भिन्नता इसलिए है क्योंकि उनमें एक शब्द नहीं बल्कि एक से ज्यादा शब्द होते हैं। कुछ शब्द ऐसे होते हैं जो संयुक्त सर्वनाम के होते हैं। संयुक्त सर्वनाम के शब्दों को संज्ञा के शब्दों के साथ स्वतंत्रा रूप से प्रयोग किया जाता है।

जैसे—जो कोई, कोई न कोई, कोई कोई, कौन कौन, कुछ कुछ, सब कोई, हर कोई, और कोई, कोई और आदि।

प्रश्न 8. विशेषण किसे कहते हैं? इसके विभिन्न प्रकार भी बताइए।

अथवा

प्रविशेषण से आप क्या समझते हैं?

उत्तर— संज्ञा या सर्वनाम की विशेषता प्रकट करने वाले शब्दों को विशेषण कहते हैं, जैसे—काली गाय।

विशेषण के चार भेद हैं—

(1) गुणवाचक विशेषण—विशेषण का अर्थ है 'गुण'। गुण का तात्पर्य है किसी भी व्यक्ति या वस्तु की विशेष स्थिति, विशेष दशा, रंग, गंध, काल, स्थान, आकार, रूप, स्वाद, बुराई, अच्छाई आदि। अतः जो विशेषण किसी संज्ञा या सर्वनाम की उपर्युक्त विशेषताओं का बोध कराए, उसे गुणवाचक विशेषण कहते हैं।

जैसे—काला कपड़ा।

कालिदास विद्वान् व्यक्ति थे, वह लम्बा पेड़ है, उसने सफेद कमीज पहनी है, मंजू का घर पुराना है, यह ताजा फल है, पुराने फर्नीचर को बेच दो।

समय संबंधी – नया, पुराना, ताजा, वर्तमान, भूत, भविष्य, अगला, पिछला आदि।
स्थान संबंधी – लंबा, चौड़ा, ऊँचा, नीचा, सीधा, बाहरी, भीतरी आदि।
आकार संबंधी – गोल चौकोर, सुडौल, पोला, सुंदर आदि।
दशा संबंधी – दुबला, पतला, मोटा, भारी, गाढ़ा, गीला, गरीब, पालतू आदि।
वर्ण संबंधी – लाल, पीला, नीला, हरा, काला, बैंगनी, सुनहरी आदि।
गुण संबंधी – भला, बुरा, उचित, अनुचित, पाप, झूठ आदि।
संज्ञा संबंधी – मुंबईया, बनारसी, लखनवी आदि।

(2) परिमाणवाचक विशेषण—जो शब्द किसी संज्ञा या सर्वनाम की माप–तौल संबंधी विशेषताओं को प्रकट करे, उसे परिमाणवाचक विशेषण कहते हैं। जैसे—

'सेर' भर दूध, 'तोला' भर सोना, 'थोड़ा' पानी, 'कुछ' पानी, 'सब' धन, 'और' घी लाओ, 'दो' लीटर दूध, 'बहुत' चीनी इत्यादि।

इस विशेषण का एकमात्र विशेष्य द्रव्यवाचक संज्ञा है। जैसे—

मुझे थोड़ा पानी चाहिए, बहुत प्यास लगी है।

मंदिर में दान देने के लिए चार क्विंटल चावल चाहिए।

उपर्युक्त उदाहरणों में 'थोड़ा' अनिश्चित एवं 'चार क्विंटल' निश्चित मात्रा का बोधक है।

(3) संख्यावाचक विशेषण—जो शब्द संज्ञा या सर्वनाम की संख्या संबंधी विशेषता का बोध कराते हैं, उन्हें संख्यावाचक विशेषण कहते हैं। जैसे—दो दर्जन कलम।

दूसरे शब्दों में, वह विशेषण, जो अपने विशेष्यों की निश्चित या अनिश्चित संख्याओं का बोध कराए, 'संख्यावाचक विशेषण' कहलाता है।

जैसे–'पाँच' विद्यार्थी दौड़ते हैं।

सात घोड़े घास चर रहे हैं।

इन वाक्यों में 'पाँच' और 'सात' संख्यावाचक विशेषण हैं, क्योंकि इनसे 'घोड़े' और 'विद्यार्थी' की संख्या संबंधी विशेषता का ज्ञान होता है।

(4) सार्वनामिक विशेषण–जो सर्वनाम विशेषण के रूप में प्रयुक्त होते हैं वे सार्वनामिक विशेषण कहलाते हैं। जैसे–वह खम्भा गिर गया।

दूसरे शब्दों में, जो सर्वनाम विशेषण के रूप में प्रयुक्त होते हैं तथा जो सर्वनाम संज्ञा से पहले लगकर संज्ञा की विशेषता की तरफ संवेफत करें, उन्हें संकेतवाचक विशेषण या सार्वनामिक विशेषण कहते हैं। इन्हें निर्देशक भी कहते हैं।

जैसे–मेरी पुस्तक, कोई बालक, किसी का महल, वह लड़का, वह लड़की आदि।

उदाहरण–

(क) यह लड़का तेज भागता है।

(ख) इस कबूतर को पिंजरे से निकालो।

(ग) उस मटके में पानी भरो।

नोट–सार्वनामिक विशेषण में (उत्तम पुरुष, मध्यम पुरुष तथा निजवाचक सर्वनाम शब्दों को छोड़कर) अन्य सर्वनाम शब्दों के तुरंत बाद संज्ञा शब्द आता है।

जैसे–

यह मेरा घर है। (सर्वनाम)

यह घर मेरा है। (सर्वनामिक विशेषण)

वह मेरी पुस्तक है। (सर्वनाम)

वह पुस्तक मेरी है। (सर्वनामिक विशेषण)

(1) प्रविशेषण–विशेषण के जो विशेषण होते हैं; वे प्रविशेषण कहलाते हैं। हिंदी में प्रायः प्रविशेषण मिलते हैं; जैसे–रमेश काफी तेज छात्र है।

यहाँ 'तेज' विशेषण है और उसक विशेषण 'काफी' हैं इसलिए 'काफी' प्रविशेषण है।

मंजु अत्यंत सुंदर लड़की है। (यहाँ 'अत्यंत' प्रविशेषण है।)

कश्मीरी सेब **सिंदूरी** लाल होता है। (यहाँ 'सिंदूरी' प्रविशेषण है।)

विशेषण रूपांतरण

संज्ञा के साथ 'सा', 'नामक', 'संबंधी', 'रूपी' आदि शब्दों शब्दों को जोड़कर भी विशेषण बनते हैं।

उदाहरण के लिए– फूल–सा शरीर, अर्जुन–नामक पुत्र, गृह–संबंधी मामला, मोह–रूपी अंधकार। संज्ञा, सर्वनाम, क्रिया और अव्यय सभी से विशेषण बनते हैं। उदाहरण के लिए–

संज्ञा से– पेटू (पेट), लोभी (लोभ), पहाड़ी (पहाड़), क्रोधी (क्रोध) आदि।

सर्वनाम से– इतना, कितना, आप वाली, आदि।

क्रिया से– चलती गाड़ी (चलना), खाया मुँह (खाना), पढ़ता सुग्गा (पढ़ना) आदि।

अव्यय से— बाहरी व्यक्ति (बाहर), भीतरी बातें (भीतर) आदि।

सर्वनाम की तरह भी विशेषण का प्रयोग होता है।

उदाहरण के लिए— एक–दूसरे से प्रेम रखो।

दुविधा में दोनों गए, माया मिली न राम।

यहाँ तो एक आता है, एक जाता है।

(2) विशेषण और विशेष्य में संबंध—विशेषण का वाक्य में प्रयोग दो प्रकार से होता है—विशेष्य विशेषण, विधेय (पूरक) विशेषण। इन पर निम्नानुसार विचार किया जा सकता है—

विशेष्य विशेषण—विशेष्य के पहले आने वाले विशेषण को विशेष्य विशेषण कहते हैं।

- काला घोड़ा दौड़ रहा है। (यहाँ काला विशेष्य विशेषण है)
- मनीष चंचल लड़का है। (यहाँ चंचल विशेष्य विशेषण है।)
- गुड्डी सुशील छात्रा है। (यहाँ गुड्डी विशेष्य विशेषण है।)

विधेय विशेषण—विशेष्य के बाद और क्रिया के पहले आने वाले विशेषण को विधेय विशेषण अथवा पूरक विशेषण कहते हैं; जैसे—

- मेरा कुत्ता काला है। (यहाँ काला विधेय विशेषण है)
- मेरा स्कूटर नया है। (यहाँ नया विधेय विशेषण है)
- मेरी गाय सीधी है। (यहाँ सीधी विधेय विशेषण है)

इस संबंध में निम्नलिखित बातों पर भी ध्यान दिए जाने की आवश्यकता है—

विशेषण के लिंग और वचन विशेष्य (विशेष्य संज्ञा भी होती है) के लिंग और वचन के अनुसार होते हैं, चाहे विशेषण के पहले आएँ या बाद में, जैसे—

अच्छे छात्र पढ़ते हैं। बड़ा आदमी सुंदर स्वभाव का होता है।

शालू भली लड़की है।

यदि एक ही विशेषण के अनेक विशेष्य हों तो विशेषण के लिंग और वचन समीप वाले विशेष्य के लिंग, वचन के अनुसार होंगे; जैसे—

अच्छी कलम और कागज। लंबे पुरुष और नारियाँ।

पीला कुर्ता और धोती।

विशेष्य—इस प्रकार विशेषण के प्रयोग से जिस संज्ञा की व्यापकता सीमित होती है अथवा जिस संज्ञा का गुण अथवा धर्म प्रकट होता है, उस संज्ञा को विशेष्य कहा जाता है।

उदाहरण के लिए—काला घोड़ा दौड़ा।

इस वाक्य में काला विशेषण और उसकी संज्ञा घोड़ा विशेष्य है।

विशेष्य के साथ विशेषण का प्रयोग दो तरह से होता है। विशेषण, विशेष्य के साथ उसके पहले आता है अथवा विशेष्य के बाद विधेय (क्रिया) के साथ रहता है। पहली स्थिति में विशेषण को विशेष्य–विशेषण कहते हैं और दूसरी स्थिति का विशेषण विधेय–विशेषण या पूरक–विशेषण कहलाता है।

उदाहरण के लिए— सूनी जगह में भय लगता ही है।

इस प्रकार इस वाक्य में 'जगह' विशेष्य है और उसका विशेषण, 'सूनी' उसके पहले होने के कारण विशेष्य–विशेषण है और 'यह जगह सूनी जान पड़ती है' वाक्य में विशेष्य जगह के बाद विशेषण सूनी क्रिया के साथ विधेय–विशेषण हुआ।

विशेष की अतिशयता प्रकट करने में विशेषण की प्रायः पुनरावृत्ति हो जाती है। उदाहरण के लिए– ठंडी–ठंडी हवा से मन को आनंद मिल रहा है।

बहुत्व के अर्थ में विशेष्य और विशेषण में किसी एक को ही बहुत्वबोधक रखना शुद्ध है। जैसे– बहुत विद्यार्थी अथवा विद्यार्थीगण, बहुसंख्यक बालक अथवा बालकगण। जी.पी.एच. की पुस्तकों का मुख्य उद्देश्य ज्ञान के साथ–साथ अच्छे नम्बर दिलाना है।

प्रश्न 9. 'क्रिया' क्या है? विस्तारपूर्वक समझाइए।

अथवा

क्रिया की परिभाषा देते हुए उसके प्रकारों का उल्लेख कीजिए।

उत्तर– क्रिया का शाब्दिक अर्थ है–कार्य। जिन शब्दों से किसी काम का करना या होना पाया जाए, उसे क्रिया कहते हैं। जैसे–खाना, नाचना, खेलना, पढ़ना, मारना आदि।

क्रिया का निर्माण, इसके मूल धातु से होता है। धातु में 'ना' लगा देने से क्रिया बन जाती है। जैसे–'लिख्' धातु में 'ना' लगा देने से 'लिखना' क्रिया होगी। हिंदी व्याकरण में कुछ ऐसी भी क्रियाएँ होती हैं, जो धातुओं के साथ–साथ संज्ञा एवं विशेषण के सहयोग से भी बनती हैं। जैसे–काम संज्ञा से कमाना, गर्म विशेषण से गर्माना आदि।

क्रिया के भेद–क्रिया मुख्य रूप से दो प्रकार की होती है–

(1) अकर्मक क्रिया–अकर्मक क्रिया का शाब्दिक अर्थ होता है–कर्म रहित। ऐसी क्रियाएँ जिनमें कर्म नहीं होता, जो क्रियाएँ बिना कर्म के पूर्ण हो जाती हैं, उसे अकर्मक क्रिया कहते हैं। जैसे–वह पढ़ता है। वे हँसते हैं। रीना खा रही है।

ऊपर दिए गए वाक्यों में कोई कर्म नहीं है, केवल कर्त्ता और क्रिया हैं।

नोट–जिस क्रिया में क्या? प्रश्न पूछने पर उत्तर नहीं मिलता, वह अकर्मक क्रिया कहलाती है। जैसे–ऊपर के वाक्य में क्या हँसते हैं? प्रश्न पूछने पर कुछ भी उत्तर नहीं मिलता।

(2) सकर्मक क्रिया–सकर्मक क्रिया का शाब्दिक अर्थ है–कर्म सहित। जिस क्रिया में कर्म होता है, कर्त्ता के साथ कर्म भी जुड़ा होता है, उसे सकर्मक क्रिया कहते हैं। इसमें क्रिया का प्रभाव कर्म पर पड़ता है। जैसे–मैं पुस्तक पढ़ता हूँ, राम भोजन खाता है। इन वाक्यों में पुस्तक एवं भोजन कर्म हैं। इनके बिना क्रिया पूर्ण नहीं होती।

नोट–जब क्रिया में क्या, किसे, किसको का प्रश्न करने पर उत्तर मिल जाता है, उसे सकर्मक क्रिया कहते हैं। जैसे–ऊपर के वाक्य में राम क्या खाता है? उत्तर–भोजन। अतः यह सकर्मक क्रिया है।

सकर्मक क्रिया भी दो प्रकार की होती है–

(क) **एककर्मक क्रिया**—एक कर्म वाली क्रिया एककर्मक क्रिया कहलाती है। उदाहरण के लिए, मोहन किताब पढ़ रहा है। यहाँ 'किताब' एककर्मक है। 'पढ़ना' सकर्मक क्रिया है।

(ख) **द्विकर्मक क्रिया**—जिस वाक्य में क्रिया के दो कर्म पाए जाते हैं, उसे द्विकर्मक क्रिया कहते हैं। जैसे—राम ने श्याम को पुस्तक दी। इस वाक्य में राम और श्याम दो कर्म हैं। कभी-कभी प्रयोग के आधार पर एक ही वाक्य में अकर्मक और सकर्मक क्रियाएँ प्रयुक्त हो जाती हैं। जैसे—घबराना क्रिया। सकर्मक—उसने मुझे घबराया। अकर्मक—मैं घबराया हूँ।

प्रेरणार्थक क्रिया

जिस क्रिया से बनने वाली क्रिया मुख्य कर्त्ता द्वारा स्वयं न होकर किसी दूसरे की प्रेरणा से संपन्न होती है, वह प्रेरणार्थक क्रिया कहलाती है। इस क्रिया के आगे 'आ' या 'वा' प्रत्यय लगाकर कार्य संपन्न किया जाता है; जैसे—

क्रिया	प्रेरणात्मक क्रिया	क्रिया	प्रेरणार्थक क्रिया
करना	कराना, करवाना	खाना	खिलाना, खिलवाना
कटना	कटाना, कटवाना	चलना	चलाना, चलवाना
लजाना	लजाना, लजवाना	देना	दिलाना, दिलवाना
लिखना	लिखाना, लिखवाना	सोना	सुलाना, सुलवाना

प्रेरणार्थक क्रिया के मुख्यतः दो रूप हैं—

अकर्मक क्रिया प्रत्यक्ष प्रथम प्रेरणार्थक होने पर सकर्मक हो जाती है; जैसे—

अकर्मक क्रिया	प्रत्यक्ष प्रेरणार्थक क्रिया अथवा सकर्मक
उड़ना	उड़ाना
दौड़ना	दौड़ाना
रोना	रुलाना
पढ़ना	पढ़ाना
सोना	सुलाना
हँसना	हँसाना

प्रेरणार्थक क्रियाएँ सकर्मक और अकर्मक दोनों क्रियाओं से बनती है; जैसे—

सकर्मक क्रिया	प्रत्यक्ष या प्रथम प्रेरणार्थक क्रिया	अप्रत्यक्ष या द्वितीय प्रेरणार्थक क्रिया
उड़ना	उड़ाना	उड़वाना
काटना	कटाना	कटवाना
दौड़ना	दौड़ाना	दौड़वाना
पढ़ना	पढ़ाना	पढ़वाना
सोना	सुलाना	सुलवाना
हँसना	हँसाना	हँसवाना

उदाहरण—
- माँ बच्चे को दूध पिलाती है। (प्रत्यक्ष प्रेरणार्थक क्रिया)
- माँ नौकरानी से बच्चे को दूध पिलवाती है। (अप्रत्यक्ष प्रेरणार्थक क्रिया)

यौगिक क्रिया
दो या दो से अधिक धातुओं और दूसरे शब्दों के योग से या धातुओं में प्रत्यय लगाने से जो क्रिया बनती है, वह यौगिक क्रिया कहलाती है; जैसे—
- चलना – चलाना, रोना – धोना, उठना – बैठना
- रो पड़ना, चल देना, खा लेना, उठ जाना।

नामिक क्रिया
नामिक क्रिया में एक अंश संज्ञा या विशेषण होता है और दूसरा क्रिया जिसे क्रिया कर (verbalizer) भी कहते हैं। यह क्रिया अपने पूर्ववर्ती शब्द से मिलकर नामिक क्रिया का निर्माण करती है, जैसे— स्वीकार करना, याद होना, अच्छा लगना, क्षमा करना, पसंद करना।

नामधातु—जो धातु संज्ञा या विशेषण के आगे 'ना' प्रत्यय लगाने से बनती है, उसे नामधातु कहते हैं; जैसे—

संज्ञा		नामधातु	विशेषण		नामधातु
हाथ	—	हथियाना	गरम	—	गरमाना
बात	—	बतियाना	दुबला	—	दुबलाना
लात	—	लतियाना	पागल	—	पगलाना

(1) क्रियार्थक संज्ञा—जब कोई क्रिया अपने साधारण रूप में क्रिया नहीं है और विधि और काल के रूप को छोड़कर उसका प्रयोग प्रायः संज्ञा के समान होता है, तब ऐसे शब्दों को क्रियार्थक संज्ञा कहा जाता है। ऐसी क्रियार्थक संज्ञा भाववाचक संज्ञा के अंतर्गत आती है। जैसे—टहलना स्वास्थ्य के लिए लाभप्रद है। यहाँ 'टहलना' भाववाचक संज्ञा है।

क्रिया के कार्य
किसी कार्य के होने अथवा किए जाने का बोध कराना; जैसे—
गाय घास चर रही है।
हिमांशु किताब पढ़ रहा है।
पारुल गीत गा रही है।

किसी व्यक्ति अथवा वस्तु की क्रियाशीलता का बोध कराना; जैसे—
भैंस चरती है।
लड़के खेलते हैं।
गेंद लुढ़कती है।

स्थिति अथवा अवस्था का बोध कराना; जैसे—
नीतू पढ़ती है।
महेंद्र खड़ा है।

वह सो रहा है।

अस्तित्व का बोध कराना; जैसे–

मनुष्य समाज में रहता है।

चीता जंगल में रहता है।

मछली जल में रहती है।

मन:स्थिति का बोध कराना; जैसे–

लड़के प्रसन्न हो रहे थे।

छात्र पढ़ रहे थे।

छोटू रो रहा है।

(2) पूरक–कुछ अकर्मक और सकर्मक क्रियाएँ ऐसी होती हैं, जो कर्त्ता और कर्म के अनुसार रहते हुए भी पूरा अर्थ प्रकट नहीं करतीं। इस स्थिति में वाक्य में क्रिया का अर्थ पूरा करने के लिए जो शब्द जोड़े जाते हैं, उन्हें पूरक कहते हैं। उदाहरण के लिए; उन्होंने उसे डॉक्टर बनाया।

इस वाक्य में 'उन्होंने' कर्त्ता और 'बनाया' क्रिया के होते हुए भी वाक्य पूरा नहीं होता। इसलिए उसे पूरा करने के लिए 'डॉक्टर' शब्द जोड़ना पड़ा है। अत: 'डॉक्टर' शब्द पूरक है।

(3) व्युत्पति के अनुसार क्रिया–भेद–क्रिया के तीन भेद होते हैं–

(क) मूल क्रिया–जो क्रिया दूसरे शब्द से न बनी हो, उसे मूल क्रिया कहते हैं; जैसे–आना, जाना, खाना, पीना आदि। 'हूँ', 'हँ', 'था', 'थी', 'थीं', 'थे' भी मूल क्रिया के ही उदाहरण है।

(ख) संयुक्त क्रिया–जो क्रिया मुख्य क्रिया के बाद दूसरी क्रिया से मिलकर बनती है, वह संयुक्त क्रिया है। इसमें पहली मुख्य क्रिया और दूसरी रंजक क्रिया होती है। संयुक्त क्रिया में रंजक क्रिया मुख्य क्रिया पर अपना रंग चढ़ा देती है। ये रंग अतिशयताबोधक, पूर्णता बोधक, आकस्मिकता बोधक, आरंभ बोधक आदि होते है। हिंदी में मुख्य रंजक क्रिया हैं–आना, जाना लेना, उठना, बैठना, लगना। उदाहरण के लिए–

(i) मुझे भूख लग आई।	(आरंभ बोधक)
(ii) उसने खाना खा लिया है।	(पूर्णता बोधक)
(iii) वह सो गया है।	(पूर्णताबोधक)
(iv) मरीज चिल्ला उठा।	(आकस्मिकता बोधक)

(क) संज्ञा अथवा विशेषण के आगे 'ना' प्रत्यय लगाकर–धिक्कार–धिक्कारना, पुचकार–पुचकारना, खरीद–खरीदना। इसे नामधातु क्रिया भी कहते हैं।

(ग) पूर्वकालिक क्रिया–जहाँ पर क्रिया का सिद्ध होना किसी दूसरी क्रिया के सिद्ध होने के पहले पाया जाए और जो लिंग, वचन, पुरुष से प्रयुक्त न हो, उसे पूर्वकालिक क्रिया कहते हैं। उदाहरण के लिए; सुकन्या पढ़कर सोती है। यहाँ पढ़ने का कार्य सोने के पूर्व हो चुका है; अत: 'पढ़कर' पूर्वकालिक क्रिया है।

(4) क्रिया की अवस्था—क्रिया की अवस्था से तात्पर्य है क्रिया के व्यापार को प्रकट करने का एक भाव, जिसमें वक्ता के प्रयोजन या मनोवृत्ति की ओर संकेत होता है। इसे क्रियार्थ, क्रियाभाव या वृत्ति भी कह सकते हैं। प्रत्येक काल में क्रिया की तीन अवस्थाएँ होती हैं—

(क) सामान्य अवस्था—जिस क्रिया से सामान्य अवस्था का बोध हो तथा किसी विधान का निश्चय ज्ञात हो, उसे सामान्य अवस्था की क्रिया कहते हैं। उदाहरण के लिए; रमेश आया। रमा खेल रही है।

यहाँ 'आया', 'खेल रही है' क्रिया से आने और खेलने के विधान का निश्चय होता है; अतः यहाँ क्रिया की सामान्य अवस्था है।

(ख) विधि अवस्था—जिस क्रिया से आज्ञा, प्रार्थना, प्रश्न आदि का भाव प्रकट हो, उसे विधि अवस्था की क्रिया कहते हैं। उदाहरण के लिए—(i) तुम खाओ। (ii) आप मुझे सौ रुपए दीजिए। (iii) क्या मैं अंदर आऊँ।

यह अवस्था दो प्रकार की होती है—

प्रत्यक्ष विधि—इस विधि से आज्ञा, प्रार्थना, प्रश्न आदि का वर्तमान काल में कार्यान्वित होना ज्ञात होता है; जैसे—

अभी कॉलेज जाओ।

हम यहाँ खेलें?

हे प्रभु! उसकी रक्षा करो।

परोक्ष विधि—इस विधि से आज्ञा, प्रार्थना, प्रश्न आदि का भविष्यगत् काल में कार्यान्वित होना ज्ञात होता है; जैसे—

तुम कल कॉलेज जाना।

क्या तुम मैदान में खेलोगे?

आप मुझे पुस्तक दीजिएगा।

(ग) संभाव्य अवस्था—जिस क्रिया से अनुमान, इच्छा, संदेह आदि का बोध होता है, उसे सामान्य अवस्था की क्रिया कहते हैं। उदाहरण के लिए जैसे—

शायद वह कोलकाता में मिल जाए।

वह घर पर होगा या नहीं

मैं परीक्षा में शायद उत्तीर्ण हो जाऊँ।

प्रश्न 10. अव्यय की परिभाषा देते हुए उसके प्रकारों का विवरण दीजिए।

अथवा

क्रिया विशेषण अव्यय को स्पष्ट करते हुए उसके विभिन्न प्रकारों का विश्लेषण कीजिए।

उत्तर— अव्यय का शाब्दिक अर्थ होता है जो व्यय न हो। जिनके रूप में लिंग, वचन, पुरुष, कारक, काल आदि की वजह से कोई परिवर्तन नहीं होता उसे अव्यय शब्द कहते हैं। अव्यय शब्द हर स्थिति में अपने मूल रूप में रहते हैं। इन शब्दों को अविकारी शब्द भी कहा जाता है।

जैसे—जब, तब, अभी, अगर, वह, वहाँ, यहाँ, इधर, उधर, किन्तु, परन्तु, बल्कि, इसलिए, अतएव, अवश्य, तेज, कल, धीरे, लेकिन, चूँकि, क्योंकि, आदि।

अव्यय के भेद—

क्रिया-विशेषण अव्यय— जिन शब्दों से क्रिया की विशेषता का पता चलता है उसे क्रिया-विशेषण कहते हैं। जहाँ पर यहाँ, तेज, अब, रात, धीरे-धीरे, प्रतिदिन, सुंदर, वहाँ, तक, जल्दी, अभी, बहुत आते हैं वहाँ पर क्रियाविशेषण अव्यय होता है।

जैसे—
(1) वह यहाँ से चला गया।
(2) घोड़ा तेज दौड़ता है।

क्रिया विशेषण के कार्य निम्नानुसार हैं—
(क) यह क्रिया की विशेषता बतलाता है।
(ख) क्रिया के होने का ढंग बतलाता है।
(ग) क्रिया के होने की निश्चितता तथा अनिश्चितता का बोध कराता है।
(घ) क्रिया के घटित होने की स्थिति आदि बतलाता है।
(ङ) क्रिया के होने में निषेध तथा स्वीकृति का बोध कराता है।

संयुक्त क्रिया-विशेषण— संज्ञाओं, क्रिया-विशेषणों एवं अनुकरणमूलक शब्दों की पुनरुक्ति, संज्ञाओं के और भिन्न क्रिया-विशेषणों के मेल से, अव्यय के प्रयोग से तथा क्रिया-विशेषणों की पुनरुक्ति के बीच 'न' आने से बने क्रिया-विशेषण को संयुक्त क्रिया-विशेषण कहते हैं; जैसे—

वह घर-घर गया। उसने दिन-रात मेहनत की। तुम जहाँ-तहाँ मत जाओ। वह कहीं-न-कहीं गया होगा।

क्रिया-विशेषण के भेद मुख्यतः तीन आधारों पर होते हैं, जो निम्नांकित हैं—

(1) अर्थ की दृष्टि से क्रिया-विशेषण के भेद— अर्थ की दृष्टि से क्रिया-विशेषण के चार भेद हैं—स्थानवाचक, कालवाचक, रीतिवाचक, परिमाणवाचक।

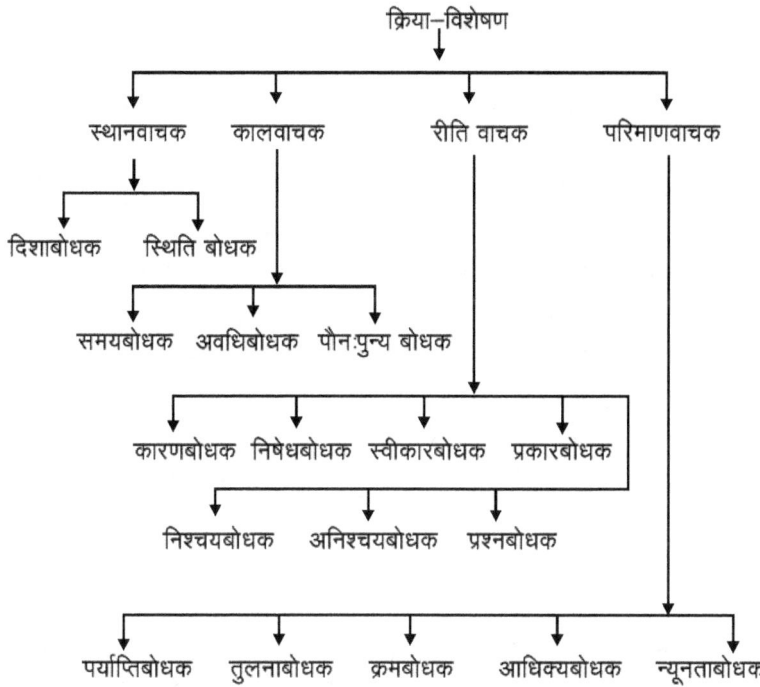

(क) स्थानवाचक—इससे स्थिति और दशा का बोध होता है। इसके दो उपभेद हैं—

   (i) **दिशाबोधक**—दाहिने, बाएँ आर-पार, हर तरफ, किधर, जिधर, इधर, उधर, दूर आदि।

   (ii) **स्थितिबोधक**—सर्वत्र, पास, निकट, समीप, सामने, साथ, भीतर, बाहर, नीचे, ऊपर, आगे, पीछे, यहाँ, जहाँ, तहाँ आदि।

(ख) कालवाचक—इससे समय का बोध होता है। इसके तीन उपभेद हैं—

   (i) **समयबोधक**—आज, कल, परसों, नरसों, कब, तब, जब, अब, सवेरे, पीछे, पहले, कभी, तभी, फिर आदि।

   (ii) **अवधिबोधक**—अब तक, कभी-न-कभी, दिनभर, सतत्, आजकल, नित्य, सर्वदा, लगातार आदि।

   (iii) **पौनःपुन्य बोधक**—बार-बार, प्रतिदिन, हर-रोज, निरंतर, लगातार, बहुधा, कई बार, हर-घड़ी।

(ग) रीतिवाचक—इससे रीति का बोध होता है। इसके सात उपभेद हैं—

   (i) **कारणबोधक**—इसलिए, अतएव, क्यों करके आदि।

   (ii) **निषेधबोधक**—नहीं, मत, न आदि।

   (iii) **स्वीकारबोधक**—हाँ, ठीक, अच्छा, जी, अवश्य, तो ही आदि।

(iv) **प्रकारबोधक**—अचानक, यों, योंही, अनानास, सहसा, धीरे, सहज, साक्षात, ध्यानपूर्वक, संदेह, जैसे, तैसे, मानो, परस्पर, मन से, हौले आदि।

(v) **निश्चयबोधक**—यथार्थतः, वस्तुतः निःसंदेह, बेशक, अवश्य, अलबत्ता, जरूर, सचमुच, मुख्य आदि।

(vi) **अनिश्चयबोधक**—यथासंभव, कदाचित, शायद, यथासाध्य आदि।

(vii) **प्रश्नबोधक**—कहाँ, क्यों, कब, क्या आदि।

(घ) **परिमाणवाचक**—इससे परिमाण का बोध होता है। इसके पाँच उपभेद हैं—

(i) **पर्याप्तिबोधक**—इससे परिमाण का बोध होता है।

(ii) **तुलनाबोधक**—और, अधिक, कम, कितना, जितना, इतना आदि।

(iii) **क्रमबोधक**—क्रम–क्रम से, यथा–क्रम, थोड़ा, तिल–तिल, एक–एक करके आदि।

(iv) **आधिक्यबोधक**—खूब, बिल्कुल, भारी, बहुत, अत्यंत, अति, निरा, निपट, सर्वथा, पूर्णतया आदि।

(v) **न्यूनताबोधक**—किंचित, जरा, थोड़ा, कुछ, लगभग, अनुमानतः प्रायः आदि।

(2) प्रयोग की दृष्टि से क्रिया–विशेषण के भेद—प्रयोग की दृष्टि से क्रिया–विशेषण के तीन भेद हैं—(क) साधारण क्रिया–विशेषण, (ख) संयोजक क्रिया–विशेषण, (ग) अनुबद्ध क्रिया विशेषण।

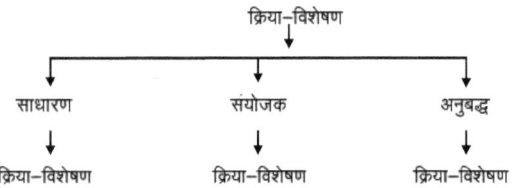

(क) **साधारण क्रिया–विशेषण**—वाक्य में स्वतंत्र रूप से प्रयुक्त, होने वाले क्रिया–विशेषण को साधारण क्रिया–विशेषण कहते हैं। जैसे—वहाँ, कब जल्दी।

(ख) **संयोजक क्रिया–विशेषण**—उपवाक्य से संबंधित क्रिया–विशेषण को संयोजक क्रिया–विशेषण कहते हैं। जैसे—जहाँ आप पढ़ेंगे, वहाँ मैं भी पढूँगा, (जहाँ–वहाँ)

(ग) **अनुबद्ध क्रिया–विशेषण**—किसी शब्द के साथ अवधारणा के लिए प्रयुक्त होने वाले क्रिया–विशेषण को अनुबद्ध क्रिया–विशेषण कहते हैं। जैसे—तो, भी, भर।

(3) रूप की दृष्टि से क्रिया–विशेषण—रूप की दृष्टि से क्रिया–विशेषण के तीन भेद हैं—(क) मूल क्रिया–विशेषण, (ख) यौगिक क्रिया–विशेषण, (ग) स्थानीय क्रिया–विशेषण।

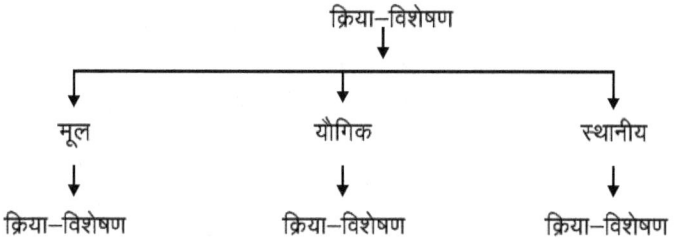

(क) **मूल क्रिया-विशेषण**—बिना किसी अन्य के मेल में आए स्वतंत्र रूप वाले क्रिया-विशेषण को मूल क्रिया-विशेषण कहते हैं; जैसे—नहीं, दूर, फिर, ठीक, अचानक।

(ख) **यौगिक क्रिया-विशेषण**—शब्दों में प्रत्यय जोड़कर बने क्रिया-विशेषण को यौगिक क्रिया-विशेषण कहते हैं; जैसे—दिल से, यहाँ पर, वहाँ पर, मन से।

(ग) **स्थानीय क्रिया-विशेषण**—ऐसे क्रिया-विशेषण, जो बिना रूपांतर के किसी विशेष स्थान में आते हैं, स्थानीय क्रिया-विशेषण कहलाते हैं; जैसे— राक्षस मुझे क्या खाएंगे? चोर पकड़ा हुआ आया। लड़का उठकर भागा।

प्रश्न 11. संबंधबोधक अव्यय से आप क्या समझते हैं? इसके कार्य व भेदों पर प्रकाश डालिए।

उत्तर— जो अव्यय किसी संज्ञा के बाद आकर उस संज्ञा का संबंध वाक्य के दूसरे शब्द से दिखाता है, उसे संबंधबोधक अव्यय कहते हैं। उदाहरण के लिए, अनुकूल, अनुसार, आसपास, आगे, ओर आदि।

संबंधबोधक अव्यय के कार्य

(1) संज्ञा के बाद आकर उसका संबंध उस वाक्य के दूसरे शब्दों के साथ दिखाना; जैसे—रमा रात-भर जागती रही। (संबंधबोधक 'भर' संज्ञा 'रात' का संबंध इस वाक्य के अन्य शब्दों से बताता है)

(2) संबंधबोधक द्वारा समय, स्थान तथा तुलना का बोध कराना; जैसे—

(क) गरिमा योगेश के बाद घर पहुँची। (समय का बोध)

(ख) विवेक मनीष की अपेक्षा तेज है। (तुलना)

संबंधबोधक अव्यय के भेद—संबंधबोधक अव्यय के भेद मुख्यतः तीन आधारों पर होते हैं, जो निम्नांकित हैं—प्रयोग के आधार पर, अर्थ के आधार पर, व्युत्पत्ति के आधार पर।

(1) प्रयोग के आधार पर संबंधबोधक अव्यय के भेद—प्रयोग की दृष्टि से संबंधबोधक अव्यय के दो भेद हैं—संबद्ध संबंधबोधक अव्यय, अनुबद्ध संबंधबोधक अव्यय।

(क) **संबद्ध संबंधबोधक अव्यय**—ये संज्ञाओं के परसर्गों के बाद आता है, जैसे—'के' विभक्ति के बाद; जैसे—व्यायाम के पहले।
किताब के बिना (अव्यय 'पहले' और 'बिना')

(ख) **अनुबद्ध संबंधबोधक अव्यय**—ये संज्ञाओं के विकृत रूप के बाद आता है; जैसे—कई दिनों तक। प्याले-भर।
('तक' तथा 'भर' अव्यय। 'दिन' और 'प्याला' के विकृत रूप के बाद)

(2) अर्थ के आधार पर संबंधबोधक अव्यय के भेद—अर्थ की दृष्टि से संबंधबोधक के तेरह भेद हैं। इन भेदों के नाम और उदाहरण दिए जा रहे हैं—

- (क) **कालवाचक**—पूर्व, पहले, बाद, आगे, पीछे आदि।
- (ख) **स्थानवाचक**—बाहर, भीतर, नीचे, पीछे, आदि।
- (ग) **सादृश्यवाचक**—समान, तरह, भाँति, योग्य, जैसा आदि।
- (घ) **तुलनावाचक**—अपेक्षा, बनिस्बत, सामने आदि।
- (ङ) **दिशावाचक**—तरफ, पार, ओर, आस-पास आदि।
- (च) **साधनवाचक**—सहारे, द्वारा, मार्फत आदि।
- (छ) **हेतुवाचक**—निमित्त, वास्ते, लिए, हेतु आदि।
- (ज) **विषयवाचक**—लेखे, बाबत, भरोसे, निस्बत आदि।
- (झ) **व्यतिरेकवाचक**—बिना, अलावा, सिवा, अतिरिक्त आदि।
- (ञ) **विनिमयवाचक**—जगह, बदल, पलट, एवज आदि।
- (ट) **विरोधवाचक**—विरुद्ध, विपरीत, उलटे, खिलाफ आदि।
- (ठ) **सहचरवाचक**—संग, सहित, साथ, समेत आदि।
- (ड) **संग्रहवाचक**—मात्र, पर्यंत, भर, तक आदि।

(3) व्युत्पत्ति के आधार पर संबंधबोधक अव्यय के भेद—व्युत्पत्ति की दृष्टि से संबंधबोधक अव्यय के दो भेद—मूल संबंधबोधक, यौगिक संबंधबोधक।

- (क) **मूल संबंधबोधक**—बिना, पर्यंत, पूर्वक आदि।
- (ख) **यौगिक संबंधबोधक**—
  - (i) **संज्ञा से**—अपेक्षा, पलटे, लेखे, मारफत आदि।
  - (ii) **विशेषण से**—समान, योग्य, ऐसा, उलटा, तुल्य आदि।
  - (iii) **क्रिया से**—लिए, मारे, चलते, कर, जाने आदि।
  - (iv) **क्रिया-विशेषण से**—पीछे, परे, पास आदि।

प्रश्न 12. समुच्चयबोधक अव्यय को परिभाषित करते हुए इसके कार्य व भेद भी बताइए।

उत्तर— जो शब्द दो शब्दों, वाक्यों और वाक्यांशों को जोड़ते हैं उन्हें समुच्चयबोधक अव्यय कहते हैं। इन्हें योजक भी कहा जाता है। ये शब्द दो वाक्यों को परस्पर जोड़ते हैं।

जहाँ पर और, तथा, लेकिन, मगर, व, किंतु, परंतु, इसलिए, इस कारण, अतः, क्योंकि, ताकि, या, अथवा, चाहे, यदि, कि, मानो, आदि, यानि, तथापि आते हैं वहाँ पर समुच्चयबोधक अव्यय होता है।

जैसे–(1) सूरज निकला और पक्षी बोलने लगे।

(2) छुट्‌टी हुई और बच्चे भागने लगे।

(3) किरन और मधु पढने चली गई।

(4) मंजुला पढने में तो तेज है परन्तु शरीर से कमजोर है।

(5) तुम जाओगे कि मैं जाऊं।

समुच्चयबोधक अव्यय के कार्य

(1) दो पदों अथवा सरल वाक्यों को जोड़ना।

(2) दो या दो से अधिक शब्दों अथवा वाक्यों में से किसी एक को ग्रहण करना अथवा त्यागना अथवा सबको त्यागना।

(3) अगला वाक्य पिछले का अर्थ परिणाम है अथवा पिछला अगले का।

समुच्चयबोधक अव्यय के भेद

(1) संयोजक–जो अव्यय पद दो शब्दों, वाक्यांशों या समान वर्ग के दो उपवाक्यों में संयोग प्रकट करते हैं, वे 'संयोजक' कहलाते हैं– और, एवं, तथा आदि।

(क) राम और श्याम भाई–भाई हैं।

(ख) इतिहास एवं भूगोल दोनों का अध्ययन करो।

(ग) फुटबॉल तथा हॉकी दोनों मैंच खेलूँगा।

(2) विभाजक या विकल्प–जो अव्यय पद शब्दों, वाक्यों या वाक्यांशों में विकल्प प्रकट करते हैं, वे 'विकल्प' या 'विभाजक' कहलाते हैं; जैसे–कि, चाहे, अथवा, अन्यथा, या, नहीं, तो आदि।

(क) तुम ढंग से पढ़ो अन्यथा फेल हो जाओगे।

(ख) चाहे ये दे दो चाहे वो।

प्रश्न 13. विस्मयादिबोधक अव्यय को परिभाषित करते हुए इसके कार्य व भेदों पर चर्चा कीजिए।

उत्तर– जिन अव्यय शब्दों से हर्ष, शोक, विस्मय, ग्लानी, लज्जा, घृणा, दु:ख, आश्चर्य आदि के भाव का पता चलता है उन्हें विस्मयादिबोधक अव्यय कहते हैं। इनका संबंध किसी पद से नहीं होता है। इसे घोतक भी कहा जाता है। विस्मयादिबोधक अव्यय में (!) चिह्न लगाया जाता है।

जैसे–(1) वाह! क्या बात है।

(2) हाय! वह चल बसा।

(3) आह! क्या स्वाद है।

(4) अरे! तुम यहाँ कैसे।

(5) छि:छि:! यह गंदगी।

(6) वाह! वाह! तुमने तो कमाल कर दिया।

(7) अहो! क्या बात है।

(8) अहा! क्या मौसम हैं।

(9) अरे! आप आ गये।

विस्मयादिबोधक अव्यय के कार्य

(1) हर्ष सूचित करना

(2) शोक सूचित करना

(3) आश्चर्य सूचित करना

(4) तिरस्कार एवं घृणा सूचित करना

(5) स्वीकार एवं संबोधन सूचित करना।

विस्मयादिबोधक अव्यय के भेद—अर्थ की दृष्टि से इसके मुख्य आठ भेद हैं—

(1) विस्मयसूचक	—	अरे!, क्या!, सच!, ऐं!, ओह!, हैं!
(2) हर्षसूचक	—	वाह!, अहा!, शाबाश!, धन्य!
(3) शोकसूचक	—	ओह!, हाय!, त्राहि–त्राहि!, हाय राम!
(4) स्वीकारसूचक	—	अच्छा!, बहुत अच्छा!, हाँ–हाँ!, ठीक।
(5) तिरस्कारसूचक	—	धिक्! छिः!, हट!, दूर!
(6) अनुमोदनसूचक	—	हाँ–हाँ!, ठीक!, अच्छा!
(7) आर्शीवादसूचक	—	जीते रहो!, चिरंजीवी हो!, दीर्घायु हो!
(8) संबोधनसूचक	—	हे!, रे!, अरे!, ऐ!

इन सभी के अलावा कभी–कभी संज्ञा, सर्वनाम, विशेषण, क्रिया और क्रियाविशेषण आदि का प्रयोग भी विस्मयादिबोधक के रूप में होता है; जैसे—

संज्ञा	—	शिव, शिव!, हे राम!, बाप रे।
सर्वनाम	—	क्या!, कौन?
विशेषण	—	सुंदर!, अच्छा!, धन्य!, ठीक!, सच!
क्रिया	—	हट!, चुप!, आ गए!
क्रियाविशेषण	—	दूर–दूर!, अवश्य!

प्रश्न 14. निपात का अर्थ क्या है? इसे स्पष्ट करते हुए निपात संबंधी अशुद्धियों के उदाहरण भी दीजिए।

उत्तर— निश्चित शब्द, शब्द–समूह अथवा पूरे वाक्य को अन्य भावार्थ प्रदान करने हेतु जिन शब्दों का प्रयोग होता है, उन्हे निपात कहते हैं। सहायक शब्द होते हुए भी ये वाक्य के अंग नहीं माने जाते। वाक्य में इनके प्रयोग से उस वाक्य का समग्र अर्थ व्यक्त होता है।

जो अव्यय किसी शब्द या पद के बाद लगकर उसके अर्थ में विशेष प्रकार का बल भर देते हैं, वे निपात या अवधारक अव्यय कहलाते हैं। हिंदी में प्रचलित महत्त्वपूर्ण निपात निम्नलिखित हैं—

(1) ही—इसका प्रयोग व्यक्ति, स्थान या बात पर बल देने के लिए किया जाता है; जैसे—

राजेश दफ्तर ही जाएगा।

तुम ही वहाँ जाकर यह काम करोगे।

अलका ही प्रथम आने के योग्य है।

(2) भी—इसका प्रयोग व्यक्ति, स्थान व वस्तु के साथ अन्य को जोड़ने के लिए किया जाता है; जैसे—

राम के साथ श्याम भी जाएगा।

दिल्ली के अलावा मुंबई भी मुझे प्रिय हैं।

चावल के साथ दाल भी आवश्यक है।

(3) तक—किसी व्यक्ति अथवा कार्य आदि की सीमा निश्चित करता है; जैसे—

वह शाम तक आएगा।

दिल्ली तक मेरी पहुँच है।

वह दसवीं तक पढ़ा हुआ है।

(4) केवल/मात्र—केवल या अकेले के अर्थ को महत्त्व देने के लिए इसका प्रयोग किया जाता है; जैसे—

प्रभु का नाम लेने मात्र से कष्ट दूर हो जाते हैं।

केवल तुम्हारे आने से काम न चलेगा।

दस रुपये मात्र लेकर क्या करोंगे।

(5) भर—यह अव्यय, सीमितता और विस्तार व्यक्त करने के लिए प्रयुक्त किया जाता है; जैसे—

वह रातभर रोता रहा।

मैं जीवनभर उसका गुलाम बनकर रहा।

विश्वभर में उसकी ख्याति फैली हुई है।

(6) तो—क्रिया के साथ उसका परिणाम व मात्रा आदि को प्रकट करने के लिए इस अव्यय का प्रयोग किया जाता है; जैसे—

तुम आते तो मैं चलता।

वर्षा होती तो फसल अच्छी होती।

निपातों का प्रयोग निश्चित शब्द, शब्द समूह अथवा पूरे वाक्य को अन्य भावार्थ प्रदान करने के लिए होता है। इसके अलावा निपात, सहायक शब्द होते हुए भी वाक्य के अंग नहीं हैं। हाँ, वाक्य में इसके प्रयोग से उस वाक्य का समग्र अर्थ व्यक्त होता है। निपात का कोई लिंग, वचन नहीं होता। इनके उदाहरण इस प्रकार हैं—

(1) मोहन ने ही सोहन को पीटा था।

(2) शीला ने भी गुलाबजामुन खाया था।

(3) मैं उसे जानता भर हूँ।
(4) उसने पत्र तक नहीं लिखा।
(5) यह तो आप पर निर्भर है।
(6) इसमें मात्र तीन लोग हैं।
(7) उसने केवल दो केले खाए।

कुछ निपातों में यह विशेषता है कि ये अलग-अलग पद के साथ विभिन्न अनुक्रमों में आने पर अलग-अलग भाव प्रकट करते हैं; जैसे—

(1) मोहन ने भी मुझे बुलाया है।
(2) मोहन ने मुझे भी बुलाया है।
(3) मोहन ने तुम्हें बुलाया भी है।

उपर्युक्त तीनों वाक्यों में अलग-अलग भाव प्रकट होते हैं। वाक्य (1) में मोहन के अतिरिक्त किसी और व्यक्ति ने मुझे बुलाया है, का भाव प्रकट होता है। वाक्य (2) में मोहन ने अन्य व्यक्तियों के साथ-साथ मुझे बुलाया है। वाक्य (3) में मोहन ने तुम्हें बुलाया है या स्वयं जा रहे हों।

निपात संबंधी अशुद्धियाँ—कई बार निपातों का अनावश्यक प्रयोग होता है अथवा दो-दो निपातों का प्रयोग एक साथ होता है, जो अशुद्ध है। इसके कुछ उदाहरण दिए जा रहे हैं—

अशुद्ध	—	शब्द केवल संकेत मात्र हैं।
शुद्ध	—	शब्द केवल संकेत हैं।
अशुद्ध	—	यह तो केवल आप पर ही निर्भर है।
शुद्ध	—	(क) यह तो केवल आप पर निर्भर है।
		(ख) यह तो आप पर ही निर्भर है।
अशुद्ध	—	इसके बावजूद भी वह नहीं आया।
शुद्ध	—	इसके बावजूद वह नहीं आया।

प्रश्न 15. शब्द-रूप निर्माण तथा शब्द निर्माण में अंतर स्पष्ट कीजिए।

उत्तर— शब्द रूप निर्माण—वाक्य में प्रयुक्त शब्द विभिन्न प्रत्यय लग जाने से एक निश्चित रूप ग्रहण कर लेते हैं और निश्चित प्रकार्य करने लगते हैं। ऐसे प्रकार्य युक्त शब्दों को ही हम शब्द रूप या पद कहने लगते हैं। भाषा में शब्दों को वाक्य में प्रयुक्त करने के उद्देश्य से विभिन्न शब्द-रूप बनाए जाते हैं। शब्द-रूप बनाने की इसी प्रक्रिया को शब्द-रूप निर्माण कहा जाता है। इस दृष्टि से 'लिखना' शब्द से आप प्रत्यय लगाकर 'लिख', 'लिखे', 'लिखो', 'लिखिए', 'लिखा' आदि अनेक रूप बना सकते हैं।

शब्द-रूप निर्माण प्रक्रिया द्वारा नए शब्दों का निर्माण नहीं होता, बल्कि ये तो उसी शब्द के विभिन्न रूप होते हैं और वाक्य में अलग-अलग व्याकरणिक कार्य करते हैं। उदाहरण के लिए 'लिखना' शब्द से बने विभिन्न शब्द-रूपों के अलग-अलग प्रकार्यों को देखिए—

(1) जल्दी लिख
(2) जल्दी लिखो
(3) जल्दी लिखिए
(4) जल्दी लिखिएगा।

यहाँ पहले वाक्य का 'लिख' 'शब्द-रूप' संकेत दे रहा है कि इस वाक्य का कर्त्ता 'तू' होगा, दूसरे वाक्य में, 'लिखो' रूप का कर्त्ता 'तुम' होगा तथा तीसरे तथा चौथे वाक्य के 'लिखिए' 'लिखिएगा' रूप का कर्त्ता 'आप' होगा अर्थात् प्रयोग और प्रकार्य की दृष्टि से 'लिख' रूप मध्यम पुरुष एकवचन सर्वनाम के साथ ही प्रयुक्त हो सकता है, 'लिखो' रूप मध्यम पुरुष बहुवचन के साथ तथा 'लिखिए' 'लिखिएगा' रूप बहुवचन सम्मान सूचक सर्वनाम (आप) के साथ।

शब्द निर्माण—'शब्द-रूप निर्माण' में हम एक शब्द में विभिन्न प्रत्यय लगाकर तरह-तरह के शब्द रूप तो बनाते हैं परंतु ये नए प्रकार के शब्द नहीं बनते। इन सभी शब्दों में मूलतः वही शब्द विद्यमान रहता है। जैसे—'सुंदर' शब्द से हम 'सुंदरता' भी बना सकते हैं, 'असुंदर' भी बना सकते हैं और 'सुंदरी' भी। 'सुंदर' शब्द से बने ये शब्द भी 'सुंदर' शब्द की ही भाँति स्वतंत्र और सार्थक शब्द हैं। इनका प्रयोग भी हम अन्य शब्दों की भाँति भाषा में स्वतंत्र रूप से कर सकते हैं। इनको भी यदि वाक्य में प्रयुक्त किया जाएगा तो इनमें भी पद या शब्द रूप लगाने वाले प्रत्यय लगाने होंगे।

भाषाओं में एक शब्द से दूसरा शब्द बनाने की इसी प्रक्रिया को **'शब्द निर्माण प्रक्रिया'** कहा जाता है। शब्द निर्माण प्रक्रिया को 'शब्द-साधन' या 'व्युत्पादन' भी कहा जाता है।

प्रश्न 16. शब्दों का वर्गीकरण कीजिए।

उत्तर— हिंदी भाषा के शब्दों का वर्गीकरण तीन प्रकार से किया जा सकता है—

(1) स्रोत के आधार पर—स्रोत के आधार पर हिंदी में पाँच प्रकार के शब्द हैं। जो कि इस प्रकार हैं—

(क) तत्सम्—"तत्सम्" शब्द दो शब्दों से मिलकर बना है "तत् + सम" जिसका अर्थ होता है—उसके समान। "उसके समान" से यहाँ तात्पर्य है स्रोत भाषा के समान। हिंदी में बहुत से शब्द संस्कृत से सीधे आ गए हैं और आज तक संस्कृत के ही समान हिंदी में भी प्रयुक्त होते हैं। इस प्रकार के शब्दों को तत्सम् कहा जाता है जैसे—

धर्म	अग्नि	मृत्यु	पुनः	सर्वथा
गुरु	ज्वाला	सर्प	प्रातः	प्रत्यक्ष
क्रूर	विद्युत	रश्मि	दिव्य	पराकाष्ठा
निर्दयी	केंद्र	स्वप्न	भव्य	संतोष

(ख) तद्भव—संस्कृत के वे शब्द हैं, जो परंपरा से विकृत होकर हिंदी भाषा में प्रयुक्त होते हैं। जैसे—

दूध	–	दुग्ध
छन	–	क्षण
कान्ह	–	कृष्ण
मीत	–	मित्र
खीर	–	क्षीर
आँसू	–	अश्रु
साँप	–	सर्प
दाँत	–	दंत

(ग) देशज—देशज शब्द वे शब्द हैं जो हिंदी में स्वतः विकसित हुए हैं। इनके मूल अथवा स्रोत रूपों के विषय में पता लगाना कठिन होता है। इस प्रकार के शब्दों के कुछ उदाहरण इस प्रकार हैं—

भोंदू	थप्पड़
भोंपू	टोंटी
अटकल	झंझट
सिलवट	झकझक

(घ) विदेशी शब्द—जो शब्द विदेशी प्रभाव के कारण भिन्न-भिन्न भाषाओं से आ गए हैं, उन्हें विदेशी शब्द कहते हैं। ऐसे शब्दों का संबंध कई भाषाओं से है। जैसे—

अरबी-फारसी-तुर्की से आगत शब्द—

अदालत	सरकार	सुरमा
चपरासी	मुंशी	संदूक
जुर्म	पिस्ता	कैंची
कागज	किशमिश	मसाला
कानून	चाकू	पनीर
दफ्तर	गलीचा	परदा

अंग्रेजी तथा अन्य यूरोपीय भाषाओं से आगत शब्द—

कार्बन	पेस्ट	टाई
ऑलपिन	क्रीम	चॉकलेट
पैन	सिल्क	पाउडर
वायलन	क्लास	सिगरेट
ट्रेन	फ्रॉक	पैंट
बिस्किट	सूट	पेस्ट्री
ग्लास	कोट	स्वेटर

(ङ) संकर शब्द—जब दो भिन्न-भिन्न भाषाओं के शब्दों के मेल से कोई शब्द बनता है तो उसे संकर शब्द कहा जाता है। हिंदी में हमें इस प्रकार के शब्दों के अनेक उदाहरण प्राप्त होते हैं—

हिंदी भाषा की व्याकरणिक इकाइयाँ

बेडौल, खून–पसीना	–	फारसी	+	हिंदी
टिकिट घर, रेलगाड़ी	–	अंग्रेजी	+	हिंदी
पानदान, छायादार	–	हिंदी	+	फारसी
तहसीलदार, फजूल खर्च	–	अरबी	+	फारसी
जेलखाना, सीलबंद	–	अंग्रेजी	+	फारसी
लाठी चार्ज, कपड़ा–मिल	–	हिंदी	+	अंग्रेजी

(2) रचना (व्युत्पत्ति) के आधार पर—शब्दांशों या शब्दों के मेल से नए शब्द बनाने की प्रक्रिया को रचना कहते हैं। शब्द रचना की दृष्टि से शब्द दो प्रकार के होते हैं—मूल शब्द तथा यौगिक शब्द।

(क) मूल शब्द—जिस शब्द के खंडों का कोई अर्थ न हो, उसे मूल शब्द कहते हैं। जैसे—

सुंदर	मकान	आम
सफल	मेज	फल
घर	कुर्सी	पैसा

(ख) यौगिक शब्द—जो शब्द उपसर्ग, प्रत्यय या अन्य शब्दों तथा शब्दांशों के मेल से बनते हैं और जिनके खंडों का कुछ–न–कुछ अर्थ निकलता है, यौगिक शब्द कहलाते हैं। जैसे—

असुंदर	सुंदरता
असफल	सफलता
बेघर	घरवाला
अनपढ़	सुंदरी

(3) प्रयोग के आधार पर—प्रयोग के आधार पर शब्दों को दो वर्गों में बाँटा जाता है—

(क) पूर्ण पारिभाषिक शब्द—पारिभाषिक शब्दों का संबंध किसी विषय–विशेष से होता है, जैसे किसान, कानून, कार्यालय, बैंक आदि से संबंधित क्षेत्रों में प्रयुक्त होने वाले शब्द। पूर्ण पारिभाषिक शब्द वे शब्द हैं जिनका प्रयोग सामान्य व्यवहार में न होकर केवल उस विषय क्षेत्र में ही किया जाता है। जैसे—संज्ञा, सर्वनाम, विशेषण, क्रिया विशेषण आदि शब्द व्याकरण के क्षेत्र के शब्द हैं, इसी प्रकार मिसिल, विज्ञप्ति, प्रभाग, अनुदान, अधिसूचना आदि शब्दों का प्रयोग केवल कार्यालय में प्रयुक्त होने वाली भाषा में ही किया जाता है।

(ख) अर्धपारिभाषिक शब्द—कुछ पारिभाषिक शब्द ऐसे भी होते हैं जिनका प्रयोग अपने विषय क्षेत्र के अलावा सामान्य व्यवहार में भी किया जाता है। ऐसे शब्दों को अर्धपारिभाषिक शब्द कहते हैं। जैसे—

शक्ति	प्रणाली
अक्षर	स्वीकृत
रेखा	हस्ताक्षर
कार्य	द्वंद्व

प्रश्न 17. शब्द वर्ग किसे कहते हैं? किसी एक वर्ग का उदाहरण देकर स्पष्ट कीजिए।

उत्तर— प्रत्येक भाषा का एक व्याकरण होता है। व्याकरण के अंतर्गत हम उस भाषा की ध्वनियों, वर्णों, शब्दों, पदों, वाक्यों आदि की विशेषताओं, संरचनाओं तथा उनके नियमों का अध्ययन करते हैं। वाक्यों में प्रयुक्त शब्द तरह-तरह के व्याकरणिक कार्य करते हैं। कोई शब्द कर्त्ता का कार्य करता है, तो कोई कर्म का, तो कोई क्रिया का। एक ही प्रकार के व्याकरणिक प्रकार्यों को करने वाले शब्दों को व्याकरण में हम एक वर्ग में रखते हैं।

शब्द वर्ग से हमारा तात्पर्य शब्द के उस वर्ग से है जो समान व्याकरणिक प्रकार्य करते हैं। व्याकरणिक प्रकार्य की दृष्टि से हम शब्दों को आठ शब्द वर्गों में विभक्त करते हैं। ये शब्द वर्ग इस प्रकार हैं—

(1) संज्ञा (2) सर्वनाम (3) विशेषण (4) क्रिया
(5) क्रिया विशेषण (6) संबंधवाचक (7) समुच्चयबोधक (8) विस्मयादिबोधक

शब्द वर्ग के कुछ उदाहरणों का वर्णन निम्नलिखित है—

संज्ञा—लड़का, बच्चा, लड़की, कुत्ता, आम
सर्वनाम—मैं, तू, तुम, वह, वे
विशेषण—अच्छा, बुरा, छोटा, बड़ा, गंदा
क्रिया—आना, जाना, पढ़ना, चलना, सोना
क्रिया विशेषण—जल्दी-जल्दी, धीरे-धीरे, पैदल, कार से, तीन बजे, दस तारीख को
संबंधवाचक—ने, को, से, में, पर
समुच्चयबोधक—और, तथा, या, अथवा, पर, परंतु
विस्मयादिबोधक—वाह, हाय, अरे, ओह

अध्याय 7

हिंदी वाक्य रचना

भूमिका

वाक्य भाषा की इकाई है। भारतीय और पाश्चात्य परंपरा में वाक्य की कई प्रकार की परिभाषाएँ मिलती हैं। नागेश भट्‌ट ने ऐसे पदसमूह को वाक्य कहा है जो पूर्ण अर्थ का वाचक होता है, तो भर्तृहरि ने वाक्य के केंद्र में क्रिया के होने की बात कही है जिसे सुनने पर कुछ और जानने की आकांक्षा नहीं रहती। वह अपने में पूर्ण होता है। पश्चिम में ब्लूमफील्ड ऐसी रचना को वाक्य मानते हैं जो किसी उक्ति में अपने से बड़ी रचना का अंग न हो। येस्पर्सन कहते हैं कि वाक्य व्याकरणिक और अर्थ की दृष्टि से अपेक्षाकृत पूर्ण होता है और स्वतंत्र रूप से प्रयुक्त हो सकता है। इस अध्याय में वाक्य की अवधारणा पर विचार करने के साथ–साथ रचना और अर्थ के आधार पर वाक्यों के भेद और प्रभेदों का विश्लेषण हुआ है। इसी क्रम में, पदबंध, उपवाक्य और वाक्य की सूक्ष्मताओं का भी विश्लेषण किया गया है।

प्रश्न 1. वाक्य की अवधारणा को स्पष्ट कीजिए।

अथवा

वाक्य में योग्यता, आकांक्षा और आसत्ति से क्या अभिप्राय है? उदाहरण सहित समझाइए।

उत्तर— भाषा की सबसे छोटी इकाई को वाक्य कहते हैं। मनुष्य अपने भावों या विचारों को वाक्य के द्वारा ही व्यक्त करते हैं। वाक्य में पदों का निश्चित क्रम होता है। व्याकरण की दृष्टि से यह भाषा की महत्तम और अर्थवान इकाई है। भावों एवं विचारों की अभिव्यक्ति वाक्य से ही संभव है। वास्तव में वाक्य परस्पर संबद्ध शब्दों के प्रयोग-सम्मत अनुक्रम का ही नाम है जिसमें पूर्ण अर्थ देने की शक्ति होती है और प्रसंगानुकूल भाव का बोध कराने की क्षमता होती है। इसमें व्याकरण तथा प्रतीति की दृष्टि से कोई असंगति नहीं होती। उदाहरण के लिए, राम ने रावण को बाण से मारा। यह एक अर्थयुक्त पूर्ण वाक्य है। वस्तुतः वाक्य में ध्वनियों का तो योगदान रहता ही है, किंतु इसका विवेचन मुख्यतः अर्थ के धरातल पर होता है। इस दृष्टि से वाक्य में तीन बातों अर्थात् योग्यता, आकांक्षा और आसत्ति को आवश्यक माना गया है।

वाक्यंस्यात् योग्यताकांक्षासत्तियुक्तः पदोच्च्यः।

योग्यता से अभिप्राय वाक्य के पदों में अर्थ का बोधन कराने की क्षमता तथा पदों के अन्वय से है। उदाहरण के लिए, 'आग से खेत को सींचा जाता है' वाक्य में आग से वाक्य के अर्थ में बाधा पड़ रही है। इसलिए 'जल से खेत को सींचा जाता है'। कर दिया जाए तो वाक्य सार्थक हो जाएगा। इसी प्रकार अन्वय में व्याकरणसम्मत नियमों के अनुसार पदों का विन्यास भी होता है। 'लड़का रोती है' वाक्य में लिंग विषयक योग्यता नहीं है तो 'लड़के रोता है' वाक्य में वचन संबंधी योग्यता नहीं है।

आकांक्षा का अर्थ है वाक्य के एक पद को सुनकर दूसरे पद को सुनने की उत्कंठा का स्वाभाविक रूप से उठना। इससे वाक्य को ठीक-ठीक समझा जा सकता है। 'कल सवेरे की गाड़ी से हमारे मित्र संतोष और हरीश आ रहे हैं' सुनते ही आकांक्षा पूरी हो जाती है। यही पूर्ण वाक्य कहलाता है। इस वाक्य में सभी पद एक-दूसरे के अर्थ के पूरक हैं और सभी मिलकर पूर्ण अर्थ की प्रतीति कराते हैं। इनमें से किसी एक को हटा देने पर अर्थ अपूर्ण रह जाता है।

आसत्ति या सन्निधि उसे कहा जाता है जिसमें वाक्य के पदों को पास-पास रखा जाए। दूसरे शब्दों में, परस्पर संबद्ध पदों में एक को कह देने के बाद दूसरे पद को तुरंत कह देना आसत्ति है। वाक्य के सभी पदों को एक साथ उच्चरित किया जाए तो अर्थ स्पष्ट हो जाता है। उदाहरण के लिए, 'हरीश और सोहन' पद लिखकर 'कनॉट प्लेस जाएँगे' कुछ देर के बाद बोलेंगे तो वाक्य का अर्थ नहीं निकल पाएगा। इसलिए शब्दों को आसपास लिखना या एक साथ बोलना आवश्यक है। इसी प्रकार दूसरा उदाहरण 'थी राम खाई दावत ने कल' वाक्य में सभी पद सार्थक हैं लेकिन आसत्ति का क्रम सही नहीं है। अतः आसानी से अर्थबोध नहीं हो पा रहा।

उपर्युक्त विवेचन से हम देखते हैं कि वाक्य वह संरचनात्मक तथा व्यवस्थित लड़ी है जिसमें शब्द स्वाभाविक या सहज समूह के अंतर्गत आते हैं। इसका मूलभूत लक्ष्य व्याकरण के

नियमों के अनुसार शुद्ध होता है। अतः इसके लिए दो बातें मुख्य रूप से रखी गई हैं– अन्वय या अन्विति और (2) पदक्रम। इनसे वाक्यों में एक निश्चित व्यवस्था देखने को मिलती है।

वाक्य की निम्नलिखित विशेषताएँ हैं–

(1) वाक्य एक पूर्ण विचार को व्यक्त करता है।

(2) वाक्य संपूर्ण भाव या विचार की अभिव्यक्ति की मूल इकाई है।

(3) वाक्य शब्दों या पदबंधों से मिलकर बनता है।

(4) ये शब्द एक निश्चित क्रम तथा नियम के अनुसार वाक्य में आते हैं।

(5) व्याकरणिक रचना की दृष्टि से वाक्य भाषा की सबसे बड़ी इकाई है।

(6) वाक्य की रचना उद्देश्य और विधेय के योग से होती है।

(7) वाक्य से छोटी इकाई पदबंध है।

प्रश्न 2. अन्विति को स्पष्ट करते हुए कर्त्ता और कर्म के साथ क्रिया के अन्वय संबंधी नियमों का उल्लेख कीजिए।

उत्तर– भाषा में किसी एक शब्द की व्याकरणिक कोटि के आधार पर यदि उस कोटि की विशेषता का प्रभाव दूसरे शब्दों पर पड़े तो उसे अन्विति कहते हैं।

हिंदी में अन्विति का प्रभाव मुख्य रूप से निम्नलिखित स्थलों पर पड़ता है। ये हैं–

(1) कर्त्ता, (2) कर्म, (3) पूरक, और (4) क्रिया

विशेषण–विशेष्य अन्विति–पदबंधों में कर्त्ता, कर्म और कुछ पूरकों की रचना संज्ञाओं और सर्वनामों से होती है। संज्ञाओं और सर्वनामों की लिंग–वचन और पुरुष नामक तीन व्याकरणिक कोटियाँ हैं। इन तीनों कोटियों का प्रभाव क्रिया पर पड़ता है। संज्ञा की अन्विति पदबंध पर भी होती हैं। इसे विशेषण और विशेष्य की अन्विति कहते हैं। जैसे–

छोटा लड़का	बड़ा लड़का	(पु. एकवचन)
मेरा लड़का	उसका लड़का	(पु. एकवचन)
हमारी लड़की	हमारी लड़कियाँ	(स्त्री. एकवचन/बहुवचन)
नया घर	पुराना कपड़ा	(पु. एकवचन)
अच्छी किताब	टूटी मेज	(स्त्री. एकवचन)
मेरे घर में	मेरे कमरों में	(पु. एकवचन/बहुवचन–विकारी)
मेरे भाई	मेरे भाइयों	(पु. एकवचन/बहुवचन–संबोधन)
मेरी बहन	मेरी बहनों	(स्त्री. एकवचन/बहुवचन–संबोधन)

कर्त्ता–क्रिया अन्विति–दूसरा स्थल कर्त्ता के साथ क्रिया की अन्विति का है। इनके उदाहरण नीचे दिए कालों में मिलते हैं।

(1) वर्तमान काल के सर्वनामों के साथ 'हो' सहायक क्रिया की अन्विति–

(पुरुष–वचन के अनुसार)

मैं–हूँ	हम

तू–है	तुम–हो।	आप	हैं।
वह–है		वे	

(2) भूतकाल–सर्वनामों के साथ सहायक क्रिया की अन्विति–

(लिंग–वचन के अनुसार)

मैं/तू/वह .... था।	(पु. एकवचन)
हम/तुम/आप/वे .... थे।	(पु. बहुवचन)
मैं/तू/वह .... थी।	(स्त्री. एकवचन)
हम/तुम/आप/वे.................. थे।	(स्त्री. बहुवचन)

(3) सामान्य वर्तमान **(लिंग–वचन–पुरुष के अनुसार)**

वह/राजन जाता है	वह/रीता जाती है।
वे/लड़के पढ़ते हैं।	वे/लड़कियाँ पढ़ती हैं।
हम/आप जाते हैं।	हम/आप जाती हैं।
तुम कहाँ रहते हो?	तुम कहाँ रहती हो?
मैं दिल्ली में पढ़ता हूँ।	मैं दिल्ली में पढ़ती हूँ।

(4) सातत्य–वर्तमान **(लिंग–वचन–पुरुष अन्विति)**

वह/तू खेल रहा है/रही है। वे/आप खेल रहे हैं/रही हैं।

तुम क्या देख रहे हो/देख रही हो?

हम/आप/वे काम कर रहे हैं/कर रही हैं।

(5) आज्ञार्थक और विधि **(पुरुष–वचन के अनुसार अन्विति)**

आज्ञार्थक और विध्यर्थक वाक्यों में कर्त्ता से क्रिया की अन्विति पुरुष–वचन के अनुसार होती है। इसमें लिंग का अन्विति पर प्रभाव नहीं पड़ता जैसे–

(क) तू/वह बाजार जाए।	आप/वे/हम बाजार जाएँ।
(ख) तुम बाजार जाओ।	मैं बाजार जाऊँ।

(6) भविष्यत् काल **(पुरुष वचन और लिंग वचन की अन्विति)**

भविष्यत् काल में कर्त्ता और क्रिया के बीच अन्विति होती है। भविष्यत् काल में दो स्तरों पर अन्विति पाई जाती है। भविष्यत् काल की अन्विति का पहला स्तर पुरुष–वचन अन्विति का है जो आज्ञार्थ और विध्यर्थ वाक्यों के समान है। दूसरे स्तर पर भविष्यत् काल के प्रत्यय 'ग' की कर्त्ता के लिंग–वचन के अनुसार अन्विति होती है, नीचे दो संभावनार्थक वाक्य दिए गए हैं। इनकी भविष्यत् काल के वाक्यों से तुलना कीजिए–

(क) शायद वह बाजार जाए।

(ख) शायद हम बाजार जाएँ।

यदि इस रचना को भविष्यत् काल में बदल दें तो इसमें 'जा' प्रत्यय जुड़ेगा जो लिंग–वचन की सूचना देता है। ऊपर दिए गए वाक्यों को भविष्यत् काल में नीचे दिए प्रकार से बदला जा सकता है।

वह बाजार जाएगा।

हम बाजार जाएँगे।

कुछ उदाहरण इस प्रकार हैं—

(i) तू/वह जाएगा। तू/वह जाएगी।

(ii) तुम/जाओगे/जाओगी। मैं/जाऊँगा/जाऊँगी।

(iii) हम/आप/वे जाएँगे/जाएँगी।

(7) भूतकाल में कर्त्ता और क्रिया की अन्विति—भूतकाल में जब क्रिया अकर्मक होती है तो कर्त्ता और क्रिया की अन्विति लिंग–वचन के अनुसार होती है, जैसे—

(क) तू/वह/मैं गया/गई।

(ख) तुम गए/गईं।

(ग) आप/वे/हम गए/गईं।

कर्म–क्रिया अन्विति—*(सामान्य भूतकाल में सकर्मक क्रिया के संदर्भ में)*—सामान्य भूतकाल में जब क्रिया सकर्मक हो तो क्रिया की अन्विति कर्म के लिंग–वचन के अनुसार होती है, परंतु कर्म के बाद यदि 'को' परसर्ग हो तो क्रिया पुल्लिंग एकवचन में रहती है। जैसे—

(1) मैंने/तुमने/उसने/हमने/आपने/उन्होंने एक मकान देखा।

(2) उसने चिड़िया मारी। रजनी ने चाय बनाई।

(3) मैंने एक लड़की को देखा।

(4) उसने लड़कों को बुलाया।

द्विकर्मक क्रिया की अन्विति—(1) भूतकाल में जब द्विकर्मक क्रिया हो तो (गौण) कर्म के साथ 'को' परसर्ग का प्रयोग होता है और क्रिया की अन्विति मुख्य (अचेतन) कर्म के साथ होती है, जैसे—

(क) मालिक ने नौकर को सौ रुपए दिए।

(ख) मैंने धोबी को कपड़े भिजवाए।

(2) कर्मवाच्य वाक्यों में जब लौकिक (व्यावहारिक) कर्म के साथ 'से' परसर्ग जोड़ा जाता है तब क्रिया की अन्विति मुख्य कर्म से होती है, जैसे—

(क) लड़के से सामान नहीं उठाया जाता।

(ख) कमला से रोटी नहीं खाई जाती।

(3) हिंदी की कर्म प्रधान रचनाओं में भी क्रिया की अन्विति, कर्म से होती है, जैसे—

–ना है	– मुझे मकान देखना है। मुझे यह कहानी पढ़नी है।
–ना पड़	– तुम्हें कहना मानना पड़ेगा। तुम्हें मेरी बात सुननी पड़ेगी।
–ना चाहिए	– तुम्हें पत्र लिखना चाहिए। तुम्हें चाय पीनी चाहिए।
–ना आना	– राजन को तैरना आता है। मुझे तमिल पढ़नी आती है।
–लगना	– मुझे भूख/प्यास लगी है।

जी.पी.एच. की पुस्तकों का मुख्य उद्देश्य ज्ञान के साथ–साथ अच्छे नम्बर दिलाना है।

प्रश्न 3. 'पदक्रम' पर विस्तारपूर्वक चर्चा कीजिए।

अथवा

वाक्य में पदक्रम का विशेष महत्त्व है। इसका विवेचन उदाहरण सहित कीजिए।

उत्तर– व्याकरणिक दृष्टि से पद एक वाक्यगत इकाई है। पद का स्वरूप और प्रकार्य वाक्य के संदर्भ में समझा जा सकता है जबकि शब्द के लिए वाक्य के संदर्भ की आवश्यकता नहीं होती। शब्द स्वतंत्र रूप में प्रयुक्त होते हैं और वे वाक्य में पदों का निर्माण करते हैं। वास्तव में वह शब्द या शब्द–समूह है जिसका व्याकरणिक प्रकार्य वाक्य में निश्चित होता है।

हिंदी में पदक्रम का बड़ा महत्त्व है क्योंकि यह एक विश्लेषणात्मक भाषा है। पदक्रम में थोड़ा–सा परिवर्तन हो जाने पर अर्थ का अनर्थ होने की संभावना रहती है। वाक्य में पदों का उचित स्थान पर होना पदक्रम है। वाक्य–रचना करते समय कर्त्ता, कर्म, क्रिया–विशेषण आदि को किस क्रम से रखना चाहिए, इस बात की ओर ध्यान दिए जाने की आवश्यकता है।

परसर्ग सहित पदों का स्थानांतरण किया जाए तो अर्थ में परिवर्तन नहीं होगा। उदाहरण के लिए, 'मोहन सोहन को पीटता है' वाक्य में 'सोहन को' पद का स्थानांतरण 'मोहन' से पहले किया जाए तो 'सोहन को मोहन पीटता है' वाक्य बनेगा। इसमें कोई अर्थ परिवर्तन नहीं होगा।

किंतु यदि परसर्ग रहित पद या शब्द का स्थानांतरण किया जाए तो उसमें अर्थ परिवर्तन होगा। उदाहरण के लिए–(1) 'मोहन सोहन को पीटता है।' वाक्य में 'मोहन' के स्थान पर 'सोहन' को लाया जाए और 'सोहन' के स्थान पर 'मोहन' को लाया जाए तो अर्थ में परिवर्तन हो जाएगा, जैसे–(2) सोहन मोहन को पीटता है।' वाक्य (2) में 'सोहन' कर्त्ता और 'मोहन' कर्म हो जाएगा, जबकि वाक्य (1) में 'मोहन' कर्त्ता है और 'सोहन' कर्म है।

पदक्रम में वाक्यपरक स्तर पर परिवर्तन होने पर अर्थ बदल जाता है। उदाहरण के लिए, 'शिकारी ने दौड़ते हुए शेर को मारा।' वाक्य संदिग्धार्थक है। इसमें दो कथ्य मिलते हैं–(1) शिकारी दौड़ रहा था या (2) शेर दौड़ रहा था। यदि 'दौड़ते हुए पद को स्थानांतरित कर 'शिकारी' से पहले लिखा जाए तो अर्थ निश्चित हो जाएगा। 'दौड़ते हुए शिकारी ने शेर को मारा' वाक्य में 'शिकारी दौड़ रहा था' न कि 'शेर दौड़ रहा था'। इसी प्रकार के अन्य उदाहरण देखे जा सकते हैं।

पदक्रम में अधिकतर अशुद्धियाँ विशेषणों के प्रयोग में होती है और वे भी सार्वनामिक, संख्यावाचक और गुणवाचक विशेषणों में। उदाहरण के लिए,

अशुद्ध–मुझे एक चाय का पैकेट चाहिए।

शुद्ध–मुझे चाय का एक पैकेट चाहिए।

अशुद्ध–उसे एक फूलों की माला खरीदनी है।

शुद्ध–उसे फूलों की एक माला खरीदनी है।

अशुद्ध–यह असली गाय का दूध है।

शुद्ध–यह गाय का असली दूध है।

पदक्रम सही न होने के कारण कभी-कभी अर्थ में भी परिवर्तन हो जाता है। उदाहरण के लिए—

अशुद्ध—पुलिस द्वारा चोरी का माल बरामद हुआ।
(इससे ऐसा लगता है कि माल की चोरी पुलिस ने की)।
शुद्ध—चोरी का माल पुलिस द्वारा बरामद हुआ।
अशुद्ध—मंत्री द्वारा भगाई गई औरतों के प्रति सहानुभूति व्यक्त की गई।
शुद्ध—भगाई गई औरतों के प्रति मंत्री द्वारा सहानुभूति व्यक्त की गई।

इस दृष्टि से वाक्य में अभिप्रेत अर्थ निकालने के लिए कभी-कभी पदक्रम में उलटफेर किया जाता है। उदाहरण के लिए, (1) रवि मंजु को नहीं बताएगा। (2) मंजु को रवि नहीं बताएगा। (3) मंजु को नहीं बताएगा रवि। (4) नहीं बताएगा मंजु को रवि। इस प्रकार जिस शब्द या पद पर बल देना होता है उसे पहले रखा जाता है। अतः कभी कर्त्ता, कभी कर्म और कभी क्रिया पहले आती है और कभी बाद में। जैसे, 'उसकी पुस्तक राम ने रख ली है।' इसमें कर्म पहले आया है, कर्त्ता बाद में। 'बुलाया था रवि को, दौड़े आए संतोष।' इसमें क्रिया पहले आई है।

प्रश्न 4. वाक्य के विभिन्न घटकों पर चर्चा कीजिए।

उत्तर— व्याकरणिक दृष्टि से वाक्य की संरचना में दो घटक होते हैं—एक, अनिवार्य घटक और दो, ऐच्छिक घटक। वाक्य में क्रिया प्रधान और अनिवार्य घटक है। क्रिया के संपादन में जिन घटकों की भूमिका अनिवार्य होती है वे अनिवार्य घटक कहलाते हैं। उदाहरण के लिए—'मोहन सेब खा रहा है।' इस वाक्य में 'खाना' क्रिया के संपादन में खाने वाला व्यक्ति 'मोहन' और खाई जाने वाली वस्तु 'सेब' दोनों की भूमिका अनिवार्य है। व्याकरणिक दृष्टि से 'मोहन' और 'सेब' क्रमशः कर्त्ता और कर्म कहलाते हैं। 'खाना' क्रिया से बने वाक्य में क्रिया के अतिरिक्त कर्त्ता और कर्म अनिवार्य घटक हैं। खाने की क्रिया किस स्थान पर, किस काल में या किस रीति से संपादित होती है, इनके सूचक घटक वाक्य के ऐच्छिक घटक होते हैं। ये क्रमशः स्थानवाचक, समयवाचक और रीतिवाचक क्रिया विशेषण हैं। ये सभी क्रिया विशेषण वाक्य के ऐच्छिक घटक होते हैं। जैसे—मोहन आज सुबह से गली में हँसते-हँसते सेब खा रहा है।

इस वाक्य में 'आज सुबह से', 'गली में' और 'हँसते-हँसते' समयवाचक, स्थानवाचक और रीतिवाचक क्रिया विशेषण वाक्य के ऐच्छिक घटक हैं। वाक्य में ऐच्छिक घटक न होने पर भी अर्थ की दृष्टि से पूर्ण है।

प्रश्न 5. आधारभूत वाक्य की संकल्पना को सोदाहरण समझाइए।

अथवा

आधारभूत वाक्य साँचे से आप क्या समझते हैं? उदाहरण सहित स्पष्ट कीजिए।

उत्तर— हर भाषा में कुछ आधारभूत (Basic) वाक्य होते हैं। उन्हीं से अन्य वाक्यों की रचना होती है। वस्तुतः वाक्य साँचों के दो प्रकार के घटक होते हैं, जिन्हें अनिवार्य घटक और

ऐच्छिक घटक कहा गया है। अनिवार्य घटक को हटा देने से वाक्य व्याकरण और अर्थ की दृष्टि से भंग हो जाता है।

वाक्य भाषा की महत्तम सार्थक इकाई है। जिस प्रकार भाषा यादृच्छिक ध्वनि प्रतीकों की सार्थक व्यवस्था है, ठीक उसी प्रकार भाषा में वाक्य भी एक व्यवस्था होती है। इस वाक्य व्यवस्था को समझने के लिए भाषा के मूलभूत/आधारभूत वाक्यों की संकल्पना को समझना आवश्यक है। भाषा में वाक्य अनेक प्रकार से व्यक्त होकर आते हैं। वाक्य यदि संरचना है तो शब्द, पदबंध, उपवाक्य आदि उसके घटक हैं। अतः वाक्य कई शब्दों के मिलने से भी बनता है। वाक्य में एक उपवाक्य भी हो सकता है और एक से अधिक भी। इसका आकार बड़ा भी हो सकता है और छोटा भी। अतः वाक्य कितना भी बड़ा या छोटा क्यों न हो, उसमें एक आधारभूत वाक्य जरूर होता है।

जैसे– मेरे महाविद्यालय के सभी शिक्षक शिमला जा रहे हैं—वास्तविक वाक्य।
शिक्षक शिमला जा रहे हैं—आधारभूत वाक्य।

अतः आधारभूत वाक्य ऐसे वाक्य को कहते हैं, जिसके सभी घटक अनिवार्य होते हैं।

जैसे– पवन पत्र पढ़ रहा है।

इसमें आधारभूत वाक्य के तीन अनिवार्य घटक हैं। इसी प्रकार पवन धीरे–धीरे पत्र पढ़ रहा है। इसमें 'धीरे–धीरे' ऐच्छिक घटक हैं क्योंकि इसको वाक्य से हटा देने पर वाक्य पर कोई असर नहीं पड़ेगा।

आधारभूत वाक्यों में सरल कथात्मक वाक्यों को ही महत्त्व दिया जाता है, अन्य वाक्यों को नहीं, क्योंकि अन्य वाक्य भी आधारभूत वाक्यों से ही व्युत्पन्न किए जा सकते हैं।

आधारभूत वाक्यों में क्रिया का स्थान महत्त्वपूर्ण होता है। इसी के आधार पर ही वाक्य रचना का निर्माण होता है तथा अन्य तत्त्वों की संख्या नियंत्रित होती है, जैसे—वह रो रहा है एक–कर्त्ता की अपेक्षा 'मोहन और सोहन पानी पी रहे हैं'–कर्त्ता + कर्म की अपेक्षा।

हिन्दी भाषा में आधारभूत वाक्यों को छः प्रकारों में विभाजित किया गया है–

(1) योजी क्रियायुक्त—इसके तीन भेद होते हैं–

(क) कर्त्ता + स्थैतिक क्रिया

जैसे– आज गरमी है।
ईश्वर है।

(ख) कर्त्ता + पूरक + योजक क्रिया/कोप्यूला वाक्य।

इसके भी तीन उपभेद होते हैं–

(1) कर्त्ता + पूरक संज्ञा + योजक क्रिया–

जैसे– राजा बुद्धिजीवी है।
मैं मूर्ख हूँ।

(2) कर्त्ता + को–इसमें ऐसी चीजें आती हैं जो स्वभाव का अंग न हो।

जैसे– पवन को मियादी बुखार है/क्रोध है।

(3) कर्त्ता + में–इसमें चारित्रिक गुण आदि आते हैं–

जैसे– तनु में दया/साहस/करुणा है।

(2) अकर्मक क्रियायुक्त–इसके दो भेद हैं–

(क) ने रहित–वह चिल्लाया। घोड़ा दौड़ता है।

(ख) ने युक्त–मैंने हँसा। लड़के ने छींका।

(3) सकर्मक क्रियायुक्त–इसके अन्तर्गत कर्म के एक या दो होने के आधार पर दो भेद होते हैं–

(क) कर्त्ता+कर्म+एककर्मक क्रिया–

जैसे– संजय पुस्तक पढ़ता है।

श्रद्धा गीत गाती है।

पूर्ण कृदन्त रूप में क्रिया के आने पर इसके दो भेद होते हैं–

(1) ने युक्त–मीना ने सूमो गाड़ी खरीदी।

(2) ने रहित–मोहन फल लाया। लड़का कुछ नहीं बोला।

इस वर्ग के वाक्य हिन्दी में थोड़े ही बनते हैं।

(ख) कर्त्ता + गौण कर्म + मुख्य कर्म + द्विकर्मक क्रिया।

जैसे– सोहन मोहन को पुस्तक देता है।

पूर्ण कृदन्त आने पर इसके कर्त्ता के साथ ने का प्रयोग अनिवार्यतः होता है।

जैसे– रोहित ने सुमन को पत्र लिखा।

(1) कर्त्ता + पूरक विशेषण + योजक क्रिया।

जैसे– कार सुन्दर थी।

फल मीठा है।

(2) कर्त्ता + पूरक क्रियाविशेषण + योजक क्रिया। जैसे–जयश्री नीचे है।

अभिषेक ऊपर है।

प्रियांशु मुंबई में है।

राधा घोड़े पर है।

(ग) अधिकारी कर्त्ता + अधिकारित (Possessed) पूरक + अधिकार द्योतक (Possessive) क्रिया–इन्हें 'को–वाक्य' भी कहते हैं।

इसके चार भेद किए जा सकते हैं, कुछ द्रषृक हैं–

(1) कर्त्ता + के – इसके तीन उपभेद हैं

(अ) सम्बन्ध–कालू के आठ बच्चे हैं।

संजय की दो पत्नियाँ हैं।

(आ) अविभाज्य अंग–

जैसे– उसके दो अँगूठे हैं।

शिव के तीन आँख हैं।

(इ) सम्बन्धहीन—मेरे कई शत्रु हैं।
जैसे— राजा का एक मंत्री था।
(2) कर्त्ता + के पास—इसमें सजीव, निर्जीव, पशु-पक्षी आदि आते हैं।
जैसे— मोनू के पास एक नौकर है।
मेरे पास एक गाय है।
नोनू के पास सोने की चिड़िया है।

(4) अप्रत्यक्ष क्रियायुक्त — इसमें कर्त्ता के साथ 'को' आता है।
इसका साँचा है—कर्त्ता + को + कर्म + अप्रत्यक्ष क्रिया।
(क) लगना—मोनू को प्यास लगी है।
मुझे शर्म लगती है।
(ख) आना—नीरज को नींद आ रही है।
(ग) पसन्द/नापसन्द होना—मुझे गलत बात बिल्कुल पसन्द नहीं है।
नोनू को नोनी पसंद है।
इसी प्रकार—अरुण को यह बात मालूम है।

(5) बाध्यताबोधक क्रियायुक्त — इसमें कर्त्ता के साथ 'को' आता है।
इसका साँचा है—कर्त्ता + को + क्रियार्थक संज्ञा + बाध्यताबोधक क्रिया।
जैसे— संजय को जाना पड़ा।
संजय को जाना होगा।

(6) औचित्यबोधक क्रियायुक्त — इसका साँचा है—कर्त्ता + को + क्रियार्थक संज्ञा + चाहिए।
जैसे— मोहन को पढ़ना चाहिए।
उन लोगों को बोलना चाहिए।

प्रश्न 6. रचना के आधार पर वाक्य के कितने भेद होते हैं? उदाहरण सहित स्पष्ट कीजिए।

उत्तर— रचना की दृष्टि से वाक्य के तीन भेद हैं—

(1) सरल वाक्य (Simple Sentence)—जिस वाक्य में एक कर्त्ता (उद्देश्य) और एक विशेष्य हो, उसे सरल वाक्य कहते हैं। इन वाक्यों में मुख्य क्रिया होती है।
जैसे—(क) लड़का रोता है।
(ख) पंडित वेद पाठ करते हैं।
(ग) लड़के कक्षा में पढ़ रहे हैं।
(घ) हवा बह रही है।
इन सभी वाक्यों में मुख्य क्रिया एक ही है। उद्देश्य (कर्त्ता) भी एक ही है।

(2) संयुक्त वाक्य (Compound Sentence)—जिस वाक्य में दो या दो से अधिक खंड वाक्य स्वतंत्र रूप से योजक द्वारा मिले हैं, उसे संयुक्त वाक्य कहते हैं।

जैसे—(क) हम गए और तुम आए।

(ख) हमारे साथी कल यहाँ से जाएँगे और आगरा में पहुँचकर वे ताजमहल देखेंगे आदि।

(3) मिश्र वाक्य (Complex Sentence)—जब दो या अधिक सरल वाक्यों को एक वाक्य में इस प्रकार से जोड़ा गया हो कि उनमें कोई एक प्रधान हो तथा शेष आश्रित हो, तो उसे मिश्र वाक्य कहते हैं।

मिश्र वाक्य में एक मुख्य या स्वतंत्र उपवाक्य और एक या अधिक गौण या आश्रित उपवाक्य होते हैं। गौण उपवाक्य अपने पूर्ण अर्थ की अभिव्यक्ति के लिए मुख्य उपवाक्य पर आश्रित रहता है। मिश्र वाक्य के उपवाक्य 'कि' 'जो-वह', 'जब-तब', 'जैसा-वैसा', 'क्योंकि', 'यदि-तो' आदि व्यधिकरण योजकों से जुड़े होते हैं; जैसे—

(क) अध्यापक ने बताया कि कल स्कूल में छुट्टी होगी।

(ख) जो लड़का कमरे में बैठा है, वह मेरा भाई है।

(ग) जब मैं छोटा था तब साइकिल खूब चलाता था।

(घ) जैसा मैं कहूँगा, वैसा तुम करोगे।

(ङ) मोहन आज विद्यालय नहीं गया क्योंकि वह बीमार है।

(च) यदि इस बार वर्षा न हुई तो सारी फसल नष्ट हो जाएगी।

उपर्युक्त वाक्यों में वाक्य (क) में 'अध्यापक ने बताया' मुख्य वाक्य है और 'कल स्कूल में छुट्टी होगी' आश्रित उपवाक्य है, जिसे 'कि' योजक से जोड़ा गया है। वाक्य (ख) में 'मेरा भाई है' मुख्य उपवाक्य है और 'लड़का कमरे में बैठा है' आश्रित उपवाक्य है। वाक्य (ग) में 'साइकिल खूब चलाता था' मुख्य उपवाक्य है और 'मैं छोटा था' आश्रित उपवाक्य। वाक्य (घ) में 'तुम करोगे' मुख्य उपवाक्य है और 'मैं कहूँगा' आश्रित उपवाक्य। वाक्य (ङ) में 'मोहन आज विद्यालय नहीं गया' मुख्य उपवाक्य है, 'वह बीमार है' आश्रित उपवाक्य है। वाक्य (च) में 'सारी फसल नष्ट हो जाएगी' मुख्य वाक्य है और 'इस बार वर्षा न हुई' आश्रित उपवाक्य है। इस प्रकार जिन उपवाक्यों में 'कि, जो, जब, यदि, तो' योजक अव्यय लगे हों, वे आश्रित वाक्य हैं।

आश्रित वाक्य तीन प्रकार के होते हैं—

संज्ञा उपवाक्य—जो उपवाक्य में संज्ञा का काम करते हैं, वे संज्ञा उपवाक्य कहलाते हैं। इस उपवाक्य से पहले 'कि' का प्रयोग होता है और कभी-कभी 'कि' का लोप भी हो जाता है, जैसे—(क) मुझे विश्वास है कि आप दीपावली पर घर जरूर आएँगे। (ख) तुम नहीं आओगे, मैं जानता था।

विशेषण उपवाक्य—विशेषण उपवाक्य मुख्य उपवाक्य में प्रयुक्त किसी संज्ञा की विशेषता बताता है। हिंदी में 'जो' (जिस, जिसे आदि) वाले उपवाक्य प्रायः विशेषण उपवाक्य होते हैं; जैसे—

(1) आपकी वह पुस्तक कहाँ है, जो आप कल लाए थे।

(2) जो आदमी पत्र बाँटता है, वह डाकिया होता है।

(3) जिसे आप ढूँढ रहे हैं, वह मैं नहीं हूँ।

अधिकतर विशेषण उपवाक्य के प्रारंभ या अंत में प्रयुक्त होते हैं, जैसे—

(4) जो पैसे मुझे मिले थे, वे खर्च हो गए। (प्रारंभ में)

(5) वे पैसे खर्च हो गए, जो मुझे मिले थे। (अंत में)

क्रिया–विशेषण उपवाक्य—यह उपवाक्य सामान्यतः मुख्य उपवाक्य को क्रिया की विशेषता बताता है। ये क्रिया–विशेषण उपवाक्य किसी काल, स्थान, रीति, परिमाण, कार्य–कारण आदि का द्योतन करते हैं। इसमें जब, जहाँ, जैसा, ज्यों–ज्यों आदि समुच्चयबोधक अव्यय प्रयुक्त होते हैं, जैसे—

- जब बारिश हो रही थी, तब मैं घर में था। (कालवाची)
- जहाँ तुम पढ़ते थे, वहीं मैं पढ़ता था। (स्थानवाची)
- जैसा आपने बताया था, वैसा ही मैंने किया। (रीतिवाची)
- यदि मोहन ने पढ़ा होता तो वह अवश्य उत्तीर्ण होता। (कार्य–कारण अथवा हेतु सूचक)
- उसने जितना परिश्रम किया, उसे उतना ही अच्छा परिणाम प्राप्त हुआ। (परिणाम सूचक)
- जैसे–जैसे गर्मी बढ़ती जा रही है, वैसे–वैसे धूप में तेजी आ रही है। (परिणाम सूचक)

प्रश्न 7. अर्थ के आधार पर वाक्य के कितने भेद होते हैं? उदाहरण सहित स्पष्ट कीजिए।

उत्तर— हर समाज में भाषा का प्रयोग किसी–न–किसी उद्देश्य या प्रयोजन से किया जाता है। भाषा में वाक्य के माध्यम से ही हम अपना मंतव्य या संदेश एक दूसरे तक पहुँचाते हैं। संदेश या मंतव्य को अभिव्यक्त करने का हमारा कोई उद्देश्य या प्रयोजन होता है। कभी हम आज्ञा देकर कोई कार्य सिद्ध करवाना चाहते हैं। कभी प्रार्थना करना या मनाना हमारा प्रयोजन होता है। कभी अपने मन की भावनाओं को हम प्रकट करना चाहते हैं। इसी प्रकार विस्मय प्रकट करना, प्रश्न पूछना, डाँटना, नकारना, अनुमति लेना, सामान्य कथन की अभिव्यक्ति करना आदि के लिए हमें वाक्यों का सहारा लेना पड़ता है। मोटे रूप से इसी प्रयोजन को प्रायः वाक्य का अर्थ भी कहा जाता है। प्रयोजन या अर्थ के आधार पर वाक्य के आठ भेद हैं—

(1) विधानवाचक वाक्य—ऐसा वाक्य जिससे किसी बात का होना पाया जाए या जो स्थिति या सामान्य कथन की सूचना दे वह विधानवाचक वाक्य कहलाता है, जैसे—

(क) मनुष्य नश्वर है।
(ख) दिल्ली भारत की राजधानी है।
(ग) सभी छात्र कमरे में पढ़ रहे हैं।

(2) निषेधवाचक या नकारात्मक वाक्य—सामान्य सकारात्मक वाक्यों में "नहीं", "न", "मत" आदि का प्रयोग कर अधिकांश वाक्यों को नकारात्मक वाक्यों में रूपांतरित किया जा सकता है, जैसे—

(क) रमेश रोज चाय पीता है। (सकारात्मक)
रमेश रोज चाय नहीं पीता। (नकारात्मक)
(ख) बाहर बैठ जाओ। (सकारात्मक)
बाहर मत बैठो। (नकारात्मक)

हिंदी में नकारात्मक वाक्य 'नहीं', 'न' तथा 'मत' मात्र से ही नहीं बनता बल्कि अन्य कई युक्तियों से भी वाक्य में नकारात्मकता लाई जा सकती है, जैसे—

(i) मैं तुम से थोड़े डरता हूँ। (नहीं डरता)
(ii) अब वे पैसा क्या लौटाएँगे। (नहीं लौटाएँगे)

(3) आज्ञार्थक (आज्ञावाचक) वाक्य—ऐसा वाक्य जिससे किसी के कार्य को नियंत्रित किया जाए वह आज्ञार्थक वाक्य कहलाता है। यह कार्य सामान्यतः आज्ञा या निर्देश देकर या प्रार्थना अथवा विनय करके संपन्न किया जाता है, जैसे—

(क) तुम थोड़ी देर बाहर बैठो।
(ख) कृपया पत्र का जवाब जल्दी भेजें।
(ग) एक दर्जन अंडे ले आओ।
(घ) मेरे जाने से पहले घर लौट आना।

(4) प्रश्नात्मक वाक्य—अधिकांश कथनात्मक वाक्यों के प्रश्नात्मक रूप बन सकते हैं। प्रश्नात्मक रूप केवल सकारात्मक वाक्यों के ही नहीं, बल्कि नकारात्मक वाक्यों के भी संभव हैं। आज्ञार्थक और मनोवेगात्मक वाक्यों के प्रश्नात्मक रूप नहीं बनते। जैसे—

(क) क्या रमेश रोज चाय पीता है?
(ख) क्या सभी छात्र कमरे में पढ़ रहे हैं?

(5) विस्मयादिबोधक वाक्य—इसमें विस्मय, हर्ष, शोक, घृणा आदि का बोध होता है; जैसे—(क) क्या सुंदर स्थान है! (ख) अहा! तुम आ गए! (ग) हाय राम! मैं अब क्या करूँ।

(6) इच्छाबोधक वाक्य—इसमें इच्छा, शुभकामना अथवा अभिशाप का भाव प्रकट किया जाता है, जैसे—(क) तुम्हारा कल्याण हो। (ख) भारत माता की जय हो। (ग) ईश्वर करें कि तुम परीक्षा में सफल हो जाओ।

(7) संदेहबोधक वाक्य—इसमें संदेह या संभावना का बोध होता है, जैसे—(क) हो सकता है कि तुम्हें घर जाना पड़े। (ख) शायद आज वर्षा हो। (ग) तुमने ऐसा सुना होगा।

(8) शर्तबोधक वाक्य (हेतुहेतुमद वाचक वाक्य)—इसमें एक बात या कार्य का होना या न होना किसी दूसरी बात या कार्य के होने या न होने पर निर्भर करता है, जैसे—(क) तुम चलते तो मैं भी साथ हो लेता। (ख) यदि वर्षा न होती तो अकाल पड़ जाता।

प्रश्न 8. उपवाक्य क्या है? उपवाक्य और पदबंध में अंतर स्पष्ट कीजिए।

उत्तर— वाक्य से छोटी इकाई उपवाक्य कहलाती है। वाक्य में एक उपवाक्य भी हो सकता है और एक से अधिक भी। जहाँ वाक्य में केवल एक उपवाक्य होता है, वहाँ वह स्वतंत्र

उपवाक्य होता है। इस स्वतंत्र उपवाक्य को सरल वाक्य कहते हैं। इस दृष्टि से वाक्य और उपवाक्य में कोई भेद नहीं रह जाता। उदाहरण के लिए, 'यह मेरा स्कूल है' एक सरल वाक्य है। एक अन्य उदाहरण पढ़ो– 'यह मेरा स्कूल है, किंतु अब में इसमें नहीं पढ़ता' यह एक वाक्य है किंतु इसमें दो उपवाक्य हैं। ये दो उपवाक्य हैं, (1) यह मेरा स्कूल है, (2) अब मैं इसमें नहीं पढ़ता।

उपवाक्य और पदबंध—उपवाक्य से छोटी इकाई पदबंध हैं 'यह मेरा स्कूल है' उपवाक्य (या सरल वाक्य) में मेरा स्कूल पदबंध है। पदबंध से कहने वाले का भाव बहुत कम प्रकट होता है जबकि उपवाक्य से पूरा भाव तो नहीं लेकिन कुछ भाव अवश्य प्रकट होता है। उपवाक्य में क्रिया रहती है, जबकि पदबंध में क्रिया रहे, यह आवश्यक नहीं। उदाहरण के लिए, 'ज्योंही राम का भाई मोहन आया, त्योंही मैं चला गया' वाक्य में 'ज्योंही राम का भाई मोहन आया' एक उपवाक्य है लेकिन 'राम का भाई मोहन' पदबंध है। उपवाक्य से प्रायः पूर्ण अर्थ का बोध नहीं होता और पदबंध से बहुत ही कम अर्थ निकलता है। आमतौर पर उपवाक्य के तीन भेद माने जाते हैं–(क) संज्ञा उपवाक्य, (ख) विशेषण उपवाक्य, (ग) क्रिया–विशेषण उपवाक्य।

प्रश्न 9. वाक्य रूपांतर को उदाहरण सहित स्पष्ट कीजिए।

उत्तर— किसी बात को अनेक ढंग से कहा जा सकता है और एक प्रकार के वाक्यों को दूसरे प्रकार के वाक्य के रूप में बदला जा सकता है। इसी को वाक्य रूपांतर कहते हैं। इस प्रक्रिया में यह ध्यान रखना होगा कि वाक्य का अर्थ न बदलने पाए; इसके कुछ उदाहरण इस प्रकार हैं—

सरल से संयुक्त वाक्य
वह खाना खाकर सो गया। (सरल वाक्य)
उसने खाना खाया और (वह) सो गया। (संयुक्त वाक्य)

सरल से मिश्र वाक्य में अंतरण
वह मुझसे आने को कहता है। (सरल वाक्य)
वह मुझसे कहता है कि जाओ। (मिश्र वाक्य)

संयुक्त से मिश्र वाक्य में अंतरण
मोहन एक पुस्तक चाहता था और वह उसे मिल गई। (संयुक्त वाक्य)
मोहन जो पुस्तक चाहता था (वह) उसे मिल गई। (मिश्र वाक्य)
मैं वहाँ पहुँचा और तुरंत घंटा बजा। (संयुक्त वाक्य)
ज्योंही मैं वहाँ पहुँचा त्योंही घंटा बजा। (मिश्र वाक्य)
वे नहीं आ सकते। (कर्तृवाच्य)
तुमसे लिखा नहीं जा सकता। (कर्मवाच्य)

विशेषण की तुलनावस्था का अंतरण

निर्मला सब लड़कियों से सुंदर है।
निर्मला से सुंदर कोई लड़की नहीं है।

विधानवाचक और निषेधवाचक का अंतरण

वह निर्धन है।
उसके पास धन नहीं है।
उसने कोई उपाय नहीं छोड़ा।
उसने सभी उपाय किए हैं।

विधानवाचक या निषेधवाचक तथा प्रश्नवाचक वाक्यों का अंतरण

गाँधी जी का नाम किसने नहीं सुना? (प्रश्न)
गाँधी जी का नाम सबने सुना है। (विधानवाचक)
क्या वह इतना मूर्ख है? (प्रश्न)
वह इतना मूर्ख नहीं है। (निषेधवाचक)

विधानवाचक और विस्मयादिबोधक वाक्यों का अंतरण

इतना क्रूर! (विस्मयादिबोधक)
वह बहुत क्रूर है। (विधानवाचक)
वह बहुत ही सुंदर बच्चा है। (विधानवाचक)
वाह! इतना सुंदर बच्चा। (विस्मयादिबोधक)

प्रश्न 10. पूर्ण वाक्य और संक्षिप्त वाक्य पर टिप्पणी कीजिए।

उत्तर– **पूर्ण वाक्य**–ऐसा वाक्य जिसमें उद्देश्य और विधेय के सभी घटक रचना के बाहरी सतह पर प्रकट हों, जैसे–

(1) मिस्त्री ने मेरी कार की मरम्मत कर दी है।
(2) हिंदी के सभी छात्र किताब पढ़ रहे हैं।

संक्षिप्त वाक्य–ऐसा वाक्य जिसमें उद्देश्य और विधेय में से केवल एक अंश ही रचना की बाहरी सतह पर प्रकट हो, लेकिन जिसकी आंतरिक संरचना में पूरे वाक्य की सत्ता विद्यमान हो। ऐसे संक्षिप्त वाक्य से पूर्ण भाव का अर्थबोध संदर्भ के कारण संभव होता है या फिर इसके पीछे भाषा प्रयोग का अपना वैशिष्ट्य रहता है, जैसे–

नमस्ते; नहीं; अच्छा; जी हाँ; बैठो; कौन; चुप!

संक्षिप्त वाक्य भी दो प्रकार के होते हैं–

(क) प्रकृतिगत संक्षिप्त वाक्य–इस प्रकार के संक्षिप्त वाक्यों के किसी अंश का लोप संदर्भ की माँग के कारण नहीं होता, बल्कि यह भाषा संरचना की अपनी प्रकृति की विशेषता होती है। इस प्रकार संक्षिप्त वाक्यों को समझने के लिए आगे–पीछे संदर्भ की जरूरत नहीं पड़ती।

अभिवादन–नमस्ते; हैलो; बधाई; अलविदा!

आज्ञार्थक—बैठिए; चुप रहो; सो जा; उधर देखो; फोन मत करो।

संबोधनवाचक—भाई साहब!, कुली!, बैरा!

विस्मयादिबोधक—आह्!, छिः!, शाबाश!, वाह!

(ख) संदर्भ आश्रित संक्षिप्त वाक्य—इस प्रकार के संक्षिप्त वाक्य अपने अर्थ की पूर्ण अभिव्यक्ति के लिए संदर्भ पर आश्रित रहते हैं। संदर्भ से हटा देने पर ये वाक्य अपनी अभिव्यक्ति की शक्ति खो देते हैं। इस प्रकार के संक्षिप्त वाक्य किसी प्रश्न के उत्तर के रूप में या किसी कथन की अतिरिक्त सूचना के रूप में प्रयुक्त होते हैं, जैसे—

(i) आप कहाँ जा रहे हैं?	(मैं बाजार जा रहा हूँ।)
बाजार	
(ii) आपकी उम्र?	(आपकी कितनी उम्र है?)
चालीस साल	(मेरी उम्र चालीस साल है।)
(iii) मौसम कैसा है?	(आजकल मौसम कैसा है?)
अच्छा है	(आजकल मौसम अच्छा है।)

प्रश्न 11. नीचे तीन प्रकार के वाक्य दिए जा रहे हैं—

(1) कथनात्मक (2) आज्ञार्थक (3) मनोवेगात्मक

इनमें से प्रत्येक वाक्य के सामने सही उत्तर की संख्या लिखिए—

(1) ईश्वर तुम्हें स्वस्थ रखे।

(2) हम कल गाड़ी ले आएँगे।

(3) यहीं बैठ जाओ।

(4) संभव है कि कल बारिश हो।

(5) तुम्हारे जूते कहाँ खो गए?

(6) जीते रहो।

(7) वाह! कितना सुंदर दृश्य है।

उत्तर— (1) 3

(2) 1

(3) 2

(4) 3

(5) 1

(6) 3

(7) 3

प्रश्न 12. नीचे कुछ वाक्य दिए जा रहे हैं जो कथ्य की दृष्टि से सही या गलत हैं। सही कथन के आगे (√) तथा गलत कथन के आगे (×) का निशान लगाइए—

(1) कथनात्मक वाक्यों के नकारात्मक रूप संभव हैं।
(2) नकारात्मक वाक्यों को प्रश्नात्मक वाक्यों में नहीं बदला जा सकता।
(3) प्रकार्यात्मक कोटियों (कर्त्ता, कर्म आदि) की सत्ता केवल वाक्य के भीतर होती है, वाक्य के बाहर नहीं।
(4) "मैं साइकिल से दफ्तर जाता हूँ" वाक्य में "साइकिल से" अनिवार्य घटक है।
(5) "मैं घर गया" वाक्य में "गया" सकर्मक क्रिया है।
(6) कर्त्ता तथा कर्म पदबंध में हमेशा दो या अधिक शब्द होते हैं।

उत्तर– (1) (√)
(2) (×)
(3) (√)
(4) (×)
(5) (×)
(6) (×)

'गुल्लीबाबा' नाम क्यों?

'गुल्लीबाबा' दो महत्त्वपूर्ण शब्दों के मेल से बना है – 'गुल्ली' तथा 'बाबा'। 'गुल्ली' शब्द प्राचीन भारतीय खेल गुल्ली-डंडा से आया है। यह खेल 'एकाग्रता' तथा 'फिटनेस' का एक अच्छा प्रतीक है। 'बाबा' शब्द 'आदर' और 'सम्मान' को बताता है।

'एकाग्रता', 'फिटनेस' और 'दूसरों के प्रति सम्मान' जीवन में सफलता की ऊँचाइयों को छूने के लिए आवश्यक हैं। अतः शिक्षा के क्षेत्र में अच्छी उपलब्धि प्राप्त कराने तथा सबको आदर और सम्मान देने के लिए ही 'गुल्लीबाबा' नाम रखा गया है।

और अधिक जानकारी के लिए देखें:

GullyBaba.com/why-name-gullybaba.html

अध्याय
8

संप्रेषण के विविध रूप

भूमिका

संप्रेषण एक ऐसी कला है, जिसके अंतर्गत विचारों, सूचनाओं, संदेशों व सुझावों का आदान–प्रदान चलता है। संप्रेषण के विविध रूपों और उनकी उपयोगिता पर विचार करते हुए भाषा के मौखिक, लिखित और आंगिक रूप पर विचार करना आवश्यक हो जाता है। भाषा की विकासगत विशेषताओं के साथ–साथ भाषा और लेखन का अंतःसंबंध, उपयोगिता एवं आरोह–अवरोह आदि का ज्ञान किसी भी भाषा–भाषी समाज के लिए आवश्यक है। इस अध्याय में संप्रेषण के विविध रूपों के संदर्भ में उसकी सूक्ष्मताओं तथा परिवर्तन आदि पर विचार किया गया है। इस प्रकार भाषा के साथ–साथ उसमें लिखित साहित्य एवं समाज से संबंधित जानकारी हमें भली प्रकार हो सकती है। इसके लिए लेखन विधि एवं भाषिक संरचना पर विचार किए जाने की आवश्यकता है। इसके साथ ही आंगिक संप्रेषण की भी महत्त्वपूर्ण भूमिका होती है।

प्रश्न 1. संप्रेषण के अर्थ को स्पष्ट करते हुए उसके सिद्धांतों पर प्रकाश डालिए।

उत्तर— संप्रेषण की प्रक्रिया को कई ढंग से समझ जा सकता हैं। फ्रेडेरिक विलियम्स कहते हैं कि निम्नलिखित पाँच दृष्टियों से हम संप्रेषण का अध्ययन कर सकते हैं—

- मनुष्य संप्रेषण व्यवस्था का सबसे प्रमुख उपभोक्ता है। इस संदर्भ में हम जान सकते हैं कि मानवों की संप्रेषण व्यवस्था यानी भाषा का स्वरूप क्या है, उससे हम क्या और कैसे संप्रेषण करते हैं। हम आपसी संबंध संप्रेषण से कैसे स्थापित करते हैं, हम भाषा के माध्यम से संप्रेषण का विस्तार कैसे करते हैं, आदि। भाषाविज्ञान के विविध रूप इस अध्ययन क्षेत्र में आते हैं।
- हम संप्रेषण के प्रकार्यों और प्रभाव की चर्चा कर सकते हैं। उदाहरण के तौर पर यह शोध कर सकते हैं कि संप्रेषण किस हद तक मनोरंजन का साधन है, संप्रेषण से हम जन मानव में व्यवहार परिवर्तन कैसे ला सकते हैं या उन्हें सामाजिक-राजनीतिक संदेश कैसे दे सकते हैं।
- संप्रेषण की वस्तु क्या है यह भी चर्चा का विषय है। संदेश संप्रेषण का केंद्र बिंदु है। हम यह देखना चाहेंगे कि संप्रेषण में संदेश का क्या स्थान है।
- हम संप्रेषण के व्यवहार की जीवंत प्रक्रिया का अध्ययन कर सकते हैं। उदाहरण के तौर पर, बातचीत और रेडियो प्रसारण संप्रेषण की भिन्न स्थितियाँ हैं। स्रोत, माध्यम, संदेश, प्राप्तिकर्त्ता आदि दृष्टियों से इनमें अंतर होगा।

संप्रेषण सिद्धांत के अनुसार भाषिक संप्रेषण में कोडीकरण और विकोडीकरण की प्रक्रिया निहित रहती है। एक भाषा में वक्ता या लेखक अपने संदेश को भाषाबद्ध रूप देता है अर्थात् कोडीकरण करता है, इसका संचरण वह मुखोच्चार और लेखन के माध्यम से करता है जिसे क्रमशः मौखिक और लिखित माध्यम कहा जाता है। श्रोता वक्ता द्वारा उच्चरित ध्वनियों का अभिज्ञान करता है अर्थात् ध्वनियों का श्रवण कर या देखकर पहचानता है। इसके बाद वह उनका विकोडीकरण कर अर्थ ग्रहण करता है। इस प्रक्रिया में भाषा का संप्रेषण होता है, किंतु यह आवश्यक है कि कोडीकरण और विकोडीकरण के लिए कोड एक समान होना अपेक्षित है। संप्रेषण सिद्धांत के अनुसार इस प्रक्रिया को निम्नलिखित आरेख द्वारा समझा जा सकता है।

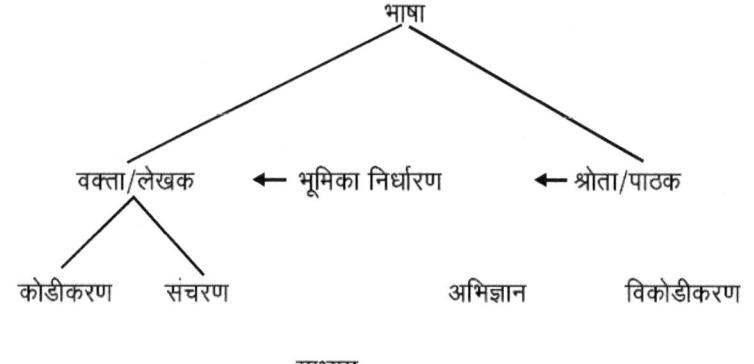

माध्यम

(1) उच्चारण (मुख) मौखिक श्रोत्रिक श्रवण
(2) (कान)
(3) लेखन (हस्त) लिखित चाक्षुष दृश्य (आँख)

यह ध्यान में रहे कि इस संप्रेषण प्रक्रिया में वक्ता और श्रोता का एक कोड होगा तो संदेश समझा जा सकता है। यदि वक्ता हिंदी जानता है तो श्रोता को भी हिंदी का ज्ञान आवश्यक है। यह कोड भाषा केवल भाषा नहीं; संकेत भी हो सकते हैं, अंग–संचालन भी हो सकता है। बस इतना है कि उसे वक्ता और श्रोता दोनों समान रूप से समझ सकें। संप्रेषण मौखिक ओर लिखित रूप में तो होता ही है, किंतु आंगिक संप्रेषण का भी महत्त्व नहीं है।

प्रश्न 2. मौखिक संप्रेषण की अवधारणा को स्पष्ट करते हुए उसके प्रकारों का उल्लेख कीजिए।

उत्तर– यह एक निर्विवाद सत्य है कि भाषा का आरंभ मौखिक या उच्चरित रूप से हुआ। आदि मानव को जब अपने मस्तिष्क में उत्पन्न विचारों को दूसरों तक संवाद अथवा बातचीत के द्वारा पहुँचाने की आवश्यकता अनुभव हुई, तभी से उच्चरित या मौखिक संप्रेषण का उद्‌भव हुआ। संप्रेषण केवल दो या दो से अधिक व्यक्तियों के बीच सीधे संवाद का ही नहीं बल्कि आत्माभिव्यक्ति का भी माध्यम है।

जब उसके समक्ष श्रोता न हो और व्यक्ति केवल अपने आपको अभिव्यक्त करना चाहता है तब वहाँ उसे अभिव्यक्ति या संप्रेषण की दूसरी सरणियों अथवा तरीकों की आवश्यकता अनुभव होती है। अनेक पर्वत–श्रेणियों और गुफाओं आदि में उकेरित चित्र एवं चित्र लिपि–अभिव्यक्ति के ऐसे ही माध्यम है।

इसी श्रेणी में आगे चलकर लिपि का विकास भी हुआ। आदि मानव के शैल–चित्रों के बाद लिपि का सबसे पहला रूप चित्रलिपि ही था। इसमें आज की तरह ध्वनि प्रतीक न होकर वस्तु प्रतीक ही चित्रित होते थे। उदाहरण के लिए मनुष्य, पशु, बर्तन, हथियार जैसी वस्तुओं के द्योतन के लिए इन वस्तुओं से मिलते–जुलते चित्र बना लिए जाते थे। ये चित्र ही लिपि चित्र होते थे और उस वस्तु का प्रतीक भी।

आज भी यातायात संबंधी संकेतों का प्रयोग ऐसे चित्रों या प्रतीकों के रूप में किया जाता है। इसकी स्पष्टता तथा अर्थबोधन की सहजता इस लिपि के संप्रेषण की विशेषता है।

संप्रेषण का मौखिक रूप प्रयोग के आधार पर कई प्रकार का मिलता है। प्रयोक्ता किस वर्ग, शिक्षा, वय, जाति, धर्म आदि से संबद्ध है, तदनुसार संप्रेषण के अनेक रूप उभर कर आते हैं; जैसे—साहित्यिक, बोलचाल, शुद्ध—अशुद्ध एवं ग्राम्य।

प्रयोग के आधार पर संप्रेषण के जो भेद किए जा सकते हैं उसके तीन आधार—प्रयोग का क्षेत्र, साधुत्व (शुद्ध एवं अशुद्ध) और प्रचलन (भाषा जीवित है या मृत) हैं।

संप्रेषण का मौखिक रूप निर्माता के आधार पर बदलता रहता है। भाषा का निर्माता कौन है? उसका क्या स्तर है? इस आधार पर भी संप्रेषण के अनेक रूप हो जाते हैं। यदि किसी भाषा का निर्माता समाज या देश है तो उस भाषा का संप्रेषण क्षेत्र विस्तृत होता है। वह मौखिक रूप में भी परंपरागत रूप से प्रचलित रहती है। इसके विपरीत यदि भाषा का संबंध व्यक्ति—विशेष से है या छोटे वर्ग से है तो वह कृत्रिम भाषा या बोली का रूप लेकर संप्रेषण के मौखिक रूप में उसका प्रयोग किया जाता है।

संप्रेषण का वर्गीकरण अन्य कई (गौण) आधारों पर भी किया जा सकता है, जैसे—संस्कृति, ग्राह्यता, सुबोधता, मिश्रण आदि के आधार पर भी मौखिक संप्रेषण के भेद, उपभेद—संभव है: परंतु ज्यादा प्रयोग में नहीं है।

वस्तुतः परिनिष्ठित या परिष्कृत भाषा ही संप्रेषण के मौखिक एवं लिखित दोनों रूपों में प्रयुक्त होती है। साहित्यिक रचनाएँ इसी में होती है। शासन, शिक्षा एवं शिक्षित वर्ग में इसका ही प्रयोग होता है। यह भाषा व्याकरण की दृष्टि से भी परिष्कृत होती है। भाषा का व्याकरण इसी को आधार मानकर निर्मित होता है। अनेक समान भाषाओं में से विशिष्ट समाज या जन—सामान्य में अधिक प्रचलित होने के आधार पर किसी एक भाषा को संप्रेषण हेतु आदर्श मान लिया जाता है। शिक्षित वर्ग इसी का प्रयोग करता है। यह भाषा राजकीय स्तर पर स्वीकृत होने के कारण आदर्श भाषा के रूप में संप्रेषण के लिए व्यवहृत होती है। संस्कृत, हिंदी, अंग्रेजी, फ्रेंच, जर्मन, रूसी, चीनी आदि भाषाएँ इसी श्रेणी में आती हैं।

आदर्श भाषा के प्रांतीय या प्रादेशिक रूप भी अनेक हो जाते हैं। इस भाषा के मौखिक तथा लिखित दो रूप होते हैं। 'मौखिक' रूप में, छोटे, सरल और सुबोध वाक्यों में संप्रेषण होता है। 'लिखित' रूप में प्रायः बड़े और कठिन वाक्यों का भी प्रयोग होता है। यह भाषा प्रायः संपादित होती है तथा अपेक्षाकृत कम सहज होती है।

जहाँ तक मौखिक रूप का संबंध है, संप्रेषण की सबसे छोटी इकाई व्यक्ति—बोली (Ideolect) होती है। यह भाषा की सबसे छोटी इकाई है। एक व्यक्ति की भाषा को व्यक्तिगत बोली कहा जाता है।

एक समान भाषा होते हुए भी एक व्यक्ति की भाषा का रूप दूसरे व्यक्ति से भिन्न होता है। ध्वनि—भेद, स्वर—भेद, सुर—भेद, आदि के आधार पर अलग—अलग व्यक्ति के भाषा—रूप को पहचाना जा सकता है। इसी आधार पर केवल ध्वनि को सुनकर हम किसी व्यक्ति—विशेष

को अंधकार में भी पहचान लेते हैं। व्यक्ति भेद से संप्रेषण में भी भेद हो जाता है। इस प्रकार व्यक्तियों की पृथक–पृथक ध्वनियों का विश्लेषण किया जाना भी संभव है।

(1) अपभाषा का अर्थ और मुख्य लक्षण—अपभाषा (slang) भी संप्रेषण के मौखिक रूप में ही आती है। अशिष्ट, असभ्य और अपरिष्कृत अथवा असंस्कृत भाषा को अपभाषा कहते हैं। महाभाष्यकार पतंजलि ने सर्वप्रथम अपभाषा की ओर ध्यान आकृष्ट किया है। उनका कथन है–

ब्राह्मणेन न म्लेच्छितवै नापभाषितवै। (महाभाष्य – आह्निक – 1)

अर्थात्

ब्राह्मण अथवा विद्वान को म्लेच्छ भाषा अर्थात् अशुद्ध भाषा का प्रयोग नहीं करना चाहिए।

अपभाषा की निम्नलिखित विशेषताएँ होती हैं–

(क) **व्याकरणिक असम्मतता**—इसमें शुद्धि–अशुद्धि का ध्यान न रखते हुए अमानक रूपों का प्रयोग होता है; जैसे– एकर (इसका), ओकर (उसका), गउवाँ (गाँव), गवा (गया) आदि का प्रयोग होता है।

(ख) **वाक्य रचना अपरिष्कृत**—इसमें वाक्य–रचना प्रायः परिष्कृत नहीं होती; जैसे—मैं बोला (मैंने कहा), मेरे से यह काम न होगा (मुझसे यह काम नहीं होगा), आदि

(ग) **अशिष्ट शब्द का प्रयोग**—शिष्ट समाज में अनुचित माने गए शब्दों का प्रयोग करना, जैसे—रंडी–पुत्र; वंध्यापुत्र, अबे–तबे आदि का संबोधन, गाली वाचक शब्द।

(घ) **अपरिष्कृत मुहावरों का प्रयोग**—इसके अंतर्गत मनगढ़ंत मुहावरों का प्रयोग सम्मिलित है। अर्थ–विस्तार या अर्थ–संकोच आदि की दृष्टि से, मारकर भुस भरना, मक्खन लगाना, मक्खनबाजी, पिटाई के लिए हजामत बनाना या कचूमर निकालना आदि मौखिक संप्रेषण प्रयोग में आते हैं।

अपभाषा का प्रयोग संप्रेषण के मौखिक रूप में शैक्षिक और सामाजिक दृष्टि से प्रायः निम्न वर्ग में होता है। इसका प्रयोग भी वर्ग–विशेष या समाज–विशेष में ही प्रचलित है। निम्न वर्ग के व्यक्तियों और समवयस्क लोगों के हास्य–विनोद में भी इसका प्रयोग मिलता है। अपभाषा का अध्ययन भाषा विज्ञान की दृष्टि से भाषा–विषयक एवं संस्कृति–विषयक अनेक तथ्यों का परिचायक होता है।

(2) मौखिक संप्रेषण और मानसिक पक्ष—जहाँ विचार हमारे लिए निर्देशक–तत्त्व का कार्य करते हैं वहीं ध्वनियंत्र संवाहक का कार्य करता है। वक्ता जब अपनी हृदयगत भावनाओं को व्यक्त करना चाहता है तो उसके मन में उस भाव का एक स्वरूप अनिश्चित होता है। तदनुकूल शब्द–चयन का कार्य भी उसका मानसिक पक्ष या बुद्धि ही करती है। मन में उत्पन्न भावनाओं की उग्रता, व्यग्रता या प्रफुल्लता के अनुरूप ही वाणी में तदनुकूल कंपन होता है। वक्ता की भावनाओं का बोध उसकी मौखिक उच्चरित ध्वनि से स्पष्ट हो जाता है।

कुछ विद्वानों ने इसे आंतरिक भाषा की संज्ञा दी है। मानसिक पक्ष में व्यक्त वाक् की प्रकाशन क्षमता नहीं है, इसलिए इसे पंगु कहा गया है। ध्वनियंत्र में प्रकाशन या अभिव्यक्ति की क्षमता है, गतिशीलता है किंतु उसमें विचार की क्षमता नहीं है। अतः मानसिक पक्ष एवं वाक् पक्ष के समन्वय से ही संप्रेषण का मौखिक रूप प्रकट होता है।

मौखिक उच्चारण या संप्रेषण प्रक्रिया में शरीर के किन–किन अवयवों की सहायता ली जाती है, यह 'ध्वनि–विज्ञान' के विवेचन तथा विश्लेषण का विषय है। ध्वनि–विज्ञान, स्वरतंत्री, कंठ तालु, घोष–अघोष, अल्पप्राण, महाप्राण आदि भौतिक आधार को लेकर चलता है। भौतिक आधार से ही भाषा अपने संप्रेषण का मौखिक स्वरूप ग्रहण करती है। यह भाषा का ब्राह्य पक्ष है। भौतिक आधार साध्य है। दोनों का समन्वय ही संप्रेषण की सृष्टि करता है।

जिस प्रकार उच्चरित ध्वनियों का सूक्ष्म विश्लेषण संभव है, उसी प्रकार भाषा के मूल में विद्यमान वैचारिक पक्ष का विश्लेषण संभव नहीं है। इसीलिए अलग से भाषाविज्ञान के अंतर्गत भाषा–दर्शन तथा भाषा–मनोविज्ञान जैसे नवीन अध्ययन–क्षेत्रों की संकल्पना प्रस्तुत की गई ताकि वैचारिक पक्ष लेकर उसका अध्ययन मनन एवं विश्लेषण अलग से किया जा सके। जी. पी.एच. की पुस्तकों का मुख्य उद्देश्य ज्ञान के साथ–साथ अच्छे नम्बर दिलाना है।

प्रश्न 3. लिखित संप्रेषण के स्वरूप और विकास पर प्रकाश डालिए।

अथवा

देवनागरी लिपि में वर्ण–व्यवस्था संबंधी नियमों को उदाहरण सहित स्पष्ट कीजिए।

उत्तर– लिपि के विकास के उपरांत उसका अगला चरण शब्द लेखन था। इसके अंतर्गत लिपि प्रतीक वस्तु नहीं बल्कि शब्द होते थे। आज हमारी अधिकतर लिपियाँ ध्वनि पर आधारित हैं। अर्थात् किसी शब्द के उच्चारण में जो–जो ध्वनियाँ आती हैं, हम उन ध्वनियों के प्रतीक वर्णों को उसी क्रम में साथ रखते हैं; जैसे–'कमल' शब्द के लिए हम 'क', 'म', तथा 'ल' ध्वनि प्रतीकों को उसी क्रम में रख देते हैं और उनका इकट्ठा उच्चरित रूप उसी रूप में हमारे सामने प्रस्तुत करता है। लिपि में वस्तु का चित्रांकन नहीं होता। एक वस्तु के लिए एक ही निश्चित चिह्न होता है। लेखन में शब्दों के उन प्रतीक चिह्नों को चित्र लिपि की ही भाँति क्रम से प्रस्तुत किया जाता है। इस दृष्टि से यह चित्र लिपि से कुछ–कुछ मिलती है, किंतु इसमें अमूर्त भावनाओं, विविध क्रियाओं आदि का द्योतन भी हो सकता है। इससे इसकी क्षमता तथा क्षेत्र चित्र लिपि से बहुत अधिक है। चीनी भाषा की लिपि इसी प्रकार की है। इस परिवार की लिपि में संसार का श्रेष्ठ साहित्य भी लिखा गया है, किंतु इसकी भी कुछ सीमाएँ हैं। मुख्य बात तो यही है कि भाषा में शब्दों की संख्या बढ़ती रहती है। यदि हर शब्द के लिए एक प्रतीक रखा जाए तो प्रतीकों की संख्या इतनी अधिक हो जाएगी कि उन्हें याद रखना भी संभव नहीं हो पाएगा। इतने प्रतीकों को समझना, पढ़ना और लिखना, यह सब कुछ अत्यधिक श्रमसाध्य है। इसमें जटिल भावनाओं, क्रियाओं एवं अमूर्त संकल्पनाओं के लिए प्रयुक्त शब्दों का विश्लेषण तथा अर्थबोध भी एक दुष्कर कार्य होगा।

(1) वर्णात्मक लिपि व्यवस्था—आक्षरिक लेखन व्यवस्था लेखन संप्रेषण में अधिक स्पष्टता लाने के लिए अस्तित्व में आई। इसमें पूरे शब्द के लिए एक लिपि चिह्न न होकर अलग-अलग अक्षरों के लिए लिपि चिह्न निर्धारित किए गए। इसके अंतर्गत शब्दों में प्रयुक्त अक्षरों के लिपि चिह्न को जोड़कर शब्द लिखा जा सकता था। अक्षरों की संख्या शब्दों की अपेक्षा कम होती है, अतः इस श्रेणी की लिपि को याद रखना और लिखना शब्द-लेखन की अपेक्षा आसान था। यह लेखन प्रति अक्षरों की ध्वनियों पर आधारित थी। आगे चलकर इसी के आधार पर वर्णात्मक लिपि व्यवस्था का विकास हुआ।

परिणाम की दृष्टि से वर्णात्मक लिपि व्यवस्था अन्य व्यवस्थाओं से अधिक सहज और वैज्ञानिक सिद्ध हुई। इसमें लिपि चिह्नों का आधार अक्षरों के स्थान पर वर्ण बने। अक्षरों में एक से अधिक अक्षरों का मेल हो सकता है, किंतु वर्णों के द्वारा भाषा की ध्वनियों का बिल्कुल मूल रूप में प्रतिनिधित्व होता है।

भाषा की ध्वनियों के संदर्भ में स्वनिम को भी समझा जाना चाहिए। प्रत्येक भाषा की अपनी विशिष्ट ध्वनियाँ होती हैं जिन्हें उस भाषा के स्वनिम कहते हैं। किसी भाषा की ध्वनि व्यवस्था के अंतर्गत आने वाले स्वनिम वर्ण तो होते ही हैं, किंतु किसी लिपि चिह्न के रूप में अभिव्यक्त होकर भी वे वर्ण कहे जाते हैं। यथा—हिंदी में 'अ' वर्ण 'अ' ध्वनि का प्रतीक है और जब भी वह वर्ण लिखा जाएगा, उसका उच्चारण 'अ' ही होगा।

जिस प्रकार उच्चारण में एक या एक से अधिक ध्वनियाँ मिलकर एक शब्द बनाती हैं, उसी प्रकार लेखन में ध्वनियों के प्रतीक वर्ण उसी क्रम में आकर उसी शब्द को लिखित रूप प्रदान करते हैं। जैसे—हिंदी के शब्द 'पानी' में चार ध्वनियाँ प् + आ + न + ई प्रयुक्त हुई है। लेखन में इन्हीं के प्रतीक इसी क्रम में आकर शब्द को लिखित आकार में प्रस्तुत करते हैं। यह चित्रलिपि या शब्द चित्र लेखन की अपेक्षा अत्यधिक सरल है क्योंकि इसमें हर वर्ण किसी वस्तु या शब्द का प्रतीक न होकर भाषा की किसी ध्वनि अर्थात् स्वनिम का प्रतीक होता है।

चित्र लिपि या शब्द चित्र लेखन में जहाँ असंख्य वस्तुओं या असंख्य शब्दों के लिए असंख्य लिपि चिह्नों की आवश्यकता होती है, चाहे उन वस्तुओं के नामों या शब्दों में ध्वनियों की कितनी ही समानता क्यों न हो। वर्ण लेखन में केवल भाषा की ध्वनियों से संबंधित वर्णों की पहचान करनी होती है। इनकी संख्या सीमित होती है।

यदि भाषाविज्ञान की दृष्टि से देखा जाए तो लिखित भाषिक संप्रेषण, मौखिक संप्रेषण का प्रतिबिंब है। वर्णात्मक लिपि व्यवस्था में यह प्रतिबिंब अत्यंत सहज एवं स्पष्ट होता है। अंग्रेजी आदि भाषाओं में एक ही वर्ण कई बार एकाधिक ध्वनियों के लिए प्रयुक्त होता है, उदाहरण के लिए, अंग्रेजी का C वर्ण कभी 'स' और कभी 'क' के लिए प्रयुक्त होता है, जैसे, city और cut, इसी प्रकार से G 'ज' और 'ग' का उच्चारण होता है; जैसे—goat और genious.

(2) देवनागरी लिपि में वर्ण व्यवस्था—हिंदी आदि भाषाओं के लिए प्रयुक्त देवनागरी लिपि को विश्व की सबसे अधिक वैज्ञानिक लिपि माना जाता है। इसमें प्रायः ध्वनि या स्वनिम के लिए एक निश्चित वर्ण का ही प्रयोग होता है। एक निश्चित वर्ण हमेशा एक निश्चित ध्वनि

का ही प्रतिनिधित्व करता है; जैसे—वर्ण 'क' का प्रयोग हमेशा 'क' ध्वनि के लिए ही होगा, किसी अन्य ध्वनि के लिए नहीं।

भाषा में वर्णों के लोप और आगम का भी विशेष महत्त्व है। इसके द्वारा भाषा गतिशील होती है। इसमें समय के साथ परिवर्तन भी होते रहते हैं। लिपि में से कभी–कभी कुछ वर्ण संबंधित ध्वनियों का उपयोग न होने के कारण लुप्त भी हो जाते हैं; जैसे—काफी पहले 'क' वर्ण को हिंदी की वर्णमाला में भी रखा जाता था किंतु हिंदी में इस ध्वनि का प्रयोग न होने के कारण यह वर्ण लुप्त हो गया।

कभी–कभी कुछ अनावश्यक वर्ण भाषा में संरक्षित भी हो जाते हैं। कारण यह कि उच्चारण के स्तर पर भाषा में परिवर्तन की गति तीव्र होती है। लिखित भाषा में यह अपेक्षाकृत धीमा होता है। इसीलिए उच्चरित भाषा में कोई ध्वनि लुप्त हो जाती है लेकिन लिखित भाषा में उसका लिपि प्रतीक बना रहता है, जैसे—'ऋ' तथा 'श' ध्वनियों का उपयोग 'रि' तथा 'श' के रूप में हो रहा है। फिर भी इनके प्रतीक वर्णों—ऋ और श का भी प्रयोग हो रहा है। उच्चारण के स्तर पर—ऋतु = रितु और शेष = शेश हो गया है। ऐसी स्थितियों में कहीं–कहीं ध्वनि तथा लिपि चिह्न का सामंजस्य टूट जाता है, किंतु मानक वर्णमाला में ऋ और ष का प्रयोग जारी रखा गया है।

प्रत्येक भाषा की अपनी ध्वनि व्यवस्था होती है। अन्य भाषाओं से संपर्क के कारण भाषा में दूसरी भाषाओं की शब्दावली भी आ जाती है, साथ ही उन शब्दों से जुड़ी ध्वनियाँ भी। उदाहरण के तौर पर, हिंदी में अरबी–फारसी, तुर्की, अंग्रेजी आदि भाषाओं के शब्दों के माध्यम से क, ख, ग, ज, फ तथा ऑ ध्वनियाँ आ गई हैं। इन ध्वनियों के तद्भव हिंदी कायदा, खबर, गबन, जेबा, फायदा, कॉलेज को कायदा, खबर, जेब्रा फायदा और कॉलेज कहने पर भी अर्थबोध में कठिनाई नहीं होगी किंतु उस भाषा में यदि उन्हीं ध्वनि–समूह का कोई और शब्द पहले से मौजूद है तो अर्थ बदल जाएगा, यथा

हॉल (बड़ा कमरा) — हाल (दशा)
ताक (आला) — ताक (टकटकी)
खैर (कुशल) — खैर (कत्था)
गौर (ध्यान) — गौर (पार्वती)
गज (नाप) — गज (हाथी)
फन (हुनर) —फन (नाग का फन) आदि

मूल उच्चारणों की रक्षा करना ऐसी स्थिति में सही अर्थ ग्रहण के लिए उचित होता है। हिंदी नागरी लिपि में ऐसे कई आगत वर्ण है।

केवल वर्णों से बने शब्दों के माध्यम से ही भाषा में अर्थ–संप्रेषण नहीं होता। वक्ता के बोलने की शैली पर भी अर्थबोध निर्भर करता है। इसे विराम एवं बलाघात कहते हैं जो केवल ध्वनि या वर्ण का विषय नहीं है; जैसे—

(1) रोको, मत जाने दो।

(2) रोको मत, जाने दो।
(3) यह राम की किताब है।
(4) यह रात की किताब है?
(5) यह राम की किताब है।

इस उदाहरण के माध्यम से बोलने की शैली और लेखन-चिह्नों के विशेष महत्त्व को समझा जा सकता है। उसी के अनुरूप संप्रेषण का भाव प्रकट होता है।

वाक् को भाषा का प्रमुख और स्वाभाविक माध्यम लिपि लेखन की इस उपयोगिता के कारण ही माना गया है। लेखन को वाक् के गौण तथा दृश्य माध्यम का स्थान दिया गया है। यह तथ्य भी प्रमुख है कि भाषा का जन्म वाक् प्रतीकों की व्यवस्था के रूप में हुआ है। प्रत्येक सामान्य मानव शिशु को बोलना सहज रूप से अनायास ही आ जाता है। लेकिन आज के समय और समाज में भाषा का लिखित रूप में संप्रेषण अत्यधिक महत्त्वपूर्ण हो गया है। यह सही है कि भाषा को लिखने और पढ़ने वालों की संख्या इसे बोलने वालों की तुलना में काफी कम है, क्योंकि पढ़ना और लिखना एक अर्जित कौशल है। इसे सीखना पड़ता है, किंतु इस संप्रेषण कौशल को अर्जित करना भी आज के समय की अनिवार्यता है। यह समाचारपत्रा पढ़ने, पत्र लिखने या ज्ञानार्जन या डिग्री लेने तक सीमित नहीं है। हमारे चारों ओर यातायात संबंधी निर्देश, संस्थान – अस्पताल, स्कूल-कॉलेज, दुकान, बस, रेलवे आदि जगह साइनबोर्ड, नंबर, अथवा अन्य जानकारी – सूचना आदि लेखन के माध्यम से ही हमारे सामने आते हैं। अत: व्यक्ति का दैनिक जीवन लिपि के ज्ञान के बिना अधूरा है।

मनुष्य ने समाज में भौगोलिक दूरियों को संप्रेषण के माध्यम लेखन के द्वारा मिटाकर परस्पर संबंध तथा संपर्क को और अधिक आसान बना दिया है। लेखन के द्वारा दो व्यक्ति आमने-सामने न होकर भी संपर्क कर सकते हैं। पत्र-पत्रिकाओं के माध्यम से हमें विश्व भर की जानकारी मिलती है, हमारा ज्ञान वर्धन होता है।

मौखिक जानकारी की तुलना में लिखित जानकारी अधिक सुविधाजनक और प्रामाणिक होती है। इसे संरक्षित भी किया जा सकता है। इसे जरूरत पड़ने पर बार-बार पढ़ा जा सकता है। लेखन के द्वारा अध्ययन क्षेत्र भी विस्तृत हुआ है। आज विद्यार्थी के लिए भी लेखन का माध्यम सर्वाधिक सुगम है। केवल शिक्षक आधारित ज्ञान प्राय: मस्तिष्क की एकाग्रता की कमी एवं स्थान, काल, परिस्थिति के भेद से सदैव ग्राह्य नहीं हो पाता। पुरानी रटंत प्रक्रिया में व्यय होने वाला समय भी इससे बचता है।

मानकता तथा स्थिरता भी लेखन के द्वारा प्राप्त होती है। मौखिक या उच्चरित संप्रेषण में परिवर्तन जल्दी-जल्दी घटित होते हैं। लिखित संप्रेषण में यह गति धीमी होती है। यथा – हिंदी में 'बाबूजी' शब्द पूर्वी क्षेत्र में 'बाऊजी' और 'बीजी' भी हो जाता है किंतु लेखन में इसे हर क्षेत्र में 'बाबूजी' ही लिखा जाता है। इससे हर क्षेत्र के व्यक्ति को अर्थबोध हो जाता है। लिखित संप्रेषण मौखिक की अपेक्षा अधिक औपचारिक भी होता है। इससे मानकता का तत्त्व जुड़ जाता है क्योंकि लिखित संप्रेषण में अधिकतम वर्तनी, शब्दावली, संरचना और व्याकरण

में मानक रूप को सुरक्षित रखा जा सकता है। जी.पी.एच. की पुस्तकों का मुख्य उद्देश्य ज्ञान के साथ–साथ अच्छे नम्बर दिलाना है।

प्रश्न 4. आंगिक संप्रेषण के अर्थ और स्वरूप को स्पष्ट कीजिए।

उत्तर– आंगिक संप्रेषण से तात्पर्य ऐसे संदेश का प्रेषण जो शब्द रहित होता है। शब्द रहित संदेश भेजने और प्राप्त करने की प्रक्रिया से यह सिद्ध होता है कि शाब्दिक भाषा ही संप्रेषण का एकमात्र साधन नहीं है। संप्रेषण के अन्य साधन भी हैं जिन पर निम्नानुसार विचार किया जा सकता है।

शारीरिक चेष्टाओं–हाव–भाव, स्पर्श (हैपटिक संप्रेषण), शारीरिक भाषा, भावभंगिमा, चेहरे की अभिव्यक्ति या आँखों के संपर्क से भी आंगिक संप्रेषण को अभिव्यक्त किया जा सकता है। आवाज या वाणी के अंतर्गत समांतर भाषा नामक अवाचिक तत्त्व समाविष्ट होते हैं। इनमें आवाज की गुणवत्ता, भावना, बोलने के तरीके आदि के साथ ही ताल, लय, आलाप, आरोह–अवरोह एवं तनाव जैसे छंदशास्त्र संबंधी लक्षण भी शामिल हैं।

नृत्य भी अशाब्दिक या आंगिक संप्रेषण की ही एक शैली है। यद्यपि हम सर्वत्र नृत्य का उपयोग नहीं कर सकते, किंतु साहित्य–संस्कृति के अंतर्गत नृत्य एक सशक्त आंगिक संप्रेषण है। इसी तरह लिखित पाठ में भी अशाब्दिक तत्त्व होते हैं; जैसे–हस्तलेखन तरीका, शब्दों की स्थान संबंधी व्यवस्था या इमोटिकॉन का प्रयोग। आंगिक संप्रेषण के लिए 'अवाचिक संप्रेषण', 'वाचेतर संप्रेषण', 'अशाब्दिक संप्रेषण', या 'शब्दतेर संप्रेषण' आदि शब्द प्रयोग में लाए जाते हैं।

अधिकतर अनियंत्रित संकेतों पर आंगिक संप्रेषण या अशाब्दिक संप्रेषण आधारित होता है। यह अलग–अलग संस्कृतियों के अनुसार पृथक–पृथक हो सकता है। कुछ हद तक यह अधिकतर मूर्ति सदृश (आइकॉनिक) है। इसे वैश्विक रूप से समझा जा सकता है। चेहरे की अभिव्यक्ति के संबंध में पॉल एकमैन (1960 के दशक में) ने एक महत्त्वपूर्ण अध्ययन प्रस्तुत किया है कि गुस्सा, घृणा, भय, प्रसन्नता, उदासी, एवं आश्चर्य आदि भावनाओं की अभिव्यक्ति सार्वभौमिक होती है और यह अभिव्यक्ति आंगिक संप्रेषण से भी दर्शाई जा सकती है।

आंगिक संप्रेषण के व्यावहारिक अध्ययन के अंतर्गत हमें अधिकतर आमने–सामने की अंतःक्रिया (बातचीत) पर ध्यान केंद्रित करते हैं। मूक–बधिर स्कूलों में भी बच्चों को आंगिक संप्रेषण से ही संप्रेषण कराया जाता है। आंगिक संप्रेषण को तीन प्रमुख वर्गों में विभाजित किया गया है–

- वातावरण–परक स्थितियाँ जहाँ संप्रेषण घटित होता है।
- संप्रेषण का शारीरिक चरित्र–चित्रण एवं अंतःक्रिया (बातचीत)
- प्रेषक एवं प्रेषिती का व्यवहार

संप्रेषण में भौतिक जगह के अध्ययन को अंग्रेजी में 'प्रॉक्सीमिक्स' कहते हैं। अध्ययन जिसमें यह पता लगाते हैं कि व्यक्ति अपने आसपास मौजूद भौतिक जगह को किस प्रकार ग्रहण एवं प्रयोग करता है। किसी संदेश के प्रेषक एवं प्राप्तकर्त्ता के मध्य का स्थान संदेश की

विवेचना को प्रभावित करता है। अलग-अलग संस्कृतियों एवं उनके विभिन्न ढाँचों में जगह को ग्रहण एवं प्रयोग करना अलग-अलग होता है।

(1) आंगिक संप्रेषण की मुख्य श्रेणियाँ—मुख्यतः चार श्रेणियों में आंगिक संप्रेषण या अशाब्दिक को विभक्त कर सकते हैं—

- अंतरंग
- सामाजिक
- व्यक्तिगत
- सार्वजनिक जगह

हर्जी एंड डिकसन (2004) ऐसे चार क्षेत्र चिह्नित करते हैं, जहाँ मनुष्य का संप्रेषणात्मक व्यवहार आंगिक या अशाब्दिक होता है—

- एक घर जहाँ उसके स्वामी की अनुमति के बिना कोई प्रवेश नहीं कर सकता।
- कोई व्यक्ति रेलगाड़ी की एक ही सीट पर बैठता है, यदि कोई और बैठ जाए तो व्यथित होता है।
- जब कोई व्यक्ति पार्किंग के लिए जगह की प्रतीक्षा में हो तो व्यक्ति पार्किंग की जगह छोड़ने में अधिक वक्त लेते हैं।
- जब कोई समूह फुटपाथ पर बातचीत में मशगूल हो तो अन्य व्यक्ति उन्हें टोकने के बजाय बगल से निकल जाएँगे।

समय के प्रयोग का भी आंगिक संप्रेषण में अध्ययन किया गया है, इसे क्रॉनेमिक्स कहते हैं। समय को लेकर अनुभव एवं प्रतिक्रिया एक सशक्त संप्रेषण है। समय की अनुभूति में, समयबद्धता, इंतजार, बोलने वाले की वाणी की गति और श्रोता कब तक सुनना चाहता है, आदि बातें अशाब्दिक या आंगिक संप्रेषण की विवेचना में योगदान करते हैं। समय की इस अनुभूति की जड़ें एवं समझ औद्योगिक क्रांति में निहित है। अमेरिकी लोगों के लिए समय एक बहुमूल्य स्रोत है जिसे वे व्यर्थ नहीं गँवाते और न ही हलके में लेते हैं।

समयबद्ध संस्कृतियों वाले देश 'मोनोक्रोनिक' कहलाते हैं, जैसे—अमेरिका, जर्मनी, स्वीटजरलैंड। इसके विपरीत 'पॉलीक्रानिक' समय प्रणाली में समय को लेकर अधिक तरलता होती है। लैटिन अमेरिका, एवं अरब संस्कृतियाँ समय की पॉलीक्रानिक प्रणाली का प्रयोग करती हैं। इसमें कार्य की अपेक्षा संबंधों और परंपराओं को अधिक महत्त्व दिया जाता है। यदि ये अपने परिवार या मित्रों के साथ हैं तो समय की विशेष सीमा या समस्या नहीं होती। सउदी अरब, मिस्र, मैक्सिको, फिलीपींस, भारत एवं कई अफ्रीकी देश पॉलीक्रानिक संस्कृतियों में आते हैं।

सर्वप्रथम 1952 में मानव-विकास विज्ञानी रेबर्ड विहिस्टैल ने शारीरिक स्थिति एवं संचलन विषयक 'काइनेसिक्स' का अध्ययन किया था। उनके अध्ययन से आंगिक संप्रेषण पर काफी प्रकाश पड़ता है, जैसे—शारीरिक मुद्रा, भाव-भंगिमा, स्पर्श, शारीरिक संचलन के तरीके।

आंगिक संप्रेषण के विभिन्न कार्यों को भी ध्यान में रखना पड़ता है; जैसे—

- भावनाओं को व्यक्त करना।
- पारस्परिक रुख को व्यक्त करना।
- वक्ता एवं श्रोता के मध्य अंत:क्रियाओं के संकेतों का प्रबंध करने में वाणी का साथ देना।
- किसी के व्यक्तित्व का स्व-प्रदर्शन।
- अनुष्ठान (अभिवादन), हैलो, हाय, बाय-बाय तथा नमस्कार आदि।

(2) आंगिक संप्रेषण की कठिनाइयाँ—आंगिक संप्रेषण में आने वाली कठिनाइयाँ इस प्रकार हैं कि प्रेषक एवं प्रेषिती की क्षमता में भिन्नता होना। ऐसा देखा गया है कि प्राय: महिलाएँ आंगिक संप्रेषण में पुरुषों की अपेक्षा अधिक बेहतर होती है। आंगिक संप्रेषण की योग्यताओं का परिमाप तथा सहानुभूति अनुभव करने की क्षमता शाब्दिक से अधिक सूक्ष्म और गहरी होने के कारण दोनों की योग्यताएँ एक-दूसरे से स्वतंत्र हैं ऐसे लोग जिन्हें आंगिक संप्रेषण में तुलनात्मक रूप से अधिक समस्या है, उनको ज्यादा चुनौतियों का सामना करना पड़ सकता है, विशेषकर संबंधों में। यद्यपि ऐसे संसाधन भी हैं जो विशेष रूप से इन्हीं लोगों के लिए हैं तथा उन्हें अन्य लोगों की तरह आसानी से सूचनाओं को समझने में सहायता दी जाती है। इन चुनौतियों का सामना करने वाले वर्ग को 'एस्पर्गर सिन्ड्रोम' सहित 'आस्टिस्म स्पेक्ट्रम डिसऑर्डर' से ग्रसित व्यक्ति के नाम से जाना जाता है।

□□

संप्रेषण कौशल

भूमिका

भाषा के माध्यम से सूचनाओं और विचारों के कुशल आदान–प्रदान की क्षमता ही संप्रेषण कौशल है। इसके प्रभावी व्यवहार में सार्वजनिक भाषण, प्रस्तुतीकरण, बातचीत, संघर्ष समाधान, ज्ञान बाँटना आदि मौखिक कौशल के अंतर्गत आते हैं और रिपोर्ट, प्रस्ताव, अनुदेश, मैनुअल तैयार करना, ज्ञापन सूचनाएँ लिखना, कार्यालय पत्र–व्यवहार आदि लेखन–कौशल के अंतर्गत आते हैं। इसमें मौखिक और गैर–मौखिक दोनों का सम्मिश्रण है। यद्यपि ये कौशल–श्रवण, मौखिक, वाचन और लेखन–अन्य भाषा शिक्षण के संदर्भ में आते हैं, किंतु मातृभाषा के रूप में यह दैनिक जीवन में भी महत्त्व रखती है। चूँकि हमारे संप्रेषण का अधिकारिक माध्यम अंग्रेजी भी है, इसलिए इसमें कुछ हद तक दक्षता होना भी आवश्यक है। बहुराष्ट्रीय और प्रतिष्ठित कंपनियों में प्लेसमेंट के लिए संप्रेषण–कौशल पर बल दिया जाता है। संप्रेषण की गुणवत्ता, रोजगार संबंधित विषय के ज्ञान के साथ–साथ अच्छे संप्रेषण कौशल पर निर्भर करती है। हालाँकि अंग्रेजी विदेशी भाषा है, किंतु भारत में इंडियन इंग्लिश के रूप में इसे द्वितीय भाषा माना जा रहा है। वस्तुतः यह हमारी मातृभाषा या प्रथम भाषा नहीं है। इसलिए इन चारों कौशलों के लिए सतत् अभ्यास और तदुपरांत भाषा–प्रयोगशाला सत्रों की आवश्यकता भी पड़ती है।

प्रश्न 1. भाषा और संप्रेषण के अंर्तसंबंध को स्प्ष्ट कीजिए।

उत्तर— भाषा का एक आंतरिक पक्ष है। भाषा एक रचना है। भाषा की व्याकरणिक रचना मन के जटिल भावों को एक–दूसरे पर प्रकट करने में सहायक है। इस दृष्टि से विचारों की अभिव्यक्ति यानी संप्रेषण की प्रक्रिया में भाषा की संरचना साधन का काम करती है।

भाषा का एक बाह्य पक्ष है। भाषा का सामाजिक–सांस्कृतिक संदर्भ ही भाषा के संप्रेषण का प्रयोजन है। यह भाषा का अर्थ पक्ष है। अर्थ के संदर्भ में हम सूचनाओं के आदान–प्रदान में योगदान करते हैं। जनसंचार तथा दूर संचार के माध्यम से व्यापक संप्रेषण संभव हो पाया था। अब युग आ गया है जब संचार और संगणन एक साथ मिलेंगे और संप्रेषण को सुदृढ़ बनाएँगे।

भाषा के बारे में लोग यही सोचते थे कि भाषा एक व्याकरणबद्ध व्यवस्था है और दो लोगों के बीच विचारों के आदान–प्रदान का माध्यम है। लेकिन धीरे–धीरे भाषा की संकल्पना और भाषा के बारे में अध्ययन दृष्टि में विस्तार होता गया। जहाँ पहले लोग बोलियों को भाषा का विकृत तथा तिरस्कृत रूप मानते थे, आज हम समाज भाषा विज्ञान के अंतर्गत भाषा के विविध रूपों का जीवंतता की चर्चा करते हैं। भाषा पूरे समाज के विविध संदर्भों में संप्रेषण का माध्यम है।

इसी तरह भाषा अध्ययन के विविध संदर्भों में दृष्टि परिवर्तन दिखाई देता है। प्रैग्मैटिक्स नामक भाषाविज्ञान की नई शाखा में हम कोशीय अर्थ से हटकर भाषा व्यवहार में निहित संप्रेषण को समझने का यत्न करते हैं। इस नई दृष्टि का प्रभाव अनुप्रयुक्त भाषाविज्ञान के विविध क्षेत्रों पर भी पड़ा है। भाषा शिक्षण अब मात्र संरचनाओं को कंठस्थ कराने का यत्न नहीं करता, बल्कि संप्रेषण के स्तर पर भाषिक क्षमता के विकास करने का यत्न करता है। इस परिप्रेक्ष्य में संप्रेषण से चर्चा शुरू करना भाषाविज्ञान की अधुनातन प्रवृति को जानने का आधार बन सकता है।

भाषा के कार्य को केवल शब्दार्थ या वाक्यार्थ तक सीमित नहीं कर सकते। संप्रेषण का दायरा भाषिक अर्थ से ही ज्यादा विस्तृत है। हमारी संस्कृति, साहित्य और वाङ्मय, आचार–विचार सभी संप्रेषण की प्रक्रिया से ही संभव है।

मानव की भाषा प्रारंभ में संभवतः सिर्फ आवश्यकताओं की पूर्ति के संप्रेषण मात्र का साधन थी। भाषा के इस्तेमाल के पिछले कुछ सहस्त्राब्दि में मानव ने संप्रेषण के इस साधन को माँजकर संपन्न बनाया है और संप्रेषण के विविध संदर्भों और रूपों का विकास किया है। इस दीर्घ कालीन परम्परा के कारण हमारे पास ज्ञान–विज्ञान तथा साहित्य के विविध कोष उपलब्ध हैं। इसी को हम व्यापक अर्थ में सांस्कृतिक संप्रेषण की संज्ञा दे सकते हैं। लेखन के आविष्कार से भाषिक संप्रेषण को स्थायित्व मिला। आज भी हम शिक्षा के माध्यम से संप्रेषण को सुदृढ़ करने का यत्न कर रहे हैं।

मनुष्य का प्रारंभिक संप्रेषण व्यक्तिशः होता था। प्रायः दो लोगों की बातचीत, सामूहिक चर्चा तथा यदा–कदा अपने वर्ग को संबोधित करना संप्रेषण के रूप थे। आधुनिक युग में प्रौद्योगिकी के विकास के कारण संचार के क्षेत्र में अभूतपूर्व क्रांति आई। संचार के साधनों ने

संप्रेषण का स्वरूप ही बदल दिया है। अब हम व्यक्तिशः संप्रेषण से हटकर जनसंचार के युग में पहुँचे हैं। जनसंचार वास्तव में जनता के व्यापक संप्रेषण का ही दूसरा नाम है। इस तरह संचार और संप्रेषण दोनो एक सिक्के के दो पहलुओं की तरह जुड़े हैं। शायद यही कारण है कि अंग्रेजी में दोनों के लिए एक ही शब्द है।

वर्तमान युग में कंप्यूटरों ने सूचना समाज के निर्माण में योगदान किया है। कंप्यूटर सूचनाओं का त्वरित गति से संसाधन ही नहीं करते, बल्कि इंटरनेट तथा नेटवर्क के जरिए संप्रेषण का संदेश इसी लक्ष्य की पूर्ति में व्यक्त होता है।

संप्रेषण के तीन पक्ष हैं–संप्रेषित करने वाला (वक्ता या लेखक), संदेश जो संप्रेषित किया जाता है और संदेश ग्रहण करने वाला (श्रोता या पाठक)। भाषा की दृष्टि से संदेश की संप्रेषणीयता का सवाल आता है। उस दृष्टि से भाषा एक कोड है, अर्थ की वाहिका है। अगर कोड त्रुटिपूर्ण हो तो संदेश संप्रेषित नहीं होगा। इस कारण शुद्ध उच्चारण, सही लेखन, उपयुक्त शब्दों का प्रयोग, व्याकरण सम्मत वाक्यों की रचना संप्रेषण के लिए आवश्यक है। यह संप्रेषण का भाषा वैज्ञानिक पक्ष है।

भाषिक संप्रेषण में दोनों पक्षों में परस्परता एक प्रमुख लक्षण है। इस कारण वक्ता और श्रोता यह सुनिश्चित करते हैं कि संदेश उचित ढंग से संप्रेषित हो रहा है या नहीं। संप्रेषण को साधना एक अनिवार्य कौशल है जिसकी झलक संप्रेषण की स्थितियों में देखी जा सकती है। संप्रेषण के औपचारिक संदर्भ हैं जैसे पत्र लेखन, भाषण, साक्षात्कार, कार्यालय की बैठक आदि। उन संदर्भों में विचारों के संप्रेषण को औपचारिक रूप में निश्चित किया गया है। जैसे पत्र लेखन में संबोधन, विषय प्रवर्तन, स्वलेख, भेजने वाला का पता आदि लेखन को संदेश की दृष्टि से सुनिश्चितता प्रदान करते हैं। इस तरह विविध विधाओं की भाषा, शब्दावली, अभिव्यक्तियाँ आदि विधागत भाषिक अभिलक्षण हैं, जो संप्रेषणीयता सुनिश्चित करते हैं।

संचार का संदर्भ भौतिक साधनों से है। आधुनिक युग में दूर संचार, उपग्रह संचार, इंटरनेट आदि साधन विकसित हुए हैं, जिनसे संप्रेषण के नए आयाम खुले हैं। टेलीक्रांफ्रेंसिंग एक नया संप्रेषण है, जिसमें विश्व भर के विद्वान पूरी परस्परता के साथ विचार–विमर्श में भाग ले सकते हैं। यह भौतिक संप्रेषण के कारण ही संभव हुआ है।

जन संचार आदान–प्रदान की प्रक्रिया से बना शब्द है। वास्तव में यह संप्रेषण का एक नया आयाम है जिसमें पूरा समाज संदेश देने और लेने का काम करता है। रेडियो, पत्रकारिता, टेलीविजन आदि में परस्परता के अभाव में भी लोगों की व्यापक प्रतिभागिता रहती है। वैसे संचार साधनों के विकास के कारण इनमें परस्परता भी बढ़ी है। जन संचार ने इस बदलती परिस्थिति में कई नई विधाओं को भी जन्म दिया है। जन संचार के साधन केवल सूचनाओं का ही प्रसारण नहीं करते, बल्कि वैचारिक धरातल पर भी समाज दूसरे समाजों को अपने संदेश से प्रभावित कर सकते हैं। इसे लोग संस्कृति पर प्रभाव के रूप में देखते हैं और इसकी उपादेयता या अवांछनीयता के बारे में चिंतनशील हैं। जी.पी.एच. की पुस्तकों का मुख्य उद्देश्य ज्ञान के साथ–साथ अच्छे नम्बर दिलाना है।

प्रश्न 2. भाषिक संप्रेषण की प्रक्रिया पर प्रकाश डालिए।

उत्तर— भाषिक संप्रेषण के लिए कम-से-कम एक वक्ता और एक श्रोता का उपस्थित होना अनिवार्य है, इसलिए संप्रेषण की प्रक्रिया उच्चारण तथा श्रवण अवयवों द्वारा परिचालित होती है। इसके साथ ही संप्रेषण की संपूर्ण प्रक्रिया में अभाषिक अथवा भाषेतर तत्त्व भी सम्मिलित होते हैं। जो संप्रेषण कौशल को ही परिपुष्ट करते हैं। संप्रेषण कौशल में प्रयुक्त भाषेतर तत्त्व निम्न प्रकार से हैं—

- स्वर शैली
- स्वर की प्रबलता
- आरोह-अवरोह
- अंगभंगिमा, अंग चालन आदि भाषेतर संप्रेषण के अभिन्न अंग हैं। वक्ता और श्रोता के बीच की दूरी भी एक ऐसा ही अंग है।

जब भाषिक तथा अभाषिक तत्त्वों में पूर्ण सामंजस्य हो, तभी सफल एवं प्रभावशाली संप्रेषण संभव है। श्रवण एवं अभिव्यक्ति के संयोग से संप्रेषण अपनी पूर्णता के साथ तभी प्रकट होगा। यहाँ यह ध्यातव्य है कि अभाषिक तत्त्वों का अपना विशेष महत्त्व होते हुए भी वे अपेक्षाकृत संप्रेषण की प्रक्रिया में गौण स्थान रखते हैं। भाषा का मूल आधार संप्रेषण है। अतः संप्रेषण कौशल को समझना आवश्यक है। इसके लिए वाक्-क्रिया अथवा वाक्-घटना को भी जानने की आवश्यकता है।

जब प्रेषक प्रेषिती को संदेश भेजता है अथवा प्रेषित करता है तब यह संदेश संप्रेषित हो, इसके लिए इसका ऐसा निर्दिष्ट संदर्भ अथवा निर्देश होना चाहिए जिसे प्रेषिती ग्रहण कर सके तथा जिसकी शाब्दिक अभिव्यक्ति संभव हो। इसके लिए एक कूट या संकेत पद्धति अपेक्षित होती है, जिसे पूर्ण या आंशिक रूप से प्रेषक एवं प्रेषिती दोनों समझ सकें। प्रेषक (संकेतक) एवं प्रेषिती (विसंकेतक) के बीच में संपर्क होना चाहिए ताकि वे संप्रेषण को क्रियान्वित कर सकें। यह संपर्क भौतिक सारणी एवं मानसिक संबंध दोनों रूप में अपेक्षित है। इस विश्लेषण को आरेख द्वारा इस प्रकार व्यक्त किया जा सकता है—

निर्दिष्ट संदर्भ (निर्देश)

संकेतक (प्रेषक) ⟶ संदेश ⟵ विसंकेतक
⟶ संपर्क ⟵

वस्तुतः यह आरेख अवगम-सिद्धांत पर आधारित है। यह गणितीय भौतिकी की शाखा है। इस सिद्धांत के अनुसार संप्रेषण किसी एक तंत्र से अन्य तंत्र को संदेशों का अंतरण करने की क्रिया है। संदेश संप्रेषण-सरणि के माध्यम से अंतरित किए जाते हैं। भौतिक रूप से तो केवल संकेत अंतरित होते हैं। अतः संकेत संदेश-वाहन करते हैं और स्वयं संदेशों के मूर्त रूप होते हैं।

अवगम सिद्धांत के अनुसार प्रत्येक संप्रेषण क्रिया के पाँच खंड अथवा चरण होते हैं जिनका विवरण निम्नानुसार है—

- संदेश का संकेतन
- उसका प्रेषण अथवा अंतरण
- उसका संकेत रूप में कार्यान्वयन
- उसका अभिग्रहण
- उसका विसंकेतन

अनेक अर्थों में मानवी भाषाएँ असीमित हैं। इनका संप्रेषणात्मक सामर्थ्य अपरिमित है क्योंकि मनुष्य विविक्त संकेतों के अपरिमित समुच्चयों का प्रयोग करता है। किसी भी विषय पर मानव चाहे जितना बोल सकता है। कोई ऐसा विषय नहीं – जिस पर वह बोल न सके। इन संकेतों में आवश्यकतानुसार संकेतों का चयन करता है।

संकेतों का प्रेषण व्यक्ति यंत्र से पूरा किया जाता है। इनके कार्यान्वयन में सुनने योग्य ध्वनियों को वायु ऊर्मियों, प्रकाश विद्युत उपकरण आदि से भेजा जाता है। इन ध्वनियों को श्रोता अभिग्रहण करता है और फिर विसंकेतन होता है अर्थात् अर्थ की प्राप्ति होती है लेकिन इसमें वक्ता के कोड की जानकारी श्रोता को होनी आवश्यक है।

प्रश्न 3. संप्रेषण कौशल कितने प्रकार के होते हैं? उनका सविस्तार परिचय दीजिए।

उत्तर– विद्वानों द्वारा संप्रेषण कौशल के चार प्रकार बताए गए हैं–श्रवण, अभिव्यक्ति, वाचन और लेखन। श्रवण (सुनना) और वाचन (पढ़ना) निष्क्रिय कौशल माने गए हैं जबकि अभिव्यक्ति (मौखिक या बोलना) तथा लेखन (लिखना) सक्रिय कौशल माने गए हैं। सक्रिय कौशल से विचारों को व्यक्त करने में अधिक सक्षम हैं। इन चारों के विवरण इस प्रकार हैं–

(1) श्रवण कौशल–इस कौशल का संबंध श्रोता से है। विचार या प्रत्यय (concept) के आधार पर ध्वनि–प्रक्रिया के द्वारा जो शब्द–बिंब उच्चारण अवयवों के माध्यम से ध्वनित होता है वह ध्वनि–तरंगों के द्वारा श्रोता तक पहुँचता है। इस प्रक्रिया में श्रोता की कर्णेन्द्रिय उन ध्वनि तरंगों को ग्रहण करके ध्वनिक–बिंब के रूप में परिवर्तित करती है। तत्पश्चात् श्रोता के मन में विचार या संकेत उत्पन्न होता है। इससे ही श्रोता को बोध होता है।

वास्तव में इस प्रक्रिया का प्रारंभ एवं अंत विचार या प्रत्यय से ही होता है। एक ओर अभिव्यक्ति का साधन वाक्–इंद्रिय है तथा दूसरी ओर बोध या ग्रहण का साधन कर्णेन्द्रिय है। वक्ता ने कुछ भाव प्रकट किए और श्रोता ने उसे उसी रूप में ग्रहण किया। इस प्रकार बोलते हुए जो ध्वनियाँ सुनाई देती है, उन्हें पहचानना और समझना श्रवण कौशल है।

इस प्रक्रिया की तुलना वायरलेस (wireless), टेलीग्राम (Telegraph), टेलीविजन (Television) आदि से भी की जा सकती है। इन इलेक्ट्रॉनिक यंत्रों में ध्वनियों को विद्युत–तरंगों के माध्यम से भेजा जाता है। सांकेतिक भाषा (code words) के द्वारा प्रेषित ध्वनियाँ ग्रहण किए जाने पर पुनः सांकेतिक रूप में परिवर्तित होती हैं और अपने अर्थ को अभिव्यक्त करती है। अभिव्यक्ति और बोध की यह प्रक्रिया भाषा की मूल प्रक्रिया है। इसी से भाषा संचालित होती है। संदेश का आवागमन ही इस प्रक्रिया का कार्य है। यही भावना का आदान–प्रदान है।

(2) अभिव्यक्ति कौशल बनाम वक्ता—इस कौशल का संबंध वक्ता से है। इसमें वक्ता मौखिक रूप से बोलने का कौशल प्राप्त करता है। इसे मौखिक अभिव्यक्ति अथवा भाषण कौशल भी कहते हैं। यह कौशल कठिन कौशल है। इस कौशल का विकास करने के लिए भाषा में प्रयुक्त ध्वनि, ध्वनि–व्यवस्था और वाक्य संरचना पर अधिकार करना होता है।

भाषाविज्ञान की दृष्टि से भाषा के दो अनिवार्य तत्त्व होते हैं—वक्ता एवं श्रोता। किसी वस्तु को देखकर वक्ता के मन में कुछ भाव उत्पन्न होते हैं। जिनको वक्ता अभिव्यक्त करना चाहता है। इसके लिए भाषा का आश्रय लिया जाता है। सर्वप्रथम वक्ता के मन में विचार आता है, उसे हम प्रत्यय (concept) कहते हैं। विचार को बिंब में परिवर्तित किया जाता है। तत्पश्चात् उसे वाग्यंत्र द्वारा ध्वनित किया जाता है। इसे भाषा का अभिव्यक्त पक्ष कहा जाता है।

उच्चारण और मौखिक भाषण शीर्षक से अभिव्यक्ति कौशल के दो मुख्य पक्ष हैं। उच्चारण के अंतर्गत स्वर, व्यंजनों के सही उच्चारणों के साथ बलाघात, तान–अनुतान पर भी ध्यान दिया जाता है। मौखिक भाषण के अंतर्गत मौखिक वाचन, सुनो और कहो, गीत द्वारा वाचन, बलाघात, तान–अनुतान वार्तालाप, संवाद, साक्षात्मक आदि आते हैं। संलाप में स्वगत कथन, एकालाप या व्यक्ति अपने आप से बात करता है और वार्तालाप सामान्य बातचीत के लिए होता है। संवाद, प्रायः नाटक के पात्रों के बीच बातचीत करना होता है।

अभिव्यक्ति पक्ष की पृष्ठभूमि में मानव की संपूर्ण ज्ञानार्जन–प्रक्रिया निहित रहती है। वक्ता अपने समाज से ही शब्दों को सुनता है और व्यक्त करता है, फिर शब्दों का अर्थ स्वयं समझता है। अर्थ और वस्तु के संकेत को वक्ता ग्रहण करता है। शब्दार्थ संबंध को भी ग्रहण किया जाता है। परिणामस्वरूप, वक्ता भाषा के प्रयोग में स्वतंत्र होता है। भाषा के अंतर्गत वक्ता और श्रोता की विविध प्रक्रिया प्रति क्षण काम करती रहती है। इसे हम अभिव्यक्ति पक्ष और तथा बोधपक्ष के रूप में समझ सकते हैं। अभिव्यक्ति पक्ष में भाषा का उच्चारण, ध्वनन या प्रकाशन और बोधपक्ष में उसका ग्रहण करना तथा तदनुकूल चेष्टा अंतर्निहित रहती है।

अभिव्यक्ति पक्ष तथा बोधपक्ष दोनों अलग–अलग व्यक्तियों में ही हों, यह आवश्यक नहीं। परिस्थिति और आवश्यकता के अनुसार, वक्ता तथा श्रोता दोनों एक ही व्यक्ति हो सकते हैं। अपने भावों की अभिव्यक्ति के लिए वह वक्ता है, दूसरे की अभिव्यक्ति को सुनने के लिए वह श्रोता है। संलाप, वार्तालाप आदि में प्रायः यह प्रक्रिया इतनी तीव्र होती है कि कौन वक्ता है और कौन श्रोता इस बात को पहचानना कठिन हो जाता है। केवल यही समझ में आता है कि अभिव्यक्ति क्या है।

(3) वाचन कौशल—इस कौशल में व्यक्ति पाठक की भूमिका निभाता है। यहाँ भाषा का लिखित रूप आधार का काम करता है। इसे शिक्षार्थी पढ़कर ग्रहण करता है। वस्तुतः भाषा का मूल रूप उच्चरित होता है, लेकिन उसे लिपिबद्ध कर पाठ के रूप में संयोजित किया जाता है। मुद्रित रूप भी लिपिबद्ध रूप का एक प्रतिनिधि है।

वस्तुतः अक्षरों के प्रत्यय हमारे मस्तिष्क में क्रमबद्ध होकर एक चित्र का निर्माण करते हैं। हम उसका मन ही मन या सस्वर उच्चारण करते हैं। वह क्रिया जिसमें शब्दों के साथ अर्थ

ध्वनि भी निहित है, वाचन कहलाती है। इसमें हस्तलिखित और मुद्रित सामग्री का वाचन बहुत महत्त्वपूर्ण होता है। वाचन में मुख्यतः दो बातें होती हैं—एक, वर्णों और शब्दों को पहचानना और लिखित आधार पर अर्थ ग्रहण करना। लिपि-चिह्नों की पहचान होने पर ही शब्द की पहचान संभव होती है। वस्तुतः शब्दों के पारस्परिक संबंधों की जानकारी के आधार पर अर्थ ग्रहण संभव होता है। इसमें दृश्य ग्रहण (Usual Perception) की भी भूमिका रहती है।

सस्वर वाचन और मौन वाचन, वाचन के ये दो प्रकार है। सस्वर वाचन बोलते हुए पढ़ना है और ओंठ न चलाते हुए पढ़ना मौन वाचन कहलाता है। सस्वर वाचन एक कलात्मक कौशल है। इसमें सामग्री का वाचन करते हुए शारीरिक चेष्टाएँ, तान-अनुतान, हाव-भाव आदि में तो यह आदर्श वाचन है। वर्तनी बोध, ध्वनि-साम्य, अनुकरण आदि पर ध्यान रखना होता है। मौन वाचन में गहन वाचन और द्रुत वाचन दोनों होते हैं।

गहन वाचन में पाठ्य-सामग्री में निहित ज्ञान के बिंदुओं का स्पष्टीकरण करना होता है। इसमें वर्ण, मात्रा, शब्द या वाक्यों पर ध्यान न जाकर अर्थ की प्राप्ति करना होता है। वाचन शक्ति का विकास वाचन की गति बढ़ाना है। इसमें कम समय में अर्थ ग्रहण करना और अधिक पृष्ठों का वाचन करना है। मौन वाचन एक प्रकार का पठन ही है।

वाचन 'कौशल' के निम्नलिखित बिंदुओं का विशेष महत्त्व है—

(क) वाचन में प्रवाह बनाए रखना।
(ख) प्रत्येक अक्षर का शुद्ध और स्पष्ट उच्चारण करना।
(ग) प्रत्येक शब्द को अलग-अलग उचित बल तथा विराम के साथ पढ़ना होता है।
(घ) मधुरता, प्रभावोत्पादकता, तथा चमत्कारपूर्ण ढंग से आरोह-अवरोह के साथ वाचन होना अपेक्षित है।
(ङ) सस्वर वाचन ही सामाजिक रूप से व्यावहारिक होता है।
(च) वाचन में आत्मविश्वास का होना आवश्यक है।
(छ) मौन वाचन केवल व्यक्तिगत स्तर पर ही हो सकता है।

वास्तव में वाचन एक कला है। जीवन के प्रत्येक क्षेत्र में वाचन की आवश्यकता होती है। व्यक्ति का सबसे बड़ा गुण उसकी सुसंस्कृत एवं मधुर वाणी है। वाणी की मधुरता को अमृततुल्य कहा गया है। मनुष्य अपने विचारों को बोलकर या लिखकर व्यक्त करता है। वाचन शिक्षा प्राप्ति में भी सहायक है तथा मौखिक अभिव्यक्ति या वाचन कौशल की शिक्षण विधियों का भी विशेष महत्त्व है।

भावों एवं विचारों का आदान-प्रदान परस्पर वार्तालाप से होता है, सहमति-असहमति बनती है और अपना मंतव्य स्पष्ट करने में सहायता मिलती है। वार्तालाप शिक्षण के लिए अध्यापक छात्रों के साथ वार्तालाप करते हैं। अतः प्रत्येक छात्र को वार्तालाप में भाग लेने हेतु प्रेरित करना उसका धर्म है। वार्तालाप का विषय छात्रों के मानसिक, बौद्धिक स्तर के अनुसार होना चाहिए। सस्वर वाचन का प्रशिक्षण देने के लिए शिक्षक को स्वयं आदर्श वाचन करना चाहिए।

(4) लेखन कौशल— लेखन से तात्पर्य दृश्य-चिह्नों में अंकित ध्वनियों को अक्षर प्रतीकों में अंकित करना है। इसमें व्याकरण के अनुसार और तार्किक ढंग से लिपि, वर्तनी आदि को लिखा जाता है। अच्छे लेखन कौशल हेतु अभ्यास और ज्ञान की आवश्यकता होती है।

लेखन दो प्रकार का होता है— एक रचना और दो, श्रुतलेख। रचना लेखन भी दो प्रकार का होता है— एक, नियंत्रित रचना और दो, मुक्त रचना। नियंत्रित लेखन में कहानी सुना कर लिखना, किसी विषय के बिंदु बता कर लिखना है जबकि मुक्त रचना में पत्र, निबंध, सारांश आदि का स्वतंत्र लेखन है।

श्रुत लेखन भी लेखन के अंतर्गत आता है। जिसमें किसी अन्य व्यक्ति द्वारा बोले गए वाक्यों, पाठ आदि को लिखना होता है। वास्तव में लेखन अथवा रचना का सर्वोत्तम रूप निबंध है। निबंध में विचार और भाषा की कसावट होना अपेक्षित है। निश्चित क्रम में जुड़े हुए शब्द और वाक्य और तर्कपूर्ण ढंग से विचार व्यक्त करना ही आदर्श लेखन है। विषय के अनुकूल भाषा और विचारों में सामंजस्य होना अपेक्षित है। सरस, सरल, सहज और मुहावरेदार भाषा निबंध लेखन के आवश्यक अंग है और यही लेखन को प्रभावशाली बनाते हैं।

हिंदी वाक्य-विन्यास में निम्न बातों का ध्यान रखना जरूरी है—

- (क) कर्मवाच्य के स्थान पर कर्तृवाच्य (Active voice) का उपयोग करना अधिक अच्छा है।
- (ख) लेखन, किसी वर्णन को साकार करने वाला होना चाहिए न कि केवल बताने वाला। पाठक के समक्ष लेखन के माध्यम से, शब्द-चित्र उपस्थित हो जाना चाहिए।
- (ग) लच्छेदार वाक्यों से बचकर सीधे, सरल छोटे वाक्यों का प्रयोग उचित रहता है।
- (घ) सशक्त शब्दों का उपयोग अपेक्षित है।
- (ङ) रूपक और उपमाओं का प्रयोग सावधानी से किया जाना उचित होगा।
- (च) रूढ़ोक्तियों से बचना आवश्यक है।
- (छ) अपने लेखन के लिए पढ़ना जरूरी है।
- (ज) आवश्यकता पड़ने पर रूपरेखा बनाई जाए तो लेखन अधिक सुडौल और सुष्ठु होता है।
- (झ) प्रतिदिन लिखने से लेखन सुंदर होता है।
- (ञ) संवाहन—अपने लिखे हुए को एक-दो दिन बाद पुनः ताजी नजरों से पढ़िए, इससे आपको अपने ही लिखे हुए का दोष समझ आ जाएगा। आप उसे सुधार सकते हैं।
- (ट) अपने समाज-सांस्कृतिक ज्ञान को सुदृढ़ रखना चाहिए।
- (ठ) मन में उठने वाले सभी विचारों को लिख डालना चाहिए।
- (ड) अपने लेखन पर फीडबैक लीजिए।

कोई भी भाषा लिपि का वरदान पाकर सभ्यता और संस्कृति का संरक्षण करती है। संक्षेप में लेखन कौशल के गुण निम्नलिखित हैं—

    (i) भाषा एवं शैली प्रभावोत्पादक हो।
    (ii) उसमें प्रवाहशीलता एवं क्रमबद्धता हो।
    (iii) लेखन सुंदर, स्पष्ट और सुडौल हो।
    (iv) विषय सामग्री उपयुक्त अनुच्छेदों में विभाजित हो।
    (v) अभिव्यक्ति संक्षिप्त, स्पष्ट, सरल एवं प्रभावपूर्ण हो।

भाषा के चार कौशलों—में से मौखिक अभिव्यक्ति के बाद लेखन कौशल दूसरा सशक्त कौशल है। वस्तुतः लिखना और बोलना अभिव्यक्ति कौशल है। पढ़ना और सुनना 'ग्रहण कौशल' है। जब लेखन की बात होती है तो पाठक की बात अपने आप आ जाती है। अतः शुद्ध वर्तनी, सही विरामचिह्नों का प्रयोग, सही प्रारूप, सही शब्द प्रयोग, सही व्याकरण, सही वाक्य, सही अनुच्छेद आदि बातें ध्यान में रखकर लिया जाना आदर्श लेखन के लिए आवश्यक है।

प्रश्न 4. संप्रेषण कौशल के विभिन्न पक्षों का उल्लेख कीजिए।

उत्तर— वास्तव में संप्रेषण कौशल को यदि —श्रवण अभिव्यक्ति, वाचन और लेखन के स्तर पर व्याख्या की जाए तो जिन निर्धारक तत्त्वों का विकास होता है वे इस प्रकार हैं—

- **उत्पादन क्षमता**—अर्थात् जिस योग्यता के आधार पर हम परिमित साधनों का अपरिमित प्रयोग कर असंख्य वाक्यों का निर्माण कर सकते हैं तथा समझ सकते हैं। इनमें ऐसे वाक्य भी सम्मिलित हैं जो हमने पहले कभी नहीं सुने अथवा पढ़े।
भाषा की उत्पादन क्षमता का सिद्धांत परंपरागत व्याकरणों में पूर्ण रूप से उपस्थित रहा है। इस विषय पर अर्वाचीन साहित्य में बहुत से भाषाविज्ञानियों ने विशेषकर अमेरिकी विद्वान चॉम्स्की ने विचार—मनन किया है।

- **यादृच्छिकता**—भाषा की परिभाषा से भी इसका संबंध है। भाषा की यादृच्छिकता के बीच किसी भी प्रकार का सहजात संबंध नहीं होता। हमारे अपने मानस—पटल पर अंकित प्रतीकों के माध्यम से हम अपना भाव संप्रेषित करते हैं।

- **व्यावहारिकता**—अर्थात् जहाँ प्रेषक प्रेषित अथवा संकेतक व विसंकेतक के कार्य की अदला—बदली हो सकती है। एक ही व्यक्ति संदेश भेज भी सकता है और उन्हें प्राप्त भी कर सकता है।

- **विस्थापन**—भाषा संप्रेषण का एक लक्षण यह है कि उसके द्वारा मनुष्य वास्तविकता एवं अवास्तविकता, तथ्य एवं कल्पना, वर्तमान, भूत—भविष्य सभी के विषय में बात कर सकता है।

- **विशेषता**—अर्थात् मानव की वह योग्यता जिसके फलस्वरूप वह संप्रेषण—क्रिया से पूर्ण रूप से उलझाव एवं लगाव अनुभव नहीं करता। सामान्य कार्य—कलाप में संप्रेषण—क्रिया व्यवधान उत्पन्न नहीं करती। संप्रेषण के लिए यह आवश्यक नहीं कि

अन्य चल रहे कार्य को स्थगित किया जाए। प्रायः चल रहे कार्य एवं संप्रेषण–क्रिया में किसी भी प्रकार का संबंध नहीं होता। उदाहरण के लिए, एक स्त्री चपाती सेंकती हुई पास में बैठे बच्चे के प्रश्नों का उत्तर दे सकती है।

- **सांस्कृतिक संचारण**—भाषा–विशेष के संदर्भ में मानवीय संप्रेषण–व्यवस्था अनुवांशिक नहीं है। भाषिक योग्यता अंतर्जात होते हुए भी प्रत्येक मनुष्य को अपनी भाषा की संरचना नए सिरे से सीखनी होती है। कोई भी व्यक्ति जन्मजात भाषा–विशेष की संरचना–व्यवस्था से परिचित नहीं होता। वह कौन–सी भाषा सीखेगा, यह उसके सांस्कृतिक परिवेश एवं भाषिक वातावरण पर निर्भर करता है। यदि कोई भारतीय बालक जन्म से अमेरिका में रहकर बड़ा होता है तो वह वहाँ की भाषा बोलेगा और समझेगा न कि भारतीय भाषा। अतः संप्रेषण–व्यवस्था मनुष्य की एक सामाजिक एवं सांस्कृतिक विशेषता है, जो अपने समय, स्थान अथवा देश, काल, पात्र आदि की अनुकूलता के साथ ही प्रकट होती है।

□□

प्रश्न पत्र

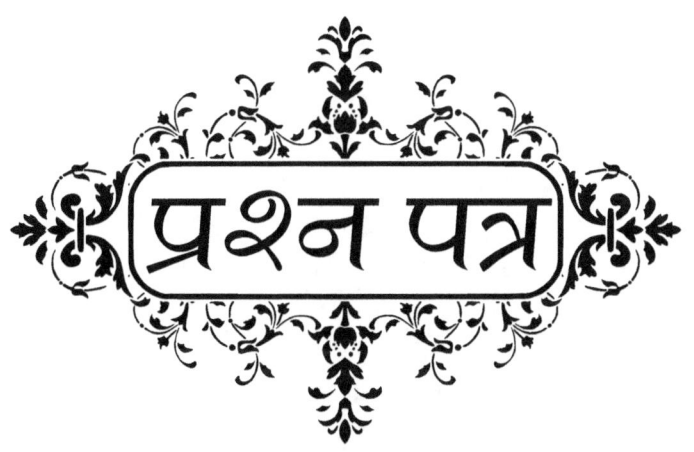

हिंदी भाषा और संप्रेषण : बी.एच.डी.ए.ई.–182
सैम्पल पेपर–I

नोट : किन्हीं पाँच प्रश्नों के उत्तर दीजिए। सभी प्रश्नों के अंक समान हैं।

प्रश्न 1. भाषा के अर्थ एवं परिभाषा को स्पष्ट कीजिए।
उत्तर– देखें अध्याय–1, प्र.सं.–1

प्रश्न 2. वर्ण विच्छेद का अभिप्राय उदाहरण सहित स्पष्ट कीजिए।
उत्तर– देखें अध्याय–2, प्र.सं.–5

प्रश्न 3. हिंदी में अर्द्ध स्वर कौन–कौन से हैं? उदाहरण देकर स्पष्ट कीजिए।
उत्तर– देखें अध्याय–4, प्र.सं.–3

प्रश्न 4. स्वर वर्णों की विभिन्न विशेषताएँ बताइए।
उत्तर– देखें अध्याय–5, प्र.सं.–2

प्रश्न 5. आंगिक संप्रेषण के अर्थ और स्वरूप को स्पष्ट कीजिए।
उत्तर– देखें अध्याय–8, प्र.सं.–4

प्रश्न 6. संप्रेषण कौशल के विभिन्न पक्षों का उल्लेख कीजिए।
उत्तर– देखें अध्याय–9, प्र.सं.–4

प्रश्न 7. वाक्य की अवधारणा को स्पष्ट कीजिए।
उत्तर– देखें अध्याय–7, प्र.सं.–1

प्रश्न 8. भाषा और संप्रेषण के अंर्तसबंध को स्प्ष्ट कीजिए।
उत्तर– देखें अध्याय–9, प्र.सं.–1

प्रश्न 9. संबंधबोधक अव्यय से आप क्या समझते हैं? इसके कार्य व भेदों पर प्रकाश डालिए।

उत्तर— देखें अध्याय–6, प्र.सं.–11

प्रश्न 10. निम्नलिखित में से किन्हीं दो पर संक्षिप्त टिप्पणी लिखिए।

(क) ह्रस्व स्वर

उत्तर— देखें अध्याय–3 प्र.सं.–3

(ख) वर्ण विचार

उत्तर— देखें अध्याय–2, प्र.सं.–2

(ग) हिंदी व्यंजनों के क्षेत्रीय रूप

उत्तर— देखें अध्याय, 4 प्र.सं.–4

(घ) हिंदी भाषा और उसका विकास

उत्तर— देखें अध्याय–1, प्र.सं.–4

> "शिक्षा एक ऐसा धन है, जिसे चुराया नहीं जा सकता।"

हिंदी भाषा और संप्रेषण : बी.एच.डी.ए.ई.–182
सैम्पल पेपर–II

नोट : किन्हीं पाँच प्रश्नों के उत्तर दीजिए। सभी प्रश्नों के अंक समान हैं।

प्रश्न 1. वर्ण लिखने की रीति को स्पष्ट कीजिए।
उत्तर– देखें अध्याय–2, प्र.सं.–4

प्रश्न 2. हिंदी भाषा के स्वरूप और क्षेत्रों का विवरण उदाहरण सहित प्रस्तुत कीजिए।
उत्तर– देखें अध्याय–1, प्र.सं.–5

प्रश्न 3. संप्रेषण के अर्थ को स्पष्ट करते हुए उसके सिद्धांतों पर प्रकाश डालिए।
उत्तर– देखें अध्याय–8, प्र.सं.–1

प्रश्न 4. वर्ण और लिपि में अंतर उदाहरण देकर स्पष्ट कीजिए।
उत्तर– देखें अध्याय–2, प्र.सं.–1

प्रश्न 5. भाषा के स्वरूप एवं प्रकृति पर प्रकाश डालिए।
उत्तर– देखें अध्याय–1, प्र.सं.–2

प्रश्न 6. स्वर एवं व्यंजन के उच्चारण में होने वाले प्रयत्नों की विवेचना कीजिए।
उत्तर– देखें अध्याय–2, प्र.सं.–7

प्रश्न 7. अन्विति को स्पष्ट करते हुए कर्त्ता और कर्म के साथ क्रिया के अन्वय संबंधी नियमों का उल्लेख कीजिए।
उत्तर– देखें अध्याय–7, प्र.सं.–2

प्रश्न 8. भाषिक संप्रेषण की प्रक्रिया पर प्रकाश डालिए।
उत्तर— देखें अध्याय—9, प्र.सं.—2

प्रश्न 9. हिंदी की नासिक ध्वनियों का विवरण उदाहरण सहित प्रस्तुत कीजिए।
उत्तर— देखें अध्याय—4, प्र.सं.—4

प्रश्न 10. निम्नलिखित में से किन्हीं दो पर संक्षिप्त टिप्पणी लिखिए।
(क) स्पर्शी व्यंजन
उत्तर— देखें अध्याय—4 प्र.सं.—2

(ख) वर्ण की विशेषताएँ
उत्तर— देखें अध्याय—5, प्र.सं.—1

(ग) दीर्घ स्वर
उत्तर— देखें अध्याय—3 प्र.सं.—3

(घ) कोशीय शब्द और व्याकरणिक शब्द में अंतर
उत्तर— देखें अध्याय—6, प्र.सं.—2

"शिक्षा से ज्यादा मूल्यवान कोई चीज नहीं है, इसे केवल परिश्रम द्वारा ही पाया जा सकता है।"

हिंदी भाषा और संप्रेषण : बी.एच.डी.ए.ई.–182
गेस पेपर–I

नोट : किन्हीं पाँच प्रश्नों के उत्तर दीजिए। सभी प्रश्नों के अंक समान हैं।

प्रश्न 1. विभिन्न आधारों पर भाषा के विविध रूपों का विवरण प्रस्तुत कीजिए।

प्रश्न 2. वर्णमाला क्या है? हिंदी वर्णमाला के मानक रूपों को प्रस्तुत कीजिए।

प्रश्न 3. केंद्रीय स्वरों से आप क्या समझते हैं? नागरी लिपि में स्वरों की मात्राओं की पद्धति पर प्रकाश डालिए।

प्रश्न 4. हिंदी में व्यंजन से क्या अभिप्राय है?

प्रश्न 5. व्यंजन वर्णों की प्रमुख विशेषताओं पर प्रकाश डालिए।

प्रश्न 6. शब्द और पद के अंतर को उदाहरण देकर स्पष्ट कीजिए।

प्रश्न 7. आधारभूत वाक्य की संकल्पना को सोदाहरण समझाइए।

प्रश्न 8. मौखिक संप्रेषण की अवधारणा को स्पष्ट करते हुए उसके प्रकारों का उल्लेख कीजिए।

प्रश्न 9. संप्रेषण कौशल कितने प्रकार के होते हैं? उनका सविस्तार परिचय दीजिए।

प्रश्न 10. निम्नलिखित में से किन्हीं दो पर संक्षिप्त टिप्पणी लिखिए—

(क) भाषा की प्रकृति
(ख) व्यक्तिवाचक संज्ञा
(ग) पुरुषवाचक सर्वनाम के भेद
(घ) बहुवचन बनाने के नियम

जब हम क्रोध की अग्नि में जलते हैं
तो इसका धुआँ हमारी ही आँखों में जाता है।

हिंदी भाषा और संप्रेषण : बी.एच.डी.ए.ई.-182
गेस पेपर–II

नोट : किन्हीं पाँच प्रश्नों के उत्तर दीजिए। सभी प्रश्नों के अंक समान हैं।

प्रश्न 1. हिंदी भाषा के स्वरूप और क्षेत्रों का विवरण उदाहरण सहित प्रस्तुत कीजिए।

प्रश्न 2. स्वर तथा व्यंजन के अंतर को स्पष्ट करते हुए स्वर तथा व्यंजन वर्णों का परिचय दीजिए।

प्रश्न 3. स्थान और प्रयत्न के आधार पर हिंदी के मूल स्वरों तथा उनके रूपों के उच्चारण पर प्रकाश डालिए।

प्रश्न 4. उच्चारण के स्थान के आधार पर व्यंजनों के भेद उदाहरण देकर स्पष्ट कीजिए।

प्रश्न 5. उच्चारण के स्थान के आधार पर वर्णों के भेद का परिचय दीजिए।

प्रश्न 6. सर्वनाम की परिभाषा देते हुए उसके विभिन्न प्रकार भी बताइए।

प्रश्न 7. 'पदक्रम' पर विस्तारपूर्वक चर्चा कीजिए।

प्रश्न 8. लिखित संप्रेषण के स्वरूप और विकास पर प्रकाश डालिए।

प्रश्न 9. भाषिक संप्रेषण की प्रक्रिया पर प्रकाश डालिए।

प्रश्न 10. निम्नलिखित में से किन्हीं दो पर संक्षिप्त टिप्पणी लिखिए।
(क) भाषा का स्वरूप
(ख) समाज और प्रतीक का संबंध
(ग) आघात
(घ) अनुनासिक स्वर

□□

धर्म की रक्षा धन से होती है, ज्ञान की रक्षा निरंतर अभ्यास करने से होती है, राजा की रक्षा मैत्रीपूर्ण शब्दों से होती है, और घर की रक्षा एक कुशल गृहिणी से होती है।

—आचार्य चाणक्य

हिंदी भाषा और संप्रेषण : बी.एच.डी.ए.ई.–182
फरवरी, 2021

नोट : पाँच प्रश्नों के उत्तर दीजिए। सभी प्रश्नों के अंक समान हैं। अंतिम प्रश्न अनिवार्य है।

प्रश्न 1. भाषा का स्वरूप स्पष्ट करते हुए उसकी प्रकृति की चर्चा कीजिए।
उत्तर— देखें अध्याय—1, प्र.सं.—2

प्रश्न 2. वर्णमाला की परिभाषा देते हुए उसके भेदों पर प्रकाश डालिए।
उत्तर— देखें अध्याय—2, प्र.सं.—3

प्रश्न 3. स्वरों के वर्गीकरण के आधारों को स्पष्ट कीजिए।
उत्तर— देखें अध्याय—3, प्र.सं.—2

प्रश्न 4. उच्चारण के आधार पर व्यंजन के भेदों की संक्षिप्त चर्चा कीजिए।
उत्तर— देखें अध्याय—4, प्र.सं.—2

प्रश्न 5. संज्ञा और उसके प्रकारों पर प्रकाश डालिए।
उत्तर— देखें अध्याय—6, प्र.सं.—3

प्रश्न 6. अव्यय (अविकारी शब्द) को स्पष्ट कीजिए। इसके सभी प्रकार भी बताइए।
उत्तर— देखें अध्याय—6, प्र.सं.—10

प्रश्न 7. मौखिक संप्रेषण की अवधारणा और उसके प्रकारों को रेखांकित कीजिए।
उत्तर— देखें अध्याय—8, प्र.सं.—2

प्रश्न 8. 'संप्रेषण कौशल' पर एक निबंध लिखिए।
उत्तर— भाषा के माध्यम से सूचनाओं और विचारों के कुशल आदान–प्रदान की क्षमता

ही संप्रेषण कौशल है। इसके प्रभावी व्यवहार में सार्वजनिक भाषण, प्रस्तुतीकरण, बातचीत, संघर्ष समाधान, ज्ञान बाँटना आदि मौखिक कौशल के अंतर्गत आते हैं और रिपोर्ट, प्रस्ताव, अनुदेश, मैनुअल तैयार करना, ज्ञापन सूचनाएँ लिखना, कार्यालय पत्र-व्यवहार आदि लेखन-कौशल के अंतर्गत आते हैं। इसमें मौखिक और गैर-मौखिक दोनों का सम्मिश्रण है। यद्यपि ये कौशल-श्रवण, मौखिक, वाचन और लेखन-अन्य भाषा शिक्षण के संदर्भ में आते हैं, किंतु मातृभाषा के रूप में यह दैनिक जीवन में भी महत्त्व रखती है। चूँकि हमारे संप्रेषण का अधिकारिक माध्यम अंग्रेजी भी है, इसलिए इसमें कुछ हद तक दक्षता होना भी आवश्यक है। बहुराष्ट्रीय और प्रतिष्ठित कंपनियों में प्लेसमेंट के लिए संप्रेषण-कौशल पर बल दिया जाता है। संप्रेषण की गुणवत्ता, रोजगार संबंधित विषय के ज्ञान के साथ-साथ अच्छे संप्रेषण कौशल पर निर्भर करती है। हालाँकि अंग्रेजी विदेशी भाषा है, किंतु भारत में इंडियन इंग्लिश के रूप में इसे द्वितीय भाषा माना जा रहा है। वस्तुत: यह हमारी मातृभाषा या प्रथम भाषा नहीं है। इसलिए इन चारों कौशलों के लिए सतत् अभ्यास और तदुपरांत भाषा-प्रयोगशाला सत्रों की आवश्यकता भी पड़ती है।

फिर देखें अध्याय—9, प्र.सं.—3

प्रश्न 9. निम्नलिखित में से किन्हीं दो पर टिप्पणी लिखिए—
(क) हिन्दी भाषा
उत्तर— देखें अध्याय—1, प्र.सं.—4

(ख) सर्वनाम और उसके प्रकार
उत्तर— देखें अध्याय—6, प्र.सं.—7

(ग) देवनागरी लिपि
उत्तर— देखें अध्याय—8, प्र.सं.—3

(घ) विशेषण और उसके प्रकार
उत्तर— देखें अध्याय—6, प्र.सं.—8

हिंदी भाषा और संप्रेषण : बी.एच.डी.ए.ई.–182
दिसम्बर, 2021

नोट : कुल पाँच प्रश्नों के उत्तर दीजिए। सभी प्रश्नों के अंक समान हैं। अंतिम प्रश्न अनिवार्य है।

प्रश्न 1. भाषा के विविध रूपों का संक्षिप्त परिचय दीजिए।
उत्तर— देखें अध्याय–1, प्र.सं.–3

प्रश्न 2. स्वर एवं व्यंजन के उच्चारण में होने वाले प्रयत्नों की चर्चा कीजिए।
उत्तर— देखें अध्याय–2, प्र.सं.–7

प्रश्न 3. स्वर के विभिन्न प्रकारों को स्पष्ट कीजिए।
उत्तर— देखें अध्याय–3, प्र.सं.–3

प्रश्न 4. नासिक्य ध्वनियाँ क्या हैं? उदाहरण सहित उत्तर दीजिए।
उत्तर— देखें अध्याय–4, प्र.सं.–4

प्रश्न 5. व्यंजन वर्णों की विशेषताओं पर प्रकाश डालिए।
उत्तर— देखें अध्याय–5, प्र.सं.–3

प्रश्न 6. क्रिया का अर्थ स्पष्ट करते हुए उसके प्रकार भी बताइए।
उत्तर— देखें अध्याय–6, प्र.सं.–9

प्रश्न 7. रचना के आधार पर वाक्य के कितने भेद होते हैं? उदाहरण सहित उत्तर दीजिए।
उत्तर— देखें अध्याय–7, प्र.सं.–6

प्रश्न 8. आंगिक संप्रेषण क्या है? आंगिक संप्रेषण को किन प्रमुख वर्गों में विभाजित किया जा सकता है?
उत्तर— देखें अध्याय–8, प्र.सं.–4

प्रश्न 9. निम्नलिखित में से किन्हीं दो पर टिप्पणियाँ लिखिए—

(क) लेखन कौशल

उत्तर— देखें अध्याय-9, प्र.सं.-3

(ख) मौखिक भाषा और लिखित भाषा

उत्तर—भाषा विचार करने, विचारों को अभिव्यक्त करने तथा परस्पर विचार-विनिमय करने का साधन है। भाषा का विकास मानव सभ्यता के आदिकालीन विकास से जुड़ा हुआ है। आदिमानवों द्वारा सर्वप्रथम भाषा के मौखिक रूप का ही विकास किया गया, जिसमें माध्यम के रूप में 'ध्वनि' (कुछ आंगिक संकेतों) का प्रयोग किया जाता है। इसका कारण यह है कि 'ध्वनि' के उत्सर्जन की सुविधा हमें नैसर्गिक रूप से प्राप्त है।

भाषा का लिखित रूप मौखिक रूप का अनुकरण मात्र है। इसके अविष्कार का मुख्य कारण भाषा के मौखिक रूप का अस्थायी होना है। बोलने के साथ ही भाषा की ध्वनियाँ बाहर आती हैं और विलुप्त हो जाती हैं। मानव सभ्यता के विकास के साथ बढ़ते हुए ज्ञान को जब संरक्षित करने की आवश्यकता महसूस हुई तो भाषा के लिखित रूप का विकास किया गया। आरंभ में लिखित रूप चित्रात्मक था। आज भी कुछ भाषाओं में चित्र लिपियों का प्रयोग देखा जा सकता है। समय के साथ चित्रों की जगह प्रतीकों का प्रयोग आरंभ हुआ। ये प्रतीक मौखिक भाषा के ध्वनि प्रतीकों के अनुकरणात्मक चित्र के रूप में बनाए जाते थे। इन प्रतीकों के विकास के साथ ही भाषा के लिखित रूप और लिपि का विकास हुआ।

लिखित एवं मौखिक भाषा में संबंध

- मौखिक भाषा ही भाषा का मूल रूप है। लिखित द्वारा उसका अनुकरण किया जाता है।
- लिखित और मौखिक दोनों रूपों में शब्द और वाक्य सीमाओं की पहचान की जा सकती है।
- प्रायः लिपियों में संबंधित भाषा के सभी ध्वनि प्रतीकों के लिए लिपि चिह्न देने का प्रयास किया जाता है। ऐसा नहीं होने पर लिपि चिह्नों के संयोजन और कुछ अन्य प्रतीकों का प्रयोग करके लिखित रूप को मौखिक रूप का प्रतिनिधित्व प्रदान किया जाता है।

(ग) शब्द और पद

उत्तर— देखें अध्याय-6, प्र.सं.-1

(घ) कारक और विभक्ति

उत्तर— देखें अध्याय-6, प्र.सं.-6

हिंदी भाषा और संप्रेषण : बी.एच.डी.ए.ई.-182
जून, 2022

नोट : कुल पाँच प्रश्नों के उत्तर दीजिए। सभी प्रश्नों के अंक समान हैं। अंतिम प्रश्न अनिवार्य है।

प्रश्न 1. हिंदी भाषा और उसके विकास पर प्रकाश डालिए।
उत्तर– देखें अध्याय–1, प्र.सं.–4

प्रश्न 2. मूल स्वर को सोदाहरण स्पष्ट कीजिए।
उत्तर– देखें अध्याय–3, प्र.सं.–4

प्रश्न 3. उच्चारण स्थान के आधार पर किए गए व्यंजन के भेदों की चर्चा कीजिए।
उत्तर– देखें अध्याय–4, प्र.सं.–2

प्रश्न 4. वर्ण की परिभाषा देते हुए स्वर वर्णों की विशेषताएँ बताइए।
उत्तर– देखें अध्याय–5, प्र.सं.–1, 2

प्रश्न 5. सर्वनाम की परिभाषा देते हुए उसके प्रकारों पर प्रकाश डालिए।
उत्तर– देखें अध्याय–6, प्र.सं.–7

प्रश्न 6. देवनागरी लिपि की वर्ण व्यवस्था को उदाहरण सहित समझाइए।
उत्तर– देखें अध्याय–8, प्र.सं.–3

प्रश्न 7. संप्रेषण कौशल के विभिन्न प्रकारों की चर्चा कीजिए।
उत्तर– देखें अध्याय–9, प्र.सं.–3

प्रश्न 8. विशेषण और उसके प्रकारों को स्पष्ट कीजिए।
उत्तर– देखें अध्याय–6, प्र.सं.–8

प्रश्न 9. निम्नलिखित में से किन्हीं दो पर टिप्पणियाँ लिखिए—

(क) वर्ण और लिपि
उत्तर— देखें अध्याय–2, प्र.सं.–1

(ख) उपवाक्य
उत्तर— देखें अध्याय–7, प्र.सं.–8

(ग) भाषा और संप्रेषण
उत्तर— देखें अध्याय–9, प्र.सं.–1

(घ) कारक और विभक्ति
उत्तर— देखें अध्याय–6, प्र.सं.–6

For **FREE Book**

"How to Pass IGNOU Exams in Less TIME and EFFORTS?"

and
Freebies, Discounts, Great Offers!

Visit-
https://www.Gullybaba.com/ignou-free

Thank you
for loving and supporting gullybaba

www.ingramcontent.com/pod-product-compliance
Lightning Source LLC
LaVergne TN
LVHW010216070526
838199LV00062B/4611
* 9 7 8 9 3 8 9 6 0 1 6 8 8 *